国家社科基金项目“M-health导向下农村公共卫生服务供给侧创新研究”（16BGL179）

国家社科基金项目“社会主要矛盾转变背景下被征地农民社会保障供给优化研究”（18BGL196）

湖南农业大学公共管理学科博士点建设专项资助（HNNDbx2018001）

# 乡村振兴战略下

# 中国农村儿童社会保障研究

于勇　江维国　周贤君　著

中国社会科学出版社

**图书在版编目（CIP）数据**

乡村振兴战略下中国农村儿童社会保障研究/于勇，江维国，周贤君著．—北京：中国社会科学出版社，2018.10

（乡村振兴战略下中国农村社会保障研究）

ISBN 978－7－5203－3350－4

Ⅰ．①乡…　Ⅱ．①于…　②江…　③周…　Ⅲ．①农村—儿童—社会保障—研究—中国　Ⅳ．①D632.1

中国版本图书馆CIP数据核字(2018)第237555号

出 版 人　赵剑英
责任编辑　刘晓红
责任校对　孙洪波
责任印制　戴　宽

出　　版　中国社会科学出版社
社　　址　北京鼓楼西大街甲158号
邮　　编　100720
网　　址　http：//www.csspw.cn
发 行 部　010－84083685
门 市 部　010－84029450
经　　销　新华书店及其他书店

印　　刷　北京明恒达印务有限公司
装　　订　廊坊市广阳区广增装订厂
版　　次　2018年10月第1版
印　　次　2018年10月第1次印刷

开　　本　710×1000　1/16
印　　张　14.75
插　　页　2
字　　数　214千字
定　　价　66.00元

凡购买中国社会科学出版社图书，如有质量问题请与本社营销中心联系调换
电话：010－84083683

# 作者简介

**于勇**，湖南永州人，博士。现就职于湖南农业大学公共管理与法学学院，硕士生导师，湖南农业大学“1515”学术骨干人才。主要研究领域：农村健康服务、卫生信息管理、卫生资源配置等。近年来主持国家社科基金项目“M－health导向下农村公共卫生服务供给侧创新研究”，主持、参与多项省厅级项目，公开发表论文10余篇，在上海交通大学出版社出版专著2本。

**江维国**，湖南益阳人，管理学博士，硕士研究生导师。湖南农业大学公共管理与法学学院副教授、高级经济师，湖南农业大学“1515”人才培养团队核心人员，主要从事农民社会保障与农村公共管理研究。主持在研国家社科基金项目1项，作为主要研究人员参与完成国家社会科学基金项目1项，主持完成省级科研项目1项、厅级科研项目2项。近五年在《华南农业大学学报》（哲学社会科学版）、《马克思主义与现实》、《现代经济探讨》等CSSCI来源期刊上发表论文10篇，在其他中文核心期刊上发表论文12篇，在省级期刊上发表论文21篇，在湖南人民出版社、上海交通大学出版社等出版社出版专著5本。

**周贤君**，湖南长沙人，博士。现为湖南农业大学公共管理与法学学院讲师，硕士生导师。主要从事农民健康与农村经济发展、医疗保障、数据统计与分析等研究。近年来，主持有湖南省哲学社会科学基金重点项目、教育厅优秀青年基金项目等10项课题，在清华大学出版社、上海交大出版社、北京理工出版社等出版教材专著4部，在重要学术期刊公开发表论文10余篇。

# 总 序

务农重本，国之大纲。习近平总书记多次指出："重农固本，是安民之基""没有农村的小康，特别是没有贫困地区的小康，就没有全面建成小康社会""中国要强，农业必须强；中国要美，农村必须美；中国要富，农民必须富。"农业、农村、农民问题是关系国计民生的根本性问题，"三农"问题也是全党工作的重中之重。2017 年 10 月 18 日，习近平总书记在党的十九大报告中提出乡村振兴战略，全面解决"三农"问题的战略蓝图应运而出。作为多年研究"三农"问题的学者，我对此深感欢欣鼓舞！

当前，中国特色社会主义建设进入一个新时代，我国社会主要矛盾已经转化为人民日益增长的美好生活需要和不平衡不充分发展之间的矛盾。乡村振兴作为国家战略，是新时代做好"三农"工作的新旗帜，是从根本上解决城乡差别、乡村发展不平衡不充分问题的总抓手，它关系到中国整体发展的均衡，关系到城乡统筹一体化的可持续发展。乡村振兴战略的总要求包括"产业兴旺、生态宜居、乡风文明、治理有效、生活富裕"，其中，生活富裕是最能体现农民群众获得感的根本，关系着农民群众最关心最直接最现实的利益问题。因此，从根本上看，乡村振兴战略的实施需要坚持"以人为本"宗旨，造福于民；乡村振兴战略实施的关键在于积极培育农村人力资源，保障民生，丰富优质的农村人力资源是振兴乡村的原动力。2018 年中央一号文件《中共中央国务院关于实施乡村振兴战略的意见》对战略的实施进行了宏观布局，要求加强农村社会保障体系建设，其主要内容包括：完善城乡居民基本养老保险制度，构建多层次农村养老保障体系，创新多元化照料服务模式；统筹城乡社会救助体系，完善最低生活保障制度，做好农村社会救助兜底工作；完善统一的城乡居民基本医疗保险制度和大病保险制度，做好农民重特大疾病救助工作；将进城落户农业转移人口全部纳入城镇住房保障体系；健全农村留守儿童和妇女、老年人以及困境儿童关爱服务体系；加强和改善农村残疾人服务；等等。这些内容体现了我国农村社会保障体系建设的重点和方向。

湖南农业大学公共管理与法学学院劳动与社会保障系的教师，专注于农村社会保障研究，笔耕不辍，持之以恒。此次，他们在李立清教授带领下，发扬团队合作精神，共同撰写“乡村振兴战略下中国农村社会保障研究”系列丛书6部，包括《乡村振兴战略下中国农村贫困人口社会保障研究》《乡村振兴战略下中国农村老年人社会保障研究》《乡村振兴战略下中国农村儿童社会保障研究》《乡村振兴战略下中国农村妇女社会保障研究》《乡村振兴战略下中国农民工社会保障研究》《乡村振兴战略下中国农村残疾人社会保障研究》。这些著作紧扣中央一号文件关于农村社会保障建设主旨，详细论述了在乡村振兴战略下重点人群社会保障体系的完善工作。这套系列丛书以习近平新时代中国特色社会主义思想为引领，具有研究选题的前沿性、研究内容的系统性、研究方法的规范性、学术观念的创新性等特点，每本著作既相对独立，六部著作合成又体现出农村社会保障建设的完整体系，洋洋百万余字，为我校公共管理一级学科博士点社会保障方向的发展立下新功，可喜可贺！

尽管这套系列丛书仍然存在有待进一步完善之处，但作者们立志学术、奉献“三农”、服务社会的精神令我甚感欣慰！故而，应邀为之作序，祝愿他们在中国农村社会保障领域取得更加丰硕的成果！

李燕凌

2018年8月12日于长沙匀水斋

# 序

儿童是家庭的希望，也代表着人类的未来。“少年智则国智，少年富则国富，少年强则国强”，儿童的健康成长和全面发展是国家昌盛、社会兴旺和文明进步的重要内容，保障儿童的权利与福利，对于提升中华民族素质、构建人力资源强国、全面实现“中国梦”具有重要战略意义。但是，由于城乡二元结构等历史因素的影响，我国农村儿童所获得的教育、健康等福利待遇远低于城市儿童。特别是农村留守儿童，因为父母关爱的缺失，导致其成长过程有了更多的艰辛。

随着乡村振兴战略的实施，农村儿童社会保障体系的完善也越发得到重视。2018 年中央一号文件《中共中央国务院关于实施乡村振兴战略的意见》中明确提出“健全农村留守儿童和妇女、老年人以及困境儿童关爱服务体系”。农村留守儿童与困境儿童的状况亟须得到改善，应稳步提高他们的福利状况。广义的儿童福利是指一切针对全体儿童的，促进儿童生理、心理及社会潜能最佳发展的各种措施和服务，它强调社会公平，具有普适性。狭义的儿童福利是指面向特定儿童和家庭的服务，特别是在家庭或其他社会机构中未能满足其需求的儿童，如孤儿、残疾儿童、流浪儿、被遗弃的儿童、被虐待或被忽视的儿童、家庭破碎的儿童、行为偏差或情绪困扰的儿童等，这些特殊困难环境中的儿童往往需要予以特别的救助、保护、矫治。因此，狭义的儿童福利虽然同样强调社会公平，但重点是对弱势儿童的照顾。我国儿童福利政策的目标是要建立服务所有儿童的普惠型福利制度，但基于现实国情，在建设过程中，需按照“适度普惠、分类型、分层次、分标准、分地区”的原则进行。“分类型”指对儿童群体详细划分类别；“分层次”指儿童分为一般儿童、特困儿童、特困家庭儿童、孤儿；“分标准”是指不同类别的儿童，提供了不同程度的救援标准和福利保障；“分地区”指的是按照东部、中部、西部三个地理位置，根据区域发展情况建立了具有区域特色的儿童补贴。随着乡村振兴每个阶段目标的实现，农村儿童的社会保障体系也将逐渐趋于完善。

《乡村振兴战略下中国农村儿童社会保障研究》一书共六章，第一章介绍了研究背景和研究意义，从文献综述、理论梳理入手阐述了研究的理论基础。第二章阐述了农村儿童社会保障的现状，介绍了儿童福利发展历程和留守儿童教育、健康以及救助权的情况。第三章探析了农村儿童社会保障的问题，从社会经济发展、财政支出规模与政策法制建设等角度分析原因。第四章结合乡村振兴的阶段目标，构建了农村儿童社会保障制度评价体系，提出了农村儿童社会保障制度在2020年、2035年和2050年关键时点的阶段目标。第五章论述了乡村振兴战略下农村儿童社会保障制度目标的实现机制，对我国农村儿童社会保障体系的完善提出建议。第六章是结论与展望。全书布局合理，结构严谨，叙述清晰，论证有力。

该著作团队是一支长期坚持奉献“三农”、牢牢守护农村公共管理研究阵地的青年学者群体。特别是团队带头人于勇博士，社会保障理论知识深厚、研究经验丰富、学术功底扎实，近年来，他主持国家社科基金课题专注于农村社会保障研究，取得了丰硕成果，为我校公共管理一级学科博士点社会保障方向做出了突出贡献。于勇博士关注乡村、关注社会保障、关注农村儿童，大爱无疆，大道无垠，其学风与精神都令我十分欣慰与敬佩。期待于勇博士带领自己的团队出更多学术精品，为中国农村儿童社会保障事业做出更大贡献！

是为序！

李燕凌

2018年8月12日于长沙勺水斋

# 目　录

第一章　绪论 …………………………………………………… 1

第一节　研究背景 …………………………………………… 1

一　问题的提出 …………………………………………… 1

二　研究意义 ……………………………………………… 3

第二节　文献综述 …………………………………………… 5

一　国外研究综述 ………………………………………… 5

二　国内研究综述 ………………………………………… 9

第三节　相关概念的界定 …………………………………… 15

一　社会福利和社会福利制度 …………………………… 15

二　儿童和儿童社会福利 ………………………………… 19

三　儿童社会福利制度的类型 …………………………… 21

第四节　相关理论基础 ……………………………………… 22

一　制度分析理论 ………………………………………… 22

二　福利分析理论 ………………………………………… 29

三　公平正义理论 ………………………………………… 36

四　需求理论 ……………………………………………… 40

第二章　中国农村儿童社会保障现状 …………………………… 43

第一节　我国儿童社会福利制度的发展历程 ……………… 43

一　补缺型儿童社会福利制度 …………………………… 44

二　适度普惠型儿童社会福利制度 ……………………… 47

第二节　农村留守儿童社会保障状况 ……………………… 59

一　农村留守儿童的概念 …………………………………… 59
二　农村留守儿童教育权利的保障 ………………………… 60
三　农村留守儿童社会救助权的保障 ……………………… 65
四　农村留守儿童的卫生健康保障 ………………………… 68

**第三章　农村儿童社会保障的问题与原因分析** ………………… 75

第一节　适度普惠型儿童社会福利制度存在的问题及原因分析 ………………………………… 75
一　适度普惠型儿童社会福利制度存在的问题 ………… 75
二　适度普惠型儿童社会福利制度存在问题的原因分析 ………………………………… 79
第二节　农村留守儿童社会保障的问题与诉求 ……………… 88
一　农村留守儿童的主要问题 ……………………………… 88
二　农村留守儿童教育权利的保障问题 …………………… 90
三　农村留守儿童卫生健康保障问题 ……………………… 92

**第四章　乡村振兴战略下农村儿童社会保障制度目标** ……… 95

第一节　乡村振兴战略的内涵及其阶段目标 ………………… 95
一　乡村振兴战略的理论逻辑 ……………………………… 96
二　乡村振兴战略的内涵 …………………………………… 99
三　乡村振兴战略的阶段目标 ……………………………… 102
第二节　乡村振兴战略下农村儿童社会保障制度评价体系 ………………………………… 103
一　乡村振兴战略下农村儿童社会保障制度评价体系的构建 ………………………………… 104
二　乡村振兴战略下农村儿童社会保障制度评价体系的使用方法 ………………………… 107
第三节　乡村振兴战略下中国农村儿童社会保障制度目标 ……………………………………… 115

一　乡村振兴战略下中国农村儿童社会保障制度2020目标 …… 117
二　乡村振兴战略下中国农村儿童社会保障制度2035目标 …… 119
三　乡村振兴战略下中国农村儿童社会保障制度2050目标 …… 122
四　乡村振兴战略下中国农村儿童社会保障制度阶段目标的对比分析 …… 125

**第五章　乡村振兴战略下农村儿童社会保障制度目标的实现机制 …… 128**

第一节　我国儿童社会福利制度建设的机理分析 …… 128
一　儿童社会福利制度建设的必要性 …… 128
二　我国儿童社会福利制度建设的可行性分析 …… 130
三　儿童社会福利制度建设的理念 …… 132
四　儿童社会福利制度建设的基本思路 …… 138
五　儿童社会福利制度建设的基本原则 …… 139
六　我国适度普惠型儿童社会福利制度建设路径分析 …… 142
第二节　我国儿童社会福利制度建设探索与管理运行建设 …… 145
一　儿童分类划分及其理论依据 …… 145
二　覆盖范围扩大的三阶段探索 …… 148
三　儿童社会福利管理运行建设探索 …… 151
第三节　农村留守儿童社会救助权的保障 …… 159
一　农村留守儿童家庭义务的构成 …… 159
二　农村留守儿童家庭义务的履行保障 …… 162
三　农村留守儿童社会救助权保障的社会义务 …… 164
四　农村留守儿童社会救助权社会义务的履行保障 …… 168
五　农村留守儿童社会救助权保障的国家义务 …… 171

六　农村留守儿童社会救助权国家义务的履行 …………… 175
第四节　农村留守儿童健康与教育权利的保障 ……………… 177
一　完善农村儿童医疗保障制度 ………………………… 177
二　农村留守儿童教育权利保障 ………………………… 186
第五节　完善农村儿童福利供给的财政激励研究 ………… 193
一　儿童福利供给财政激励的研究价值 ………………… 193
二　完善我国儿童福利供给财政激励政策的建议 ……… 197

第六章　结论及展望 …………………………………………… 204

一　研究结论 ……………………………………………… 204
二　研究展望 ……………………………………………… 206

参考文献 ………………………………………………………… 207

后　记 …………………………………………………………… 221

# 第一章　绪论

## 第一节　研究背景

### 一　问题的提出

中国的乡村文化源远流长，孕育了中华民族优良的传统文明。改革开放以来，中国经济飞速发展，所取得的成就令全世界瞩目。工业化、城镇化的进程使我国城市数量和规模都达到前所未有的高度，但是农村地区的发展却一直相对比较缓慢，甚至有些地方出现停滞不前的状况。为实现乡村的复兴与繁荣，2005 年 10 月，中国共产党十六届五中全会在《中共中央关于制定国民经济和社会发展第十一个五年规划的建议》中以“生产发展、生活宽裕、乡风文明、村容整洁、管理民主”为要求提出社会主义新农村建设的规划方案，翻开了城市带动乡村、工业反哺农业的历史新篇章。党的十八大以来，农业农村的发展更富有活力，农民的生活质量稳步提高。但是，因为诸多历史原因，城乡发展的差距依旧存在。习近平同志在党的十九大报告中指出：“中国特色社会主义进入新时代，我国社会主要矛盾已经转化为人民日益增长的美好生活需要和不平衡不充分的发展之间的矛盾。”从空间区域分布来看，我国目前最大的发展不平衡仍然是城乡发展的不平衡，最大的发展不充分仍然是农村发展的不充分。在我国全面小康的建设过程上，由于发展不平衡和不充分而深受影响的群体仍然是人口众多的农民。因而，解决“三农”问题一直是党和政府工作的重中之重。党的十九大报告强调：“农业农村农民问题是关系国计民生的根本性问题，必须始终把解决好‘三农’问题作为全党工作重中之重。”2018 年中央一号文件《中共中央国务院关于实施乡村振兴战略的意见》发布了全面部署乡村振兴的战略。自 2004 年中央一号文件聚焦农业主题以来，中央一号文件连续 15 年聚焦“三农”问题，凸显了中央解决“三农”问题的决心和信心。以习近平同志为核心的党中央提出“实施乡村振兴战略”表明“三农”作为国之根本，是决胜全面小康的重点与关键。

事实上，在工业化和城镇化的发展过程中，农村人口、资源和要素纷纷流向城市，特别是具有极大吸引力的中心城市和经济发达地区，这是非常正常的社会流动现象。它所带来的结果表现在两个方面：一方面是农村人口进城后通过工作就业增加了收入，提高了自身和家庭的生活水平，同时巨大的人力资源优势为城市经济的发展提供了充足的劳动力，促进了城市的进步与繁荣。城市吸纳了大量的农村人口，也在吸引着更多的农村人口离开农村。因而在城市繁华的另一面则是农村的衰落，农村人口、资源和要素的“过度”流出，使农村正在失去建设乡村所需要的人力、财力、物力。人口的流失又反过来进一步地导致基层卫生医疗、义务教育、生活服务等资源的进一步流失。在此恶性循环中，“城市膨胀”与“乡村凋零”的“马太效应”越发明显，必然会导致城乡矛盾的尖锐和社会发展的失衡。总体来说，城镇化与工业化增加了社会的总财富，提高了社会的整体福利水平，但也导致一些负面效应的出现，这也充分反映了新时代下社会主要矛盾的变迁。

当然，这种现象并非只是我国所独有，而是工业化、城镇化进程中普遍出现的“失衡病”“农村病”。为避免农业农村过度衰落，许多国家都主动调整政策，通过“工业反哺农业，城市带动乡村”来改善城乡关系。在此过程中，有些国家取得了比较理想的效果，有些国家则未能达到预期目标，城乡分化情况进一步加剧。总结正反两方面的经验与教训，可以发现在工业化和城镇化达到一定水平的时候，就需要对城乡关系进行战略性调整，这既是避免农村的资源过度流失而日益衰落，也是防止城市的过度拥挤而管理混乱。城市与农村统筹规划，资源协调，两者才能相辅相成，相得益彰。乡村振兴战略正是希望实现乡村复兴、乡村富强的设想，使农村能够留出人口、资源和要素，以避免因农村原居住人口过度流失所导致的“空心化”衰落，以及“老龄化”所带来的社会结构失衡。所以，要实现乡村振兴的重要条件和主要标志就是要确保农村地区保持一定规模的人口数量，并且老、中、青年的人口结构分布合理，年轻人口要占据相当比例。

## 二 研究意义

农村人口的稳固和人才的培育是乡村振兴战略实施的关键，是留在乡村、守护乡村、振兴乡村的原动力。而儿童代表着人类的未来，是实现社会可持续性发展的重要资源。儿童的健康成长和全面发展是国家昌盛、社会兴旺和文明进步的重要内容，保障儿童的权利与福利，对于提升中华民族素质，构建人力资源强国，全面实现“中国梦”具有重要战略意义。儿童时期的成长将奠定整个人生发展的基础，为儿童提供必要的卫生健康、教育学习、社会参与的条件与机会，最大限度地满足儿童的发展需要，挖掘儿童潜能，是全人类、全社会的重要职责，具有极其重要的意义。

我国是世界上人口最多也是儿童最多的国家，根据2010年第六次全国人口普查数据公报显示，我国0—14岁人口为22246万，占总人口比例的16.60%。我国政府素来重视儿童福利的保护和儿童权利的保护。1992年，国务院就颁布了《九十年代中国儿童发展规划纲要》，从营养健康、基础教育、社会保障等角度提出了要求和规划；2001年，国务院以十年为规划期限颁布了《中国儿童发展纲要(2001—2010年)》（以下简称《纲要》），包括了儿童健康、教育、法律保护和环境四个领域，制定了儿童发展的主要目标和具体策略。到2010年，基本达到了《纲要》确定的主要目标。儿童的卫生健康与营养状况不断提高，对比2000年的情况，婴儿的死亡率从32.2‰下降到13.1‰、5岁以下儿童的死亡率从39.7‰下降到16.4‰，孕产妇的死亡率从53.0/10万下降到30.0/10万，国家免疫规划中的疫苗接种率超过了90%。在儿童教育方面，各个年龄阶段的普及程度持续提升，学前教育毛入园（班）率从2000年的35.0%上升到了

56.6%，小学学龄儿童的净入学率为99.7%，初中的毛入学率为100%，高中的毛入学率为82.5%。弱势儿童群体，如孤儿、贫困家庭儿童、残疾儿童、流浪儿童、受艾滋病影响儿童等，得到更多的扶助与关怀。2011年，国务院再次制订儿童发展规划的十年计划，印发《中国儿童发展纲要（2011—2020年）》，在对前期的工作进行回顾总结的同时，制定了未来的发展目标与行动举措，认为在儿童权利保护与发展方面仍将面对诸多的问题与挑战：①全社会的儿童保护和儿童优先意识有待进一步提升，需要进一步完善儿童工作机制。②城乡区域之间的儿童发展状况不平衡，经济落后地区的儿童整体发展水平偏低。③义务教育的发展存在不均衡状况，区域、城乡、校际之间的差距较大。④学前教育的公共资源相对不足，导致普及率偏低。⑤出生人口的男女性别比偏高，出生缺陷的发生率出现上升状况。⑥弱势儿童全体，如孤儿、弃婴、残疾儿童、贫困家庭儿童、流浪儿童的救助和保障制度需要进一步完善落实。⑦由于人口流动所带来的儿童保障问题没有得到有效的解决。⑧在整体的社会文化环境中存在诸多影响儿童健康成长的消极因素等。《中国儿童发展纲要（2011—2020年）》的颁布，为我国新时期的儿童福利和权利保障工作做出了宏观规划，具有非常重要的指导价值。2016年，北京师范大学中国公益研究院对儿童福利状况进行了调查和总结，并发布了《中国儿童福利政策报告（2016）》。报告中指出，2015年中国人均GDP已经达到8000美元，其中有10个省份的人均GDP已经超过1万美元，但是，儿童福利制度却相对明显地却落后于经济社会发展，需要建设与经济发展相适应的现代社会保护型的儿童福利体系。现在随着我国人口生育政策的调整，“全面二孩”政策的放开，会有更多的儿童出生，必须尽早规划、全面提供社区托幼、早期教育、医疗保险、重特大疾病救助等儿童福利服务。此外，城乡之间儿童补贴标准存在较大差异。例如，在最低生活保障和部分困境儿童生活津贴方面，城市最低生活保障每月人均支出为381元，约为农村最低生活保障金每月人均支出202元的1.5倍。

儿童不仅是社会和民族的希望，更是一个家庭的未来。然而，近些年来出现了一些危害儿童身心健康和安全的事故，如 2011 年甘肃省正宁县和江苏省丰县发生的校车安全事件、2015 年贵州省毕节市七星关区 4 名儿童服农药自杀等一系列事件，引发了全社会对保障儿童福利权利的担忧，儿童健康成长的环境亟须得到保护和改善。儿童权利得不到充分保障，家庭就会为此而出现迁徙流动。因而，乡村振兴战略实施过程中，必须要重视农村儿童的权利保障和社会福利。只有充分保障农村儿童的社会福利，才能防止农村人口的过度外流，才能吸引各类人才投身乡村振兴建设。

## 第二节　文献综述

### 一　国外研究综述

关于儿童社会福利的研究，国外最早可以追溯到古希腊的雅典社会，哲学家柏拉图在其《理想国》中最早提出子女公养公育的构想。13—14 世纪，欧洲国家的宗教组织、慈善团体进行了诸多的儿童救济活动，缓和了社会矛盾，同时通过实践推动了西方社会儿童福利的研究工作。工业革命促进了社会生产力的解放和发展，也推动了社会平等、民主、博爱的思维传播，发展关爱儿童的社会文化。在第二次世界大战中，国家的作用和能力充分显现，越来越多的学者认为国家在儿童社会福利中担负不可推卸的重要责任。例如，John Maynard Keynes 和 William Beveridge 的国家干预理论学说，就强调政府应该成为儿童社会福利的投资主体，担负起儿童群体提供福利的职责。战后为缓和阶级矛盾，维护社会稳定，许多资本主义国家实施了一整套社会福利制度，福利国家的建设促进了儿童社会福利的发展，国家投资儿童的方式和途径成为当时研究的重点。20 世纪 70 年代后期，由于财政压力的影响，福利国家纷纷进行变革。80 年代福利多元主义兴起，它主张社会福利的来源应该多元化。在这一理论中，政府虽然依旧是儿童社会福利的投资主体，但福利筹资却并不单一地依靠政府，而是通过包括市场在内的多种途径来达成筹资目标，政府、企业、社会资金都需要共同参与儿童的福利事业。90 年代中后期，人力资本理论在西方国家逐步取代了福利多元主义，强调社会政策应对人生的各个阶段发挥作用，从预防的视域为普通家庭提供帮助，使社会福利更普遍化。

综观国外儿童社会福利制度方面的研究主题，主要围绕以下几方面展开：

（一）关于人力资本与国家投资

20 世纪 60 年代，美国著名的经济学家舒尔茨（Thodore W. Schults）和贝克尔（Becker Gary）创建了人力资本理论，他们认为人力资本就是蕴含在人身体内、体现人价值的资本，也就是说，对劳动者进行教育、培训等支出及其在接受教育时的机会成本等，会转化为蕴含于人身上的生产知识、劳动技能与管理方法以及健康素质的存量总和，是“通过增加人的资源而影响未来的货币和物质收入的活动”。这种观念开辟了关于人类生产能力的新思路，个体人力资本的增加将提高整个社会的生产效率，从而带动社会经济的发展。基于人力资本理论，各国政府加大儿童社会福利的财政支出规模将最终造就整个社会的繁荣昌盛。Ozawa 认为，政府之所以为贫困家庭儿童提供家庭福利是因为只有通过社会财富的再次分配，才能缩小贫富家庭的经济差距，而只有保障贫困家庭的收入，才能使儿童享有应得的权利，为贫困家庭儿童供应家庭福利是实现社会公平的有效途径。Cohen 指出，儿童家庭福利是对儿童人权的保护，避免因为家庭贫穷而剥夺儿童幸福的权利。Ston 认为，家庭的经济状况对儿童的成长环境和发展机会有着深远的影响，向贫困家庭儿童提供家庭福利有利于增加儿童社会资本。

家庭福利一般包括津贴和服务两种形式。Wisdom 认为，政府应建立专门的儿童福利计划，保障儿童的基本生存权利，向残疾儿童或父母失业的儿童发放现金或食物补助。Lufton 认为，儿童家庭服务应包括保护性措施、治疗性措施和预防性措施三方面的内容，针对不同家庭提供具有针对性的相应措施，以满足不同家庭的特殊需要。保护性措施是保护儿童的生存权和发展权，治疗性措施是纠正一些不当的行为和习惯、预防性措施则是预防儿童权利的剥夺。Salutes 认为，残障或智障儿童需要提供特殊的儿童社会福利服务，一般的儿童社会福利难以满足其需要，应由专业的社会福利工作者提供特殊的照顾及心理服务。关于单亲家庭，Brown 认为，单亲家庭的儿童缺失父爱或母爱，应该得到更多的儿童社会福利服务，尤其是心理方面的服务；Strean 则提出，针对单亲家庭儿童“家庭主妇”服务模式，也就是由儿童福利机构培训一批专业的“家庭主妇”，当单亲父母外出工作时，由“家庭主妇”来为这些单亲家庭的儿童提供照料服务。

（二）公共教育领域的儿童社会福利

教育权是儿童社会福利的重要内容。但由于教育资源的相对短缺及其分布的非均衡，儿童的公共教育福利存在诸多有待改善之处。Schafer 和 Polk 通过调研指出，儿童公共教育福利政策在实施过程中会出现偏差。有些学校会对儿童实施歧视政策，低收入家庭的儿童与非白人儿童是难以和白人富裕家庭的儿童一样得到平等对待的，甚至学校会阻碍、排斥他们的加入。Lacy 和 Johnson 提出，虽然家庭对儿童的教育担负不容推卸的责任，但学校也要承担儿童社会化的相应义务，只有经过学校的系统教育，才能提升儿童对社会的适应能力。

（三）关于儿童伤害与儿童保护

处于弱势地位的儿童缺乏自我保护能力，因而常出现儿童受虐待现象，许多专家学者对此进行了深入的调查与研究。1978 年，范谢尔（Fanshel）和舒恩（Shinn）在纽约对寄养青少年的学业进行了一项实证调查，研究指出，通过制度性的联邦拨款资金为儿童提供长久的照顾者而非临时性措施，才能有效预防儿童受虐。Lynette Renner、KristenShook Slack、Lawrence Berger 以美国伊利诺斯家庭为调研对象，探析了家庭暴力和儿童保护之间的关联。斯特劳斯（Straus）和盖勒斯（Gelles）调查发现，美国存在较为严重的儿童不公平待遇现象，每 1000 个孩子中就有 19 个曾被虐待或被忽视过。儿童虐待和忽视不仅损害了儿童的权利，还造成儿童成长过程中的犯罪率上升。因而，斯特劳斯和盖勒斯呼吁政府和社会必须重视儿童不公平待遇现象，减少甚至消除此类事件。约翰逊（Johnson）使用标准化的神经网络分析法对儿童虐待案件进行风险评估，借此提高预测儿童保护案件的精准程度。Poker 认为，美国父母对孩子有绝对的监护权。只有当父母无法行使监护权时，监护权才可以转嫁给相关部门。威廉姆斯（Williams）提出了儿童最佳监护的四项原则：第一，儿童有充分发展自我能力的权利。第二，当孩子的父母有能力时，应优先考虑父母抚养和保护子女的义务。第三，当父亲或母亲任何一方由于各种原因不能履行监护义务，政府有权利和责任为孩子安排合理的替代性照顾。第四，照顾人必须将保护儿童的利益作为首要职责。

（四）关于儿童的日间照顾

随着社会经济的发展，越来越多的女性进入职场，使儿童的日间照顾需求日益增长，专业的儿童日间照顾机构是儿童社会福利不可或缺的重要内容。Gamble 和 Zigler 指出，核心家庭是当今社会最为普遍的家庭模式，同时双职工家庭数量巨大，经济结构与社会结构的转变促使儿童日间照顾的产生与发展；Schorr 认为，单亲家庭中父亲或母亲需要通过工作来获取维持生活的经济收入，在他们外出工作时就需要日间照护服务为儿童提供专业的养育与教育服务。儿童日间照顾为父母解决了后顾之忧，让他们全心地投入到工作与事业中，对家庭稳定和社会发展都有非常重要的作用，而从照顾效果来看，机构的儿童日间照顾与家庭照顾具有基本相同的成效。Farber 和 Egeland 的调查表明，曾在婴儿时期接受日间照顾的孩子，并不会因此与父母疏远，成长后仍与父母保持非常亲密的关系。Gamble 和 Zigler 调查指出，接受过日间照顾的孩子与家庭照顾的孩子，两者的心理成熟程度和承压能力没有太大的区别。但是，很多学者认为当今社会的儿童日间照顾建设力度仍有待加强，Gray 和 Coolsen 指出，美国许多家庭的孩子在放学回家后缺乏照顾，经常单独待在家中。调查数据显示，6—9 岁的孩子有 15% 单独在家，而 9—11 岁的孩子有 45% 单独在家。因此，儿童的日间照顾是对家庭照护一种很好的替代或补充方式。

（五）关于家庭替代性养育

风险社会中不确定因素的增多可能给家庭结构带来冲击与破坏，家庭替代性养育是对被损坏的原生家庭养育进行的修正与弥补。自 20

世纪 80 年代中期以来，美国接受寄养服务的儿童数量迅速地增加。2003 年年底，美国和加拿大大约共有 300 万受虐待儿童得到了政府提供的保护。2006 年年底，有超过 5 万名的儿童接受寄养服务。Jenkins 和 Norman 认为，原生家庭应承担儿童的养育职责，只有当原生父母的确没有能力履行养育职责的时候，儿童才能由非亲生父母的寄养家庭替代性养育。Duva 指出，原生家庭对儿童的成长具有非常明显的影响力，许多原生家庭的服务若带有暴力倾向，他们的子女在进入寄养家庭后，也会表现出倾向暴力。Beezley 指出，政府必须对寄养家庭的资质进行严格审核，保障寄养儿童的权利，寄养服务应该是由公共组织或志愿者组织提供的全周期、全天候、全过程寄养照顾服务，寄养家庭应该对寄养儿童视如己出，全心全意地爱护寄养儿童，提供充满爱心的周到服务。

## 二　国内研究综述

国内对于儿童社会福利制度的研究主要聚焦在两个方面：一是对于国外儿童社会福利制度的介绍与借鉴。二是关于本国儿童社会福利制度的内容演变和发展历程。

### （一）国外儿童社会福利制度的介绍与借鉴

西方发达国家的社会福利制度建设具有较长的历史，对发展中国家来说，有很多值得学习和借鉴之处。我国学者对西方国家的儿童社会福利制度进行了研究。例如，现代福利制度的发源地英国，在儿童社会福利的立法、财政支出、管理体制方面都有比较健全的体系，北京师范大学儿童福利研究中心对英国的情况进行了详细介绍。姚伟、王宁认为，美国儿童社会福利制度正由补缺型向普惠型发展，不再局限于原来有特殊需要的儿童，而是扩展至全体儿童。不单提供儿童身体健康的服务，还囊括教育、医疗、心理卫生等多方位的综合服务。儿童社会福利制度奉行“立法先行”，以具体明确的法律法规为制度制定的依据。在管理体制方面，美国联邦和州实行分权管理。邹明明介绍了瑞典的“津贴+服务模式”儿童社会福利制度，政府以资金补贴和服务供给两种方式来满足儿童的成长需求。龚婷婷指出，日本的儿童社会福利制度具有明显的家庭特色，强调家庭对儿童养育的义务和责任，建立了比较健全的儿童社会福利法律法规。

（二）中国儿童社会福利制度的研究

国内学者结合中国国情与社会发展实际情况，对我国儿童的社会福利制度进行了多方面的研究。

1. 各类儿童社会福利制度的研究

（1）孤儿社会福利的研究。

①孤儿生活状况的研究。

孤儿的成因在不同地区的不同调查中存在区分，大致包括以下几类：第一类是被父母抛弃的。这类孩子大都属于超计划生育的孩子、非婚生子女、婚外恋生子等情况，因为合规合法的社会地位，难以得到家庭和社会认可，父母虽都健在却不愿履行抚养义务而将子女抛弃。第二类是父母一方因故去世，另一方不愿继续抚育的。这类孩子一般散落在亲属家中，但父母存活一方已无心、无力、无暇顾及，是事实上的无人抚养。第三类是父母均已死亡，孩子只能由儿童福利院或寄养家庭抚育长大。杨生勇、尚晓援、王飞鹏的调查都在一定程度上论证了孤儿形成的原因类型。

不管何种成因，孤儿的生活都缺少父爱或母爱，生活条件比较艰苦，而且有巨大的心理阴影和情绪压力。北京师范大学儿童福利中心2008年曾对全国13个省份19个县的56个农村村庄进行调研，结果表明，90%的农村孤儿仍然生活在贫困状态之中，农村孤儿的生活条件得不到根本性的转变，孤儿的救助与扶持任重道远。根据赖素英的调查结果，农村孤儿主要以父系亲属照顾为主，且大多为爷爷奶奶的隔代关怀，儿童抚育与老年人养老问题同时存在。在这种环境下，孤儿的生活质量较低，缺乏社会救助，心理和精神问题突出。应在国家、家庭、第三部门的参与下，建立多元化社会支持网络，为农村孤儿提供保障。杨生勇在对农村孤儿实地考察的基础上，认为在社会转型时期，应建立现代社会帮助孤儿的观念。在福利思想的指导下，通过特殊的调整和制度建设来帮助农村孤儿。人力资源社会保障部副部长信长星曾就孤儿权益的保障，提出“四个加强”：加强孤儿保险服务，加强成年孤儿的就业扶持，加强孤儿职业技能的培训，加强建设儿童福利机构的工作队伍。

②孤儿替代性养育的研究。

孤儿替代性养育的方式主要包括机构集中养育、寄养家庭养育、家庭收养以及亲属供养等。

其中，机构集中供养和寄养家庭养育，学者们予以较多的关注，进行了深入详尽的调查研究，提出了相应的对策建议。成海军认为，残疾孤儿需要 24 小时的专业医生和护士帮助进行康复训练，机构集中供养系统能提供方便和有效的医疗保健服务。但是，机构护理人员的素质和技能培养却存在一定的不足。朱丽萍指出，由于待遇和编制问题，许多正规护理院校的毕业生不愿进入福利院和其他集中供养机构从事护理作业，导致许多非专业护理人员从事了高度专业化的护理工作。孙奕和巩桂双认为，机构集中供养系统护理人员的素质和技能都有待进一步提高。集中供养机构在人力资源方面将护理人员分为正式护理人员和临时护理人员。一些正式的护理人员并没有承担具体的护理工作，而由临时护理人员来进行日常的护理操作工作。但是临时护理人员很多来自偏远的山区，年龄偏大，受教育程度低，护理技能和护理水平与儿童需求方面存在差距，集中供养机构需要对这些护理人员加强专业培训。姚建鞠和梁智认为，要提高护理人员的专业化水平可采取的措施包括，第一要提高护理人员的待遇水平。第二要建立和完善护理职称晋升制度。第三要实行执证上岗制度，护理人员需要经过专业培训和考试，才能到集中供养机构开展护理工作。相对于规模化、程序化的机构集中供养模式，家庭寄养则表现出更好的个性化、温情化的特点，让孤儿融入家庭，能够感受到替代的父爱或母爱，能够给孤儿一种家庭式成长环境，有利于孤儿的身心健康。田坷指出，孤儿集中供养方式可能会使某些孤儿得不到重视和关注，产生心理疾病，长期的集体生活以及与社会隔绝的生活也不利于孤儿从心理上接纳社会，不利于孤儿与外界社会建立联系，不利于孤儿与社会的沟通。因此，应尽可能地推广家庭寄养方式，让孤儿进入家庭，融入社会。韩伟等认为，家庭寄养能让孤儿感受到家庭的温暖，感受到父亲和母亲的爱，满足孤儿对父爱与母爱的需要。然而，家庭寄养时，寄养时间的不确定性，可能让孤儿心理产生波动，增加孤儿的心理负担。当然，寄养家庭对孤儿抚养时间的不确定性有可能会导致儿童情绪的不稳定，担心、忧虑的情绪会成为儿童的心理负担。

故而，有学者认为，国家应该大力支持家庭收养孤儿，为收养家庭提供更多的便利，使之与孤儿建立长期的抚养关系，形成深厚的情感，成为事实上的稳固家庭。卢珊等认为，必须健全法律法规来规范儿童收养的条件、加强收养后的监管工作，以切实保障孤儿的权利。另一种常见的孤儿抚养方式则是亲属供养模式，主要是在社会散居孤儿，通常由父亲家庭的亲属支持，也有些是由父母生前的朋友支持。王飞鹏认为，受亲属支持的社会孤儿，存在支持程度偏低且稳定性差的问题，生活中普遍存在困难。如果由爷爷奶奶或外公外婆等祖辈支持，代沟问题一般难以妥善解决。由叔伯辈的抚养，比起祖辈来，经济条件会好很多，但由于叔伯辈自己亲生子女及妻子的影响，可能会存在一些难以完全避免的摩擦与隔阂，使孤儿产生寄人篱下的自卑心与不适感。

（2）困境儿童社会福利的研究。

①残疾儿童社会福利的研究。

由于残疾儿童身体或精神的残障，需要依靠家庭来予以扶助，学者们认为，应该建立健全残疾儿童的家庭支持体系。姚建平、梁智认为，传统“救助式”残疾儿童福利模式存在一定局限，随着社会进步与发展，未来残疾儿童社会福利模式应该是以家庭为中心，推行补充性福利和支持性福利，通过支持家庭来加强对残疾儿童的养育功能。胡晓毅、王勉认为，应该让残疾儿童家庭能够像正常家庭一样，提高生活质量，享受生活乐趣，这就需要政府、社会完善残疾儿童社会福利制度，从经济上对残疾儿童家庭提供补助津贴，同时为残疾儿童家庭提供各类资源与服务。华红琴认为，残障儿童的养育不仅仅是家庭的责任，也是政府和社会的责任，应该建立健全法律保障体系，为残疾儿童及其家庭提供残障津贴，完善支持性福利与服务。徐素琼指出，只有政府为残疾儿童家庭提供必要的支持，减轻残疾儿童家庭的经济负担与抚育压力，才能保障残疾儿童家庭的正常生活，才能给残疾儿童一个健康的成长环境。金成川提出，在残疾儿童社会福利政策中，需要重视为残疾儿童家庭提供康复指导、护理服务、看护服务甚至家政服务等支持性服务。

②重病儿童的社会福利研究。

刘继同通过分析受艾滋病影响儿童的数量规模与构成状况，指出受艾滋病影响儿童的生存与服务状况不理想，需要政府的介入和社会的支持，提高特殊儿童社会福利的可及性，保障艾滋病儿童的正常生活。王美静基于对山西20个村脆弱儿童的实证调研，指出影响农村孤儿、留守儿童、受艾滋影响儿童以及大病残疾儿童等的主要是因素经济贫困和心理困境。张萍分析和描述湖北省一个艾滋病乡镇艾滋孤儿的“求助行为”，认为有些艾滋孤儿具有自主决策意识，能够主动寻求并选择社会扶助资源，这种主动求助行为值得关注，保障艾滋孤儿的选择权利。

（3）困境家庭儿童社会福利的研究。

①贫困家庭儿童社会福利的研究。

家庭收入低于当地最低生活保障标准的全体儿童属于贫困家庭儿童，家庭的贫困将导致儿童物质生活匮乏、教育资源不足等成长困境，不利于儿童的健康成长和全面发展。林闽钢提出，改变贫困家庭的代际传递，针对城市居民，应该把居民最低生活保障制度改变为综合生活支持制度，形成对贫困家庭与儿童的分类补贴。俞贺楠等分析了贫困家庭儿童在义务教育阶段的福利效果，提出应该将教育福利纳入到社会保障体系中加以考量。王作宝基于社会对贫困家庭儿童的排斥视角，分析了儿童福利的复杂性，对贫困家庭儿童及其福利的影响因素进行了分析。秦睿、乔东平指出，采用将儿童当作被研究客体的问卷调查的方式，并不能真正了解贫困家庭儿童的生活状况和福利需求，存在调查方法的缺陷，应该多采用访谈法，将儿童作为研究主体，深入了解儿童内心真正的需求。

②其他困境家庭儿童的社会福利研究。

陈晓敏认为，离异单亲家庭的母亲平均经济收入不理想，大大低于全国职工平均收入水平。同时，儿童获得抚养费数额低，且存在不能按时足额获得抚养费的情况，甚至会遭遇拒付、无力支付等。所以，离异单亲家庭的儿童基本生活费用比较低，住房条件也很差，容易陷入贫困状态中，需要较为完善的儿童社会福利制度来为其提供生活保障。徐安琪指出，单亲家庭的孩子的生活质量和主观幸福感都明显低于双亲家庭的孩子，建议政府加强社会福利体系，提供生活保障和经济援助，以提高单亲家庭的孩子生活质量和幸福感。

2. 儿童社会福利制度的演变

（1）补缺型儿童社会福利制度的研究。补缺型儿童社会福利制度的研究内容主要关注可以分为三个方面：儿童社会福利政策的发展历程、儿童社会福利政策的现状以及儿童社会福利政策存在的不足与问题。陈文认为，20 世纪 70 年代末对儿童社会福利对象的理解是相对片面的，局限于儿童在某些领域。宋文珍认为，改革开放前，中国是补缺型的儿童福利，没有专门的儿童福利机构。20 世纪 90 年代后，才逐步在家庭、健康、教育等方面制定相关的法律法规，建立了儿童社会福利制度的框架。尚晓援指出，2000 年后政府对于儿童社会福利的理念发生较大调整，但仍缺乏科学的儿童社会福利事业多元参与的机制和渠道。陆士祯、徐选国指出，补缺型儿童社会福利制度存在诸多不足，例如，法制建设落后，没有专门、统一的儿童社会福利立法；国家在儿童社会福利方面的财政支出水平较低；关于学前儿童福利的研究比较缺乏，没有建立合理的政策评估体系。

（2）普惠型儿童社会福利制度的探索。21 世纪以来，中国经济发展的速度非常快，国家综合实力日益强大。“以人为本”“执政为民”“改善民生”的理念，在党和政府工作报告中多次得到体现。对于儿童的社会福利制度也逐渐由补缺型转向了普惠型，刘继同认为，儿童的生活条件是衡量国家发展状况的重要指标，我国儿童保健服务发展滞后，儿童社会福利制度高度分散，应注意国家对儿童社会福利的责任。在科学发展观和谐社会的理念下，儿童社会福利制度需要重建。尚晓援等认为，中国的儿童保护制度需要从基于亲权保护的原则向基于公民社会权利的原则制度，为全体社会儿童提供有效的保护。窦玉沛指出，随着经济发展和社会进步，儿童社会福利的对象不应再仅限于福利机构的孤儿、弃婴，应该从补缺型儿童社会福利向适度普惠型儿童社会福利转变。

对于建设适度普惠型儿童社会福利制度的路径和措施，学者们从多角度进行了分析。刘继同提出，应将儿童社会福利问题纳入国家发展优先领域、建立“以儿童为中心”的“五位一体”社会福利服务体系、建立覆盖城乡的儿童社会福利服务体系、建立儿童社会福利与儿童保护的专门性财政账户、加快儿童社会福利的政策研究等对策建议。宋文珍认为，建立适度普惠的儿童社会福利制度需要做好几方面的工作，包括儿童社会福利制度理念的提升、加强儿童福利制度的法制建设、儿童社会福利津贴制度的建立、儿童公共服务体系的完善等。北京师范大学中国公益研究院提出建立困境儿童生活津贴制度、加强人才队伍建设、健全重残重病儿童医疗救助保障体系等措施，全面推进普惠型儿童社会福利制度建设。

## 第三节　相关概念的界定

### 一　社会福利和社会福利制度

#### （一）社会福利

福利的英语是“welfare”，而在拉丁文中“wlle”的意思是“好”“fare”则代表“生活”的意思，两者连在一起代表着良好的生活状态、优良的人生格局。“社会福利”（Social welfare）这一用词，最早出现在1941年美国、英国签署的《大西洋宪章》和1945年签订的《联合宪章》中。对于社会福利的内涵，不同的国家和地区的界定会存在差异。就算同一个国家，也会基于不同的研究视角提出不同的见解。在美国的《社会工作词典》中，对社会福利的描述是，社会福利具有两个方面的含义：“第一，一项维持社会正常运行必不可少的国家项目和服务系统，帮助人们满足社会、经济、教育和医疗需求。第二，社会群体的集体幸福与正常生存状态”。美国《社会工作百科全书》对社会福利的界定为：“社会福利是一个广泛而不准确的术语，通常被定义为‘有组织的活动’或‘政府干预’，旨在回应公认的社会问题或改善弱势群体的处境。社会福利最好被理解为一个公正的社会的概念，它为工作和人类价值提供机会，为其成员提供合理的安全水平，保护他们免遭暴力，促进正义，并以个人价值为基础形成评估体系，这个社会在经济上是富于生产性的和稳定的。这种社会福利的概念是基于这样一种假设，即通过组织和治理，人类社会可以生产和提供这些东西，并且因为这个概念是可行的，社会有道德责任来实现这样的想法。”美国学者米奇利（Midgley）认为，社会福利有两层含义，既可以理解为社会福利状况，也可以理解为社会福利制度。当人们把社会福利视为一种状态时，社会福利指的是人类幸福和正常生活状态，是“当社会公民需要得到满足，社会问题得以控制，社会运行良好时，人类正常生活的情况或状态”。当人们把社会福利视为一种制度时，社会福利制度就是政府、社会、家庭等主体集体努力来实现社会福利地位。美国学者威廉姆·H. 怀特科（William H. White）认为：“社会福利的目的是帮助人们在他们的社会环境中发挥更有效的作用，能满足人们的双重需要：一是满足人们的基本生存需求，诸如食品、健康、衣服、住房等；二是满足人们心理和精神的社会需求。社会福利还应提供以下几个方面服务：使人们能够获取经济收入，提供适当的教育，提供认识和处理个人所面临困难时的建议，提供就业机会和其他社会活动。”

一般来说，社会福利是一种提高广大社会成员的物质生活和精神生活水平的服务政策和服务措施，使人们更加愉快地生活。同时，社会福利也是一种社会保障，体现了维护社会正常运行的社会功能。社会福利可以被视作为国家和社会利益，通过向社会所有成员提供福利、物质供应和社会服务满足社会各成员的基本需求，尽可能提高生活质量的政策。依据社会福利的服务对象和服务内容的差异，可以将其分为狭义的社会福利和广义的社会福利，国内学者一般采用这种理解方式。广义的社会福利是指为了满足广大社会成员的福利待遇而设计的各种政策和社会服务，对象已经扩展到所有公民，社会福利内容从面向弱势群体的社会援助和社会福利服务扩展到面向全社会提供社会保障、教育和医疗的项目。周佩将社会福利定义为，社会福利是以政府和社会为基础，以全体社会公民为对象，以制度化和专业化为基本保障，以改革和服务性为主要特征的。社会支持网络是社会保障的主要框架，以物质支持和精神支持为主要内容，旨在解决社会问题，不断改善和增强公民的物质和精神需要的完善社会政策和社会制度。唐钧认为，社会福利是指政府和社会团体采取的各种措施，提高社会成员的物质和精神生活水平。狭义社会福利是指，针对特殊社会群体，如老年人、儿童、母婴家庭、残疾人、慢性精神病患者等社会关怀和社会服务。田北海认为，狭义的社会福利又包括了剩余性狭义社会福利观、制度性狭义社会福利观和发展性狭义社会福利观。其中，剩余性狭义社会福利观认为，社会福利是一种治疗社会病症、预防或纠正社会问题的制度或手段。尚晓援指出，狭隘的“社会福利”是指为特殊社会群体提供的社会服务和社会弊病的治疗。它与“社会保障”的制度安排一样，是促进人类幸福的制度措施。多吉才让认为，社会福利的内涵主要是指“民政部代表国家为弱势老年人、残疾人、孤儿和特殊照顾者提供的收入和服务保障”。根据社会福利包含内容的差异，可以分为制度性狭义社会福利观与发展性狭义社会福利观。两种观点都认为，社会福利不仅仅服务于困难群体或弱势群体，而以全体公民为服务对象，应该指向社会的所有成员，旨在提高公民的生活质量和生活水平。但是，制度性狭义社会福利观认为，社会福利水平应该仅限于保障社会成员的基本生活。社会福利是指国家和社会为了保护社会成员的基本生活，包括社会救济、社会保障和社会服务所采取的措施和服务。而发展性狭义社会福利观则认为，社会福利不仅仅要解决人们基本的生存需要，还要提供他们更好的生存或发展的状态。

总言之，福利是一种良好的生活状态，社会福利可以分为狭义和广义两个方面。狭义的社会福利强调福利对象的选择性，主要是指国家或社会对弱势老年人、残疾人、孤儿和特殊照顾者等特殊社会群体提供的收入和服务保障。广义的社会福利是指国家或社会为社会所有成员提供的物质和精神生活，包括社会保障、教育和医疗保健的各种制度安排。广义的社会福利有两个主要特征：一是将福利对象从特殊群体扩大到社会所有成员。二是将福利计划从社会保障扩展到包括教育和医疗的公益性福利项目。民政部副部长窦玉沛认为，“有必要从特定的目标受众转变为所有的老年人、残疾人和处于困境中的儿童，同时满足不同层次的服务项目和产品的多样化需求”，这是一种中等的社会福利，存在于广义的社会福利和狭隘的社会福利之间。他认为，中等社会福利适用于在中国建立适度普惠的社会福利制度。一方面，这种社会福利观相对于狭义的社会福利观，提升了覆盖人群、福利内容和福利水平。另一方面，这种中等社会福利观比广义社会福利覆盖的人群相对狭窄，主要包括所有的老年人、残疾人和所有儿童，符合建立2010—2050年的适度普惠型社会福利体系的实际需要。

（二）社会福利制度

美国著名学者威伦斯基（Harold Wilensky）和李宾克斯（Charles Lebeaux）将社会福利分为剩余性社会福利和制度性社会福利两类。剩余性社会福利，也称为补缺性社会福利，是对社会无法自助者的临时性、补偿性社会救助，是为“不幸者提供的慈善”。通常情况下，家庭和市场是满足个人需求的方式，只有在家庭受到自然灾害、人为灾害或市场经济萧条等变故，政府和社会才会提供社会福利援助。当家庭和市场恢复正常时，政府和社会提供的援助将会相应地取消。剩余性社会福利通常是暂时的、选择性的援助。这一社会福利制度的特点是：第一，选择性。只针对一些有特殊需要的社会成员，如孤儿、残疾人、社会流浪者、弱势老年人等，且提供的服务内容有限。第二，暂时的。只是一种援助，一旦这些对象回归到正规生活状态，政府即从责任范围内撤回。第三，未支付。也就是说，这种援助不需要偿还。制度社会福利是指政府为全体公民提供的福利，而不是仅仅为少数有特殊需要的公民提供的福利。制度性社会福利是常规的、常态的社会形态，救助对象是普遍的。这一制度具有三个特点：一是非选择性的，是属于社会所有成员的福利。二是长期的，福利是一种正规的、规范化的措施。三是无偿的，制度性的社会福利免费提供给社会成员，无须偿还。

卡恩（Alfred Kahn）和罗曼尼斯克因（John Romanyshyn）在此基

础上提出了发展性福利的理念。在他们的描述中，发展性社会福利需要建立一个可持续的社会福利制度，提高人们的生活质量，满足人的发展。它不仅仅是一个解决社会问题的系统。英国学者蒂特马斯（Richard Titmuss）在《社会政策导论》一书中指出，根据国家、家庭和市场的关系，福利制度可以分为补缺型福利制度、工业福利制度和制度化福利，形成福利制度的三种模式。蒂特马斯从国家的作用、优先权、接受者地位和政治地位四个方面描述了这三种模式的基本特征。丹麦学者艾斯平·安德森（Espin Anderson）在他的《福利资本主义的三个世界》一书中进一步提出了“社会权利”和“商品化”的理念。根据“商品化”程度的不同，他将福利制度分为三种类型：市场化制度、社会保障制度和普遍主义制度。

## 二　儿童和儿童社会福利

### （一）儿童

儿童（child）的概念在不同国家、不同时期的内涵是存在差异的，它是一个发展的概念。中国古时，男子二十岁成年行弱冠礼，女子十五岁成年行及笄礼，尚未成年的人都叫儿童。在现代，儿童的概念有很多解释。《现代汉语词典》中的儿童是指未满10岁的未成年人。心理学界将“儿童”分为几个时期：“0到1岁的乳儿；1到3岁婴儿；3到6岁的少儿；六七岁到十一二岁是孩子的童年期”。因此，心理学所指的儿童是小于12岁的未成年人。现代医学把儿童的年龄分为七个时期，从0岁到20岁，分为胎儿时期到青春期。从人口统计学的角度来看，14岁以下的未成年人可以算作儿童。《中华人民共和国未成年人保护法》从完全民事行为能力的角度指出，未满18岁以下的公民为未成年人。

从国际惯例来看，一般认为14岁以下的儿童是少儿，联合国大会将15—24岁的人定义为青年。目前，联合国教科文组织、世界卫生组织和联合国人口基金等组织都认为青年的年龄超过14岁，但儿童的年龄没有明确的定义。目前国际上《联合国儿童权利公约》对儿童年龄的规定是“未满18岁的人”，这个界定相对比较合理，具有普遍的接纳性，因此，这项研究按照《联合国儿童权利公约》中儿童的定义，认为儿童是18岁以下的人。这有几方面的原因：首先，儿童概念是一个相对于成年人的法律概念。根据《中华人民共和国民法通则》，成年人的年龄起点是18周岁。成年人的身心发展成熟，具有完整的社会认同和社会行动功能。他们具有完全的民事行为能力。儿童，无论身体或心理的发展都不成熟，不足以承担他们的个人行为的全部法律责任，并需要特殊保护。因此，从法律上规定，儿童属于未成年人。其次，儿童指的是未满18岁的未成年人。儿童的概念是一个具有多个角色的定义。由于不同的需要，儿童的年龄在不同的领域有着不同的定义。联合国已经确定了18岁儿童的年龄限制，因为需要尊重儿童的权利，尤其是儿童的保护权和受教育权，它具有国际人权意义。

（二）儿童社会福利

儿童社会福利是以儿童为对象的社会福利形式。联合国1959年在《儿童权利宣言》指出："儿童福利是为促进儿童健康发展和正常生活而进行的各种努力、职业和制度。"《美国社会工作年鉴》指出："儿童福利包括直接为儿童提供的福利服务，也包括与儿童健康发展有关的家庭和社区的福利，其目的是让孩子快乐、健康地成长，并有效发掘他们的潜能。"可以发现，两者皆是从广义的角度定义儿童的社会福利。美国儿童福利联盟则是从狭义角度指出，"儿童福利是专门针对儿童的社会福利服务，提供家庭无法满足的服务"。利德曼（Liederman）认为，儿童福利应该包括与保护、关爱儿童有关的所有项目和政策，以促进他们的健康发展。Kadushin认为，儿童福利是社会工作的专业领域之一。它旨在为儿童提供直接或间接的福利服务，以支持、加强或补充的方式，加强家庭的功能，寻求儿童的健康发展。国外文献表明，儿童福利实际上是提供社会政策、专业科学知识和满足儿童生理、心理和社会环境需要的特定行为的总称。

从国内研究成果来看，陆士祯认为，儿童福利是儿童社会福利的体现，是国家或社会为保证儿童正常生活和健康发展而普遍提供资金和服务的社会政策和社会事业。张海鹰认为，中国的儿童福利可以分为两大类，一种是广义的，另一种是狭义的。广义的儿童福利是指，对儿童身心健康的所有社会责任。狭义的儿童福利是指，补充和替代父母的对儿童照料。周震欧指出，狭义上，儿童福利主要是以问题为导向，针对贫困儿童、受虐待儿童、行为偏差或情绪困扰儿童、体格儿童等特殊需要的儿童。广义地说，儿童福利则是以发展为导向的，照顾对象延伸到儿童正常生活所需的服务，包括福利措施、医疗保健、儿童教育和司法保护。综上所述，国内外儿童社会福利的定义皆有广义与狭义的含义。中国所提到的儿童福利本质上是由国家或社会提供的儿童社会福利。

## 三　儿童社会福利制度的类型

依据国内外学者们的研究，社会福利制度可以划分为补缺型社会福利制度、普惠型社会福利制度和处于两者之间的适度普惠型社会福利制度，那么，相对应的是儿童社会福利制度就包括补缺型儿童社会福利制度、普惠型儿童社会福利制度和适度普惠型儿童社会福利制度。

### （一）补缺型儿童社会福利制度

补缺型儿童社会福利制度，是指在家庭功能缺位的情况下，政府或社会为有特殊需要的儿童（如弃婴、孤儿、流浪儿童、残疾儿童等）提供临时和补偿援助的社会福利形式。从定义中可以看出，补缺型儿童社会福利制度的特点主要有以下几个方面：第一，儿童的社会福利补充功能。在家庭丧失功能，无力为儿童提供保护的情况下，国家向儿童提供保护和援助，强调国家的最终干预职能。第二，临时性援助。援助是在家庭功能丧失的情况下进行的，一旦家庭功能恢复，援助也就立即终止。第三，援助对象的限制性。政府或社会保障的目标对象会受到限制，具有选择性，通常是一些弃婴、孤儿、流浪儿童、残疾儿童等特殊的困境儿童。

### （二）普惠型儿童社会福利制度

普惠型儿童社会福利制度是指，政府为社会所有儿童提供满足其基本生活需要的社会福利形式。其内容包括三个方面：第一，制度性。制度性是指为儿童提供的社会福利已成为正常状态，并有规范的制度保障，而非临时的应用。第二，普遍性。这是对全体成员的普遍待遇，这是普惠型儿童社会福利制度最重要的特点。第三，非援助。在这种制度模式下，儿童的生活和需求不再是慈善，而是反映国家对儿童人格尊严和公民权利的尊重。

（三）适度普惠型儿童社会福利制度

适度普惠型儿童社会福利制度是一种不完整的普惠型儿童社会福利制度形式，是从补缺型儿童社会福利制度向普惠型儿童社会福利制度的过渡形式。2013 年，我国民政部下发了《民政部关于开展适度普惠型儿童福利制度建设试点工作的通知》，体现了“适度普惠、分层次、分类型、分区域、分标准”的理念。“适度普惠”是指社会福利要逐渐覆盖社会所有儿童，“分层次”是根据儿童不同的状况，划分为四个层次孤儿、困境儿童、困难家庭儿童和普通儿童四类群体，“分类型”是对不同层次的儿童进行类别细化，例如，孤儿被分为福利机构抚养孤儿和社会孤儿；困境儿童分为残疾儿童、重病儿童和流浪儿童；困难家庭的情况有父母严重残疾或重病、父母一方死亡另一方无力抚养、服刑或强制戒毒、家庭贫困。“分区域”是指在国家东部、中部和西部地区，采用不同的适合实际情况的儿童补贴制度。“分标准”意味着不同类型的儿童能够享受的补助标准是不一样的，需根据实际情况区别对待，以实现精准补贴。

## 第四节　相关理论基础

### 一　制度分析理论

制度分析理论主要包括三种学说体系，即新制度经济学（new institutional economics）、社会学制度主义（sociological institutionalism）和历史制度主义（historical institutionalism）。

（一）新制度经济学

约翰·加尔布雷斯（Galbraith，John kenneth）和罗纳德·哈里·科斯（Ronald H. Coase）是新制度经济学学派的两大代表人物。20 世纪 50 年代，加尔布雷斯率领新制度经济学学派登上历史舞台。他吸收了以理查德·凡伯伦为代表的旧制度经济学派理论，并在研究对象和研究方法上发展了制度经济学，形成新制度经济学学派。虽然两者在研究对象上并没有太大的区别，但新制度经济学对单一制度本身功能的分析会更加深入透彻。在研究方法上，新制度经济学学派不认同新古典经济学的抽象演绎法，比旧制度经济学更全面地提倡制度和整体方法的演进。它不赞同将个人作为经济学的出发点，而不去考虑各种经济利益集团之间的矛盾和冲突。新制度学派的学者认为应该从根本上变革现代经济学理论的方法论基础。因为技术的日新月异，必然引发资本主义的经济制度和经济结构进入动态变化的过程中，因此经济学必须重视研究变化和研究过程。换言之，对经济问题的研究应该采用演进的方法。新制度经济学学派的演进方法全面系统地分析问题，在经济研究中不仅关注企业与个人，更多的应该聚焦在整个社会的演进过程。他们对正统经济学所采用的定量分析方法不屑一顾，而推崇制度因素的分析方法。新制度经济学的分析方法可归纳为制度分析或结构分析，其整体研究与价值研究方法相联系，实际上是一种规范的研究方法。

以科斯理论为代表的新制度经济学不同于旧制度经济学和以加尔布雷斯为代表的新制度经济学。该学派运用新古典经济学的方法与逻辑发现制度在经济系统中的运行功能，并将其自身理论作为新古典经济学的发展。主要体现在以下几方面：①对于人的行为假设。在新古典经济学理论中，经济人的行为表现出完全的理性，始终追求自身利益的最大化。以科斯为代表的新制度经济学学派对新古典经济学进行了修正，认为人的行为是有限理性而非完全理性，在谋求自身利益最大化的过程中人都会表现出机会主义的行为倾向，所以经济学应当从实际的组织体系和人的实际需要出发来研究人。②研究领域的拓宽与发展。新制度经济学学派的领军人物威廉姆森曾是诺贝尔奖的获得者，他研究了包括法律、公司组织、社会文化等在内的制度结构，并介绍了交易理论和产权理论。他们修正了新古典经济学的零交易成本假设，并认为，如果所有交易成本为零，那么不管如何安排生产和交换活动，资源的使用将是相同的。从零交易成本假设到正交易成本假设的修正使经济学研究更接近现实。这种运用现代经济学研究制度问题的方法拓展了新古典经济学的研究领域。③新古典经济学的理性选择模型、在均衡分析方法和稳定性偏好，在新制度经济学中得以保存。并且，新制度经济学还引入了信息、产权约束、交易成本和政府行为干预等新变量，为新制度经济学的发展奠定了基础。

新制度经济学的主要观点包括：

1. 制度的概念

对于制度的概念，科斯认为所谓制度是个人与个人、组织与组织、个人与组织之间的行为守则和互动规则，如人际关系、习惯、传统习俗、潜规则、血缘关系等，这些都是新制度经济学的研究领域。对于制度概念的认知是区分新制度经济学家与其他学派经济学家的判断标准与衡量工具。也就是说，虽然一些经济学家也在研究制度，或者使用新制度经济学的研究方法或工具来研究制度，但是他们并没有认同科斯的制度概念，那么这种根本理念和研究基础的分歧，则意味着他们的研究不属于新制度经济学领域，最多也就是研究对象或研究方法的接近。纯粹的新制度经济学家对于制度推崇膜拜，他们认为，制度是决定历史进程的关键因素，“制度决定了一切”是新制度经济学家们的信仰，是整个学派的理论基石。

2. 交易费用理论

交易费用理论在新制度经济学中具有重要影响力，是新制度经济学最基本的概念。1937 年，科斯在《企业的性质》中提出了这个理论。他认为，交易费用应该包括对产权成本的衡量、界定和保障，搜寻交易对象，商谈交易价格、讨价还价，形成交易合同，执行契约内容、合同条款成本等交易过程中的成本。

交易费用的引入对新制度经济学的发展具有重要的意义。由于经济学研究的是稀缺资源的组合与分配，交易费用理论表明交易活动也是有成本的，市场的不确定性导致交易的风险存在，所以将交易成本也纳入资源配置的考虑范畴。因此，某些制度应当为交易活动的顺利进行提供有保障的平台，杜绝虚假、欺诈的交易信息，降低交易费用和交易风险，促进经济建设的发展，提高经济效率。以这种方式分析，才能准确定位制度在经济发展中应有的作用和价值。

3. 产权理论

新制度经济学家普遍认为，产权既是一种权利保护制度，也是一种社会关系，是一种规定人与人之间相互关系的规则，是一种基本的社会规则。产权经济学大师阿尔钦从产权的社会本质指出，“产权是社会选择使用经济物品的权利”。在当今社会中，人与人之间的交往和关联，必须以尊重彼此的财产权利为基础。产权包括所有权、收益权、使用权、处分权等多种权利、多个概念。在市场交易过程中，交易的对象实际上是产权的转移和交换。交易中产权所包括的内容决定了物品的交换价值，这是新制度经济学的基本思想之一。产权本质上是一套激励约束机制。影响和激励行为是产权的基本功能。新制度经济学认为，产权安排直接影响资源配置的效率，社会的经济绩效如何取决于个人行为的产权安排所提供的激励。

4. 企业理论

科斯利用其开创性的交易成本分析工具，对公司的性质和边界进行了开创性的解释，并证明了企业和市场在现实经济世界中的共存。从而将新古典经济学提出的单一生产体系——市场机制扩展为包括企业与市场的双重生产系统。科斯的企业理论提升了社会对资本主义和商品经济的认识。在凯恩斯革命之后，它继续资本主义制度的生命。而且科斯认为市场机制是资源配置的手段，企业也是资源配置的一种手段，企业与市场之间存在替代关系。市场机制的运作成本是昂贵的，通过形成一个组织并允许一个权威（如企业家）来进行资源支配，可以节省一定的市场运营成本。交易成本的节约是企业产生、存在和替代市场机制的唯一诱因。那么，企业与市场两者的边界如何确定呢？科斯指出，因为企业管理也有成本，企业规模不可能无限扩大。所以，当企业使用企业方法组织交易的成本等于通过市场交易的成本时，那么企业的优势也就不复存在，达到了企业的上限。

5. 制度变迁理论

制度变迁理论是新制度经济学的重要组成部分。它的代表人物美国经济史学家道格拉斯·诺斯（Douglas North）强调，制度在一个国家的经济增长和社会发展中起着决定性的作用。因为技术的变革和创新虽然给经济增长注入了活力，但如果社会没有对相应制度进行创新和变迁的动力，没有一系列的法律制度、产权制度来保障技术变革所创造的成果，那么技术创新也将失去动力，长此以往，人类社会的经济增长和发展将陷入停滞。制度变迁的目标之一就是希望通过制度变迁，相对地降低交易费用，提高制度效益。所以，对于制度的变迁，也可以理解为用一种收益更高的制度替代另一种收益较低的制度。制度变迁理论涉及制度变迁的原因、制度变迁的动因、制度变迁的动力、制度变迁的过程、制度变迁的形式、制度移植和路径依赖。中国经济学家林毅夫认为，制度变迁可以分为强制性变迁和诱导性变迁两种类型。制度变迁理论已经为现代中国社会的转型提供了一个很好的理论工具。

（二）社会学制度主义

社会学领域，特别是组织社会学，是基于组织与制度环境的关系视角来分析研究组织所发生的现象和行为。社会学制度主义中的组织与制度关系研究主要包括合法性机制和组织趋同理论。

1. 合法性机制理论

社会行动学派的帕森斯（Parsons）最早提出了合法性概念，新制度学派吸纳了他的观点并加以运用，成为制度趋同理论的核心概念。所谓合法性，可以理解为对社会建构中的行为是否合乎需要的一般理解和假设。

合法性机制理论的基本观点认为规则、信仰、规范、实践、价值观等制度机制具有强大的社会约束力。一旦被广泛接受，就会成为制约人们行为和行动的内在驱动机制。这些合法性机制不仅可以约束组织的行为，而且可以增强组织的社会地位，增强组织在社会交往中的地位，提高组织的生存力。制度长期稳定存在的根本原因在于它建立在自然和理性的基础上，具有法律机制，可以被广泛接受。

制度学派认为组织不是封闭的系统，资源和能量在组织与制度环境之间进行交换。制度环境将不断地影响着组织并使之适应制度环境的要求与变化，因而，可以说，组织是制度环境下的产物。各种组织生活在制度环境中，是合法性、制度化的组织。当组织或组织中个人的行为或行动与制度规范背道而驰时，就会面临着“合法性”危机，组织难以生存。因此，组织必须满足合法性机制的要求，采用被社会广泛接受的组织架构与管理形式，才能适应制度环境的变化和发展。

2. 趋同理论

合法性机制要求组织能够不断调整自身的组织架构和行动模式，以适应制度环境。同时，各组织也通过相互之间的学习，不断地模仿其他组织的行为，修正自身的不足之处，那么，出现的一种结果就是各组织在与制度环境协调的过程中已经趋同。

迪玛奇奥（DiMaggio）、迈耶（John W. Meyer）、鲍莫尔（Powell）和罗恩（Brian Rowan）等认为，趋同是组织面对制度选择的合理安排，有三种机制在组织趋同过程中起到了一定的作用：第一，强制机制。组织必须接受如法律规定、政府法令等规范的管理，否则将被予以处罚，陷入合法性危机。第二，模仿机制。由于制度环境的不确定性而形成风险压力，常使组织在发展过程中出现行动的方向性迷失。在这种情况下，对标杆组织的模仿就成为其他组织的首选，因而通过模仿能保证组织的合法性，降低违规风险。当然，模仿的后果也会造成组织逐渐在组织架构和管理方法上的趋同。第三，社会规范机制。道格拉斯认为，社会规范是具有广泛约束能力的社会机制，在共同信念和共同理想的形成中起着重要的作用。在社会规范的框架下，组织不断调整自身的行动指标，使组织逐渐趋同。

（三）历史制度主义

保罗·皮尔逊（Paul Pierson）认为，历史制度主义包括了历史和制度两层内涵，是两者的结合体，它既是基于历史角度展开的研究，又紧紧围绕制度内容而进行。历史制度主义的两层内涵表现在：第一，历史被视作研究方法；第二，历史被作为一种研究对象。

1. 历史被视作研究方法

历史制度主义主要从经验或现象角度来概括规律。因此，动态比较分析法与归纳法是使用比较多的方法。历史制度主义认为，过于严格的假设、理性工具和演绎逻辑在现实中往往是不完善的。任何研究方法都有其自身的可取之处，当然也存在不足。解决这一困境的一种方法是把它们结合起来，优点和缺点是互补的。

历史制度主义的主要对象是 20 世纪七八十年代以后的重大历史制度事件，包括英国经济政策的转变和后福利时代国家的政策调整，西方主要国家对凯恩斯主义经济政策的态度和价值观等。历史制度主义从历史的角度看各种政治经济政策的背景、发展过程和后果，以宏观历史事件为分析视角，阐述政治和经济政策随着时间发展被社会大众所理解和接受的过程。在这里，比较动态分析理所当然地成为历史制度主义的基本分析方法，它摒弃了比较静态分析方法，选择动态分析方法作为对制度政策分析的视角。通过对历史事件的纵向梳理和系统回顾，从长期时间跨度的历史角度分析经济和社会问题，分析了社会政治活动的时代背景与基本动因。

2. 历史作为一种研究对象

以历史为研究对象可以体现在以下两个方面：一是重视时间序列；二是历史是量变与质变的统一。

（1）重视时间序列。每一种事物都有它自己的过去。在历史的某个时刻，每件事都将成为过去。无数事件按照时间序列组合起来就形成了历史事件，因此，历史事件是偶然的、必然的统一，所有的历史都是有限的特殊历史。诺斯说过："今天和明天的选择是由过去决定的，过去只是作为一种制度演进才可以理解。"政策随着时间序列的变化而变化。巴林顿·摩尔（Barrington Moore）在《民主和专制的社会起源》中指出，一个国家的历史本身就限制了该国现代化的道路和时机，因为各种政治模式的历史前提是截然不同的。

（2）历史是量变与质变的统一。历史制度主义以临界关切和阈限效应取代传统的阶段性分析。历史制度主义认为，不仅重大的历史事件，而且次要的历史事件都可能导致制度变迁或制度性破坏。阈限效应意味着历史有一个临界点。当一个事件达到一定的闭合值时，它将导致历史的根本性变化，引发一个历史转折点。阈限效应反映了历史事件对时间序列的历史发展方向及其强度的影响。关键分支节点和阈值效应强调系统的定量和定性变化，这是数量变化和质变的统一。强调小历史事件在重大历史事件酝酿中的数量变化效应，强调从数量到质量的积累，指出历史背景的潜在重要性、制度选择的潜在重要性、特定制度的内涵以及制度的路径依赖性变化。

## 二　福利分析理论

### （一）福利经济学

英国经济学家霍布斯和庇古在20世纪20年代创建了一门研究社会经济福利的经济理论体系，即福利经济学。庇古作为资产阶级福利经济学体系的奠基人，在其著作《福利经济学》《财政学研究》《产业变动论》中，提出了“经济福利”的概念，他主张对国民收入进行均等化，并建立了效用基数论。他认为福利经济学的目标是为了改善世界或国家的经济福利。庇古认为福利是对快乐或满足的心理反应。福利具有社会福利和经济福利。只有一部分可以用金钱衡量的社会福利是经济福利。以边际效用理论为基础，庇古提出了两个基本福利命题：①国民收入越大，社会经济福利越大；②国民收入分配越平等，社会经济福利越大。所以，经济福利在很大程度上取决于国民收入总量的多少和社会成员国民收入的分配。因此，要提高国民的经济福利，首先就必须通过生产增加国民收入的总量，扩大其规模。另外，就是要建立公平的分配机制，需要从分配上消除国民收入分配不均的问题。为此，庇古提出了相应的对策。从第一个基本福利命题出发，庇古提出了社会生产资源优化配置问题。他认为，要增加国民收入，就必须增加社会产出。而要提高社会生产力，就必须对社会生产资源进行科学的优化配置。庇古认为，通过增加单位生产要素获得的纯产品并不总是等同于社会和个人测量。当边际社会纯产品大于边际私人纯产品时，国家应采取补贴政策来扩大社会生产规模。如果边际社会纯产品低于边际私人纯产品时，国家应采取税收政策来限制社会生产规模。只有在各种社会边际纯产品中各生产要素均等化，才能实现社会生产资源的优化配置。庇古的福利经济学是以自由竞争为前提的。他认为，自由竞争可以使边际社会纯产品等于边际私人纯产品，从而最大限度地提高了社会和经济福利。从第二个基本福利命题出发，庇古提出了收入分配均等化的问题。他认为，要提高社会和经济福利，必须实现收入均等化。他将边际效用递减定律扩展到货币，认为高收入者的边际效用小于低收入者的边际效用。他认为国家用累进所得税政策从富人那里征收税费，再通过福利措施让社会低收入者能够享受社会福利。庇古认为，通过国家和政府的调控，间接地“把富人的一部分财富转移给穷人”，这种方法可以使得国民收入的分配均等化，从而最大限度地提高社会和经济福利。

20 世纪 30 年代，L. C. 罗宾斯等开始质疑和批判庇古等的福利经济学。罗宾斯认为，经济理论不应排除价值判断，效用可计量性和人际效用可比性不能成立，福利经济学的主张和要求缺乏科学依据。之后，N. 卡尔多、J. R. 希克斯、A. P. 勒纳等也依据帕累托的理论批判庇古的福利经济学。当然，与罗宾斯不同的是，他们对福利经济学的作用依然予以了肯定。1939 年，卡尔多发表了《经济学的福利主张与个人之间的效用比较》的文章，探讨了福利标准或补偿原则的问题。此后，T. 西托夫斯基、希克斯等主张从福利经济学中排除价值判断，并将其替换为实证研究；他们主张在边际效用序理论的基础上建立福利经济学，而不是基于边际效用基数理论；交换与生产是福利经济学研究的核心问题，反对收入分配的研究。卡尔多、希克斯、勒纳、西托夫斯基等创立的基于帕累托理论的福利经济学，被称为新福利经济学。

在新福利经济学的观点中，它认为边际效用是难以甚至不可计量的，社会中个人的效用是没有办法进行对比的，所以，它不认同旧福利经济学的效用基数论，而是提出了效用序数论。因为，基数不能用来表示效用值的大小，只有序数可以用来表示效用水平。新福利经济学以效用序数论为基础，反对旧福利经济学的福利命题特别是第二个关于分配均等化的命题，所以它认为国家通过税收政策将高收入阶层的收入转移给穷人的设想是不合理的。新福利经济学提出了基于帕累托最优状态和效用序数论的福利命题：①个人是自己福利的最佳判断者；②社会福利依赖于构成社会的所有个人的福利；③至少一个人的境况正在好转，而且没有人的处境不好，那么整个社会的情况就更好了。前两个命题是避免效用的计算和个人福利的比较，以避免收入分配问题。后一个命题公开描述垄断资产阶级福利的增加是社会福利的改善。

新福利经济学家认为福利经济学应该研究的是效率，而不是研究水平，因为经济效率才是最大的福利内容。H. 霍特林、勒纳等认为，经济效率是指社会经济需要达到帕累托最优状态的条件，包括最优的交换条件和最优的生产条件。对于两个消费两个商品的交易者来说，交换的最佳条件是每个人对每一对商品的边际替代率是完全相等的。边际替代率指的是另一种商品的数量，当消费者保持一定程度的满意时，必须为每一个附加单位的商品数量减少。用于生产两套商品的两种生产资源的最佳生产条件是每一组合的边际技术替代率相等。边际技术替代率指的是另一种生产资源的数量，每一附加生产资源必须减少，同时保持固定的生产水平。新福利经济学扩展了两个消费者的两种商品交换的最佳条件和两个生产者使用两种生产资源来交换和生产整个社会的两种产品的最优条件。社会冷漠曲线和社会输出线，前者意味着商品的任何组合都能使社会的每一个消费者均衡，后者意味着任何资源的组合可以给每个社会生产者带来平等的生产。新福利经济学认为，当整个社会交换的最优条件和最优生产条件同时满足时，即当整个社会的交换和生产最有效且达到最佳状态时，整个社会就达到最优状态，社会福利就达到最大化。

补偿原则的研究是新福利经济学的另一主要内容。新福利经济学认为，帕累托的最优状态具有高度的条件限制性，不利于维护资本主义。为了扩大帕累托最优条件的适用性，一些新福利经济学家开始致力于研究福利的补偿原则。

卡尔多首先提出，如果在 A 情况下，受益人在补偿伤者后仍比 B 情形更好，那么情况 A 比 B 情况更好。希克斯补充了卡尔多的标准，提出如果在 A 的情况下，利益受损者无法诱导受益人不将 B 变为 A，那么情况 A 比 B 情况更好。西托夫斯基进一步补充了卡尔多和希克斯的标准，并提出了一个“双重标准”来检验利益：如果受益人可以让受伤者接受 B 到 A，受伤者没有办法诱导受益人不改变 B 到 A，那么对于社会来说，情况 A 比情况 B 更好。卡尔多、希克斯等被誉为补偿原则学派。他们的核心论点是，如果任何改变增加了一些人的福利，减少了其他人的福利，那么，只要增加的福利超过了减少的福利，这种改变可以被认为是增加社会福利。按照这一标准，只要垄断资本家的情况越变越好，不管其他多少人的情况变得越来越糟糕，社会福利都会增加。A. 伯格森、P. 萨缪尔森等批判了卡尔多、希克斯的福利经济理论。1938，柏格森发表了《福利经济学某些方面的重新论述》的文章，提出了研究社会福利函数的“新方向”，并认为卡尔多和希克斯的新福利经济学提出了经验问题和规范，试图把问题和效率问题从公平中分离出来的尝试完全失败了。柏格森之后，萨缪尔森等进一步探讨了社会福利功能，形成福利经济学的社会福利功能理论。

社会福利功能主义者认为社会福利是社会所有的个人购买的商品、供给要素和其他相关变量的函数。所有资本的投入量，所有个人的劳动数量，所有家庭或个人消费的所有商品的数量等都是变量。社会福利功能主义者通常用多元函数来表示。社会福利功能主义者认为帕累托最优状态有很多而不是一个。帕累托没有指出哪一种社会福利是最大的。他们认为，为了实现唯一的最优状态，除了交换和生产的最佳条件之外，还必须有福利应该在个人之间适当分配的条件。经济效益是实现最大福利的必要条件，合理分配是实现最大福利的充分条件。社会福利函数根据假设的社会福利函数，形成一组代表社会偏好的社会无差异曲线，并根据契约曲线做出效用可能性曲线。社会无差异曲线和效用似然曲线的切点，代表了最大的社会福利。

第二次世界大战后，K. J. 阿罗继续研究伯格森、萨缪尔森等提出的社会福利功能。在 1951 年出版的《社会选择和个人价值》中，阿罗认为社会福利功能必须在知道社会成员的个人偏好顺序的情况下，通过一定的程序来分类各种个人偏好顺序。一个社会偏好的顺序可以从社会偏好顺序中确定最佳的社会地位。然而，资本主义社会中有多少人拥有许多福利功能。为了从所有个人偏好顺序中获得社会偏好顺序，在任何情况下都必须满足一系列必要条件以试图从个人偏好顺序达到社会偏好顺序。在福利经济学中，阿罗定理被称为“不可能定理”。阿罗想通过大量的论证来修复柏格森、萨缪尔森等的社会福利功能，但客观上证明，从个人偏爱秩序中达到社会偏爱秩序是不可能的。

综上所述，福利经济学研究的主要内容是：社会经济运行的目标，或社会经济行为的检验标准；实现社会经济运行目标所需的生产、交换、分配的一般最优条件、制度建设和政策建议。福利经济学的主要特征是：从一定的价值判断出发，即建立基于既定社会目标的理论体系；建立基于边际效用基数理论或边际效用序数理论的福利概念；基于福利制定经济政策计划。

### （二）福利多元主义

在 20 世纪 70 年代中期，出现了过度依赖政府福利的危机。“政府失灵”和福利国家危机冲击了凯因斯—贝弗里奇模式的主导地位。福利多元主义是在这种背景下产生的，主张社会福利来源多元化。它不能单靠市场，也不能完全依靠国家，而应该是全社会的产物。

福利多元主义，又被称为混合福利经济，从 20 世纪 70 年代起在西方社会政策领域越来越普遍地运用福利多元主义，使其发挥着越来越重要的作用。福利多元主义主要指的是社会福利的筹资、制度和供给应该由不同的部门来共同完成。福利多元主义强调福利国家存在的问题与压力，希望通过多方的福利安排，将国家单独承担的全面福利供给责任转变为社会许多部门的福利供给体系。随着社会各阶层的参与，家庭、社区等非正式组织受到重视，从福利国家到福利社会的转变，福利国家危机的解决是一个以社会过程为中心的转化过程。罗斯对福利多元主义的理念进行了详细的阐述，他认为，市场、国家和家庭作为独立的社会福利提供者都有一定的缺陷与不足，三个部门需要团结互助才能扬长避短，形成合力。例如，如果国家提供社会福利来纠正“市场失灵”，由于非市场化的“政府失灵”，国家垄断利益的提供将引起批评；而国家和市场则提供社会福利来纠正“家庭失败”，家庭和志愿者提供了补偿市场和国家失败的福利。总之，国家、市场和家庭之间的关系并非是竞争关系而是互补关系。在福利多元主义制度下，社会的总福利是多个主体共同努力的成果，国家、市场、志愿组织、家庭和个人都是不可或缺的供给者。一方提供的弱化将通过另一方的加强予以补偿。这是福利提供者之间职能的重新分配。与传统的国营福利不同，国家提供的福利的削弱并不影响福利供给的整体水平。罗斯说："如果有多个来源，而不仅仅是单一的垄断供应商，那么整个社会的福利可能会更多。"

同时，福利多元主义的两个主要概念是分权和参与。所谓的分权，不仅是政府从中央政府向地方政府转嫁福利服务的权力，也是从地方政府到社区、从公共部门到私人部门的转移。参与的本质是非政府组织可以参与福利服务的规划与供给，福利消费者也可以参与福利提供者的决策。

福利多元主义的模式主要包括三分法和四分法两种类型。以罗斯的研究为基础，德国学者埃弗斯提出了福利三角的研究范式。他认为，福利三角的分析框架应该放在文化、经济和政治语境中，具体表现为相应的组织、价值和社会成员资格。经济是一个正式的组织，其价值体现为选择和自治，社会成员作为行动者建立与市场经济的关系。国家对应公共组织，其价值体现为平等与安全，作为行动者的成员建立与国家的关系。家庭是非正式的私人组织，它体现了微观层面的团结和共有的价值观，社会成员作为行动者建立的是与社会的关系。福利三角显示了三方的相互作用。个人努力、家庭安全和社区互助形成了非正式福利的中心；市场经济中的企业提供就业福利；而国家通过正式的社会福利系统重新分配社会资源。在一定的文化、经济、社会和政治背景下，国家提供的社会福利和家庭提供的家庭福利可以分担社会成员在市场失灵时的风险。福利三角理论在三大制度互动过程中特别关注行动者与制度的关系。在福利三角中，国家、市场和家庭都是国民获得福利的供给者。1996 年，埃弗斯在原有基础上对福利三角的研究范式进行了修正，指出社会福利的来源除了市场、国家、社区，还有民间社会，形成了福利多元模式的四分法。对于民间社会在社会福利中的特殊作用，埃弗斯特意进行了强调：它可以基于不同的概念建立不同的政府、市场和社区之间的联系，从而使私人和地方利益与公共利益相一致。而约翰逊则在福利三角国家、市场和家庭的基础上增加了志愿者，强调福利多元主义所供给福利的非垄断性。志愿组织和家庭在提供福利方面发挥着重要作用。吉尔伯特认为，福利多元主义结构，一方面，可以看作是由政府、志愿组织、非正式组织和商业组织四个部门组成的。社会福利是通过这四个部门来传递的。另一方面，这四个部门融入福利国家市场的公共领域和私人领域，与资本主义经济市场重叠。

福利多元主义是在福利国家危机的反思中提出的。它重新定义了福利，认为福利的来源应该是多样化的。福利责任不仅由国家或市场承担。其他社会主体如个人、家庭、志愿组织、非政府组织等也都是福利的提供者，可以承担相应的责任。它试图突破国家和市场的绝对障碍，寻求福利国家未来发展的最优道路。

虽然福利多元主义已对西方社会政策产生了巨大影响，国家提供福利的模式也向多个部门提供福利转型。但对于这一转变的结果是什么，理论界却并未达成共识，存在争议。

以约翰逊为代表对福利多元主义提出质疑和批评，他认为，福利多元主义的社会政策存在潜在的危险和不公平。从对英国福利政策的分析来看，他认为，英国当前的福利政策是多元化的模式，福利供给日益多样化。但政府对福利多元主义的偏爱可能意味着政府希望摆脱自己的责任，将责任转嫁给非正规企业或志愿部门，这是值得怀疑的。约翰逊认为，福利多元主义在理论分析中可以被认为是中性词，因为它并不意味着特定的福利组合形式。然而，它的使用远不是中性的，而福利多元主义的发展是世界各国重新评价的角色。吉尔伯特在分析美国的社会福利政策时，他认为，福利多元主义必须朝着私有化和地方分散化的方向发展。以 Pinker 为代表的福利多元主义的中立主义者认为福利多元主义是由自由主义和保守主义的两种竞争意识形态所做出的选择。自由主义者最终承认国家干预的优势，并保持一定水平的社会福利支出，而保守派继续支持集体计划，但也留有一些自由发挥的空间。在这种情况下，福利多元主义被认为是用一种有效的政策来控制损失。不同的理论和意识形态相互吸引，相辅相成。埃弗斯和斯皮托福则代表了福利多元主义的乐观主义态度。埃弗斯同意约翰逊的福利多元主义意味着国家福利的下降，但与约翰逊不同的是，埃弗斯认为，这种转变是积极的。他认为，福利多元主义打破了福利国家长期存在的二元市场和国家对立。斯皮托福也认为，福利多元主义为实现社会团结和社会融合提供了多样化的途径。福利多元主义的乐观主义者看到了福利多元主义的发展方向，更大的选择权力、积极的公民身份和社会团结。福利多元主义不仅可以解决福利国家的政府失灵危机，而且可以促进社会的良性发展。

### 三　公平正义理论

关于正义的研究，罗尔斯的影响力是非常明显的，在其著作《正义论》中他明确指出，正义的主题是社会的基本结构，也就是说，主要社会制度确定的基本权利和义务的分配以及社会合作所产生的利益分配方式的确定。罗尔斯将西方社会支配的现存正义理论分为两大类：①功利正义。罗尔斯对其描述如下：如果社会的主要制度安排得到了社会所有成员总是遇到的最大净差异，那么这个社会是一个组织良好的社会，因此是一个公正的社会。功利主义的基本思想是追求大多数人的最大幸福。功利主义的思想是每个人在实现自己的利益时，都会根据自己的收入来衡量自己的损失。社会的幸福是由个人的幸福构成的，个人的原则是最大化他们的福利，满足他们的欲望。社会的原则是最大化群体的福利，最大化所有成员的欲望所形成的总欲望系统。②直观的正义观。直觉主义不是从个人或群体的得失来思考和衡量问题，而是通过反思自身来达到一些基本原则。这些基本原则是举足轻重的，可以用来衡量冲突的正义原则。人们依靠直觉，依靠人们眼中最恰当的东西。直觉主义强调道德事实的复杂性，这使人们常常无法解释人们的判断。

这两种正义观或以功利主义为基础，或以直觉为基础，对此罗尔斯均表示异议，但他特别反对的是功利主义。他认为，在现代道德哲学的许多理论中，某种形式的功利主义总是盛行的。道德哲学是社会理想生活方式的基础之一。要改变这个社会的各种制度，就必须改变社会的道德哲学。从这个角度看，罗尔斯把功利主义的正义观视为批判的对象。事实上，休谟、边沁、亚当·斯密和穆勒等传播的功利主义观念一直主导着西方社会。这些原则奠定了西方的政治、社会和经济制度的基础。但是，这些制度并没有克服社会存在的深刻矛盾。罗尔斯是一个改良主义者，他认为改善西方社会制度的关键是改变占主导地位的功利主义正义观。

罗尔斯认为，功利主义的正义观有以下几个缺陷：①它没有剖析自由与权利的要求和社会福利的增长欲望两者之间的原则差异。对于正义的优先原则，功利主义没有予以肯定，政治交易和社会利益也不能成为妨碍基本权利的原因。否则，否认正义使某些人享有更大利益的同时剥夺他人自由的行为戴上了正当的面具。②假定人类社会的调整原则仅仅是个人选择原则的扩展是不正确的。人们一致同意的原则不被视为正义的基础，原则内容不能成为规范所有人的宏观标准。③它是目的性理论，通过最大程度地提高来解释正当的理论。理论和正义的真正原则是预先设定的，不可能从结果中看到正义。④它认为任何欲望的满足都有其自身的价值，而不区分这些欲望的本质，不考虑这些满足的根源，以及他们对幸福有什么影响，比如，如何对待人们歧视他人或伤害他人的自由来获得快乐感的行为，它表现出对功利主义的批判，间接批评西方社会的种种不公，如分配不平等、霸权、种族歧视、贫困等。

既然功利主义的正义观存在诸多瑕疵，那么怎样的正义观才是正确的呢？罗尔斯认为，“我所要做的就是使洛克、卢梭和康德为代表的社会契约论得到更高层次的总结和发展”。因此，罗尔斯的观点是建立在传统契约理论基础之上的。契约理论在欧美地区有着悠久的历史，如洛克、卢梭等都是契约论的支持者，他们的契约思想曾在西方历史上扮演了一个重要的角色。但后来随着功利主义的兴起，契约理论让位给功利主义。可以说，契约理论是一种政治激进主义，功利主义是一种经济实惠的理念。资本主义制度建立后，功利主义取代契约理论就不足为奇了，但罗尔斯重新举起了契约理论的旗帜。

简言之，罗尔斯的正义理论可以被称为“正义即公平”的理论。为了得出这一理论的原理，我们首先需要解释一个前提，即社会契约是如何产生的。在这里，我们必须做出合理或合理的假设。罗尔斯把这种假定的环境称为“原始状态”，它等同于卢梭、洛克和其他人的意识形态中自然状态的位置。

原始状态纯粹是一个理性的假想，在实践的历史上是难以证明。

罗尔斯深知这一点，他承认原始状态是一个纯粹假设的状态。在确定正义概念的过程中，罗尔斯常常依赖于直觉主义。他认为正义原则是在适当界定的原始状态中实现的原始契约。原始状态被设计为排除各种历史和现实因素，给予纯粹的逻辑思维状态，使人们能够产生正义原则。在原来的状态下，各方都是道德主体，平等对待。他们选择的结果不是由偶然事故决定的，也不是由社会力量的相对平衡决定的。但仅有原始状态是不足以达到正义的首要原则，必须设置其他条件。为此，罗尔斯进一步提出几个核心观念：①公正的环境。在这种环境下，人类合作是非常可能和必要的。其客观条件包括一个明确的地理区域、相似的物理状态和心理状态，主观条件包括各方的广泛相似的需要与利益，每一方都有自己的人生计划，在宗教信仰、哲学、政治和社会理论等方面存在差异，使人们既有合作又有冲突，因此有一些原则来指导人们决定利益的划分。②形式的限制。原始状态中的人们必须接受一定的限制，才能有效地确定和选择原则。这些原则应当是一般性的原则，而不是具体的原则。首先，原则必须是一个有序的社会共同蓝图；原则应适用于每个有道德人格的人，限制的条件应该是让每个人都知晓的开放状态，并给出各种冲突的要求。其次，引入原状的原则应该是决定性的，没有比之更高的标准与要求。正义原则的本质在这里被提出。③无知之幕。这个概念是一个更大胆的假设，从而可以应用纯粹的程序正义的概念。无知之幕的原始状态是一种假设，要求人们摆脱当前的情感和知识，并在现实社会面前拉开帷幕，这样人们就可以纯粹地从零点来考虑正义原则。"无知的帷幕"假设当事人不知道自己在社会中的地位、阶级来源、自然素质、自然能力、理性和力量，没有人知道他的善良观念、合理的人生计划和心理特征。各方也不知道这个社会的经济或政治形势。因为每一个人的社会地位、条件或个人气质都会影响一个人对正义原则的判断，所以必须由无知来分离，这样才能建立起最初的状态。④推理的合理性。原始状态方法的成功有一个关键的条件，即假设原始状态的人是理性的。所谓理性是指人们在选择原则时试图促进自己的利益。他们的选择具有彼此的关联，他们也有建立正义感的能力，他们努力寻找尽可能高的绝对分数，而不考虑对方的得失。当然，这样的人也是理论上假设的人，而不是现实生活中的人。现实生活中的人有各种情感，受到社会和各种背景因素的约束。这四个条件决定了原始状态的基本属性，可以用来推导正义原则。

基于原始状态和各种条件的假设，罗尔斯将正义原则描述为：所有的社会价值、收入和财富、自由和机会、自尊的基础应该是均等的，除非对每个人来说都是有利的不平等的价值分配。正义的观点一般可以理解为两个层次，这是著名的罗尔斯两个正义原则：①每个人都有平等享有与他人相似自由的最广泛的权利。②社会和经济不平等的安排应使这种不平等被合理地预期符合每个人的利益，并与所有人开放的地位和功能相联系。这两条正义原则与罗尔斯的社会基本结构是一致的。第一条原则是确定和保障公民的平等自由。第二条原则是用来定义和建立社会和经济的不平等。第一条原则包括公民基本自由原则，这些原则与西方传统的价值观并无不同。第二条原则适用于收入和财富的分配，因为财富和收入在社会中的分配往往是不平等的，但这种不平等的分配对每个人都是有益的。第二条原则是有争议的，因为在私人所有制条件下财富和收入的分配是绝对不平等的。既然如此，那么平等原则如何实现？本质上，罗尔斯的关注焦点在这里，他的改革主义理论出发点也在于此。

在确定了正义的两个原则之后，罗尔斯将之用于社会基本结构的分析。罗尔斯把社会解释为互利合作的事业，它的基本结构是一个公共规则系统，它规定了一个允许人们一起行动以产生更多的利益的活动设计，并根据收益份额向每个人分配一定的公认权利。如何使正义原则演变为一个特定的制度，罗尔斯提出了“四个阶段”：第一阶段，人们接受两种正义原则的理念和选择；第二阶段，召开宪法会议，确定政治结构的公正性，选择宪法，设定制度，这一阶段主要是确定平等的公民资格和各种自由权力；第三阶段，立法阶段，其中第二原则在其中起着重要的作用；第四阶段，具体使用规范，公民遵循规范，法官和行政官员使用规范。在这一部分中，罗尔斯还对政治正义与宪法、自由概念、共同利益、良心平等、法治原则、参与原则、自由权的优先性等概念进行了深入的探讨，并明确论证了他的制度愿景。在这一讨论之后，他重新界定了第一原则即每个人都应该享有平等的基本自由权利，对于社会经济不平等第二原则包括差别原则和机会公平原则，也就是在与正义的储存原则一致的情况下，适合于最少受惠者的最大利益（差别原则）；依系于在机会公平平等的条件下职务和地位向所有人开放（机会的公正平等原则）。

### 四 需求理论

#### （一）需求层次理论

1943 年，美国心理学家马斯洛（Abraham. h. maslow）提出了需求层次理论。根据从低到高的标准，马斯洛将需求层次划分为基本生理需求、安全需求、社会交往需求、社会尊重需求和自我实现需求。生理需求指的是人类最基本和最原始的需要，如衣服、食物、睡眠、性等。只有当生理需求得到满足时，人类才能生存。安全需求是避免和摆脱疾病、意外伤害等需求。社会交往需求也被称为交往动机。当人类满足生理需要和安全需求时，他们希望自己属于某一群体，与群体中的其他成员互动，获得信任和爱。尊重需求意味着人们想要拥有力量、成功、自尊、尊重他人，并获得一定的声誉、地位和成就。自我实现是需求的最高层次，包括能力和成就感。

美国心理学家克雷顿·奥尔德弗（Clayton Alderfer）以马斯洛需求层次理论为基础，形成了“ERG 需求理论”。他把人的需要分为生存需求（ExistenceNeeds）、关系需求（Relatedness Needs）和成长需求（Growth Needs），称为“生存、关系、成长理论”或 ERG 理论。生存需求是指服装、食物、住房和交通的物质需求，包括马斯洛的需求层次理论中的生理需求和安全需求。关系需求是指人们在群体中维持核心关系的需求，包括马斯洛的社会交往需求和部分尊重需求。成长需要意味着人们想拥有成功的事业，这是人生价值的自我实现。这一层次的需求包括马斯洛的部分尊重需求和自我满足需求。因此，阿尔德夫的三个层次需求理论来包容需求和马斯洛对等级理论的需求。内容是相似的，涵盖了一个人的生活的所有需求。

马斯洛认为，只有当低层次的需求得到满足之后，才会提出更高的层次的需求。如果某种程度的需求没有得到满足，它将停留在这个需求水平上，直到它得到满足为止。ERG 理论则认为，当一个更高层次的需求受挫时，人们会退而求其次对较低层次的需求将增加。多重需求既可以作为激励因素，也会在更高层次需求受挫时，导致较低需求水平的增加。

在 20 世纪 50 年代，美国心理学家戴维·麦克莱兰（David C. Mcclelland）提出成就需求理论，将人类需求的层次分为成就需求、权力需求和合群需求。成就需求意味着人们要获得成就，通过解决问题，完成挑战目标，来满足征服欲，获取成就感。对权力的需求意味着人们想要通过控制和影响他人，来获得更高的社会地位。合群需求是一种沟通需求，追求人与人之间的信任和友谊。

（二）基于电梯理论的儿童社会福利需求增长理论

电梯理论认为，随着社会的发展，人类的生活水平将继续提高，生活水平所提高的倍数就是“电梯系数”。富裕人群生活水平在不断提高，穷人和弱势群体的生活水平也会提高，而且改善的速度也将是相似的。在中国经济发展的过程中，国家多次提出“全民共享经济社会发展成果”，体现了电梯理论对社会福利标准不断提高的要求。“电梯理论”认为，在整个社会中，富裕阶层的生活水平最初会比弱势群体的生活水平高。随着社会经济的发展，富民的生活需求进一步提高，满足需求的成本也随之提高。包括儿童在内的弱势群体生活水平低，只能保证较低水平的需求。随着国家逐渐富裕和逐步发展，满足弱势群体需求的成本不断增加，需求水平也在不断提高，给予的保护也在增加，这样就会让弱势群体的生活水平进一步提高。弱势群体生活水平的倍数与富裕人群的倍数相差不大，也就是说，他们如同生活在同一个电梯里一般。

中国正在建设一个适度普惠型儿童社会福利制度。在初期阶段，为儿童福利服务提供的服务不足，儿童生活水平处于较低阶段。特别是，许多困难儿童的需求只能得到部分满足。当儿童社会福利制度发展到中期阶段，社会积累的财富将进一步增加，国家可以给孩子的社会福利计划将进一步提高，社会福利水平将进一步攀升。当儿童的社会福利水平发展到高级阶段时，儿童的社会福利需求将得到充分满足。儿童的社会福利水平将像“电梯”一样继续上升。

总而言之，需要理论的主要代表是马斯洛、奥尔德弗、麦克莱兰等，他们认为人们的需求是分层级的，需求往往从低到高发展。一般来说，只有在满足低层次需求的情况下，才会高度重视高层次需求，但当高层次需求受到挫折时，他们又会回归到较低层次的需求。

# 第二章　中国农村儿童社会保障现状

## 第一节　我国儿童社会福利制度的发展历程

随着我国经济、政治和社会民主进程的发展，儿童社会福利制度逐步建立与发展。在中华人民共和国成立初期，新中国需要从战后创伤中复苏，儿童社会福利政策的主要任务是收养、照顾战争遗留下来的孤儿、弃婴和流浪儿童。20 世纪 60 年代中期，城市儿童福利院、农村“五保”和家庭寄养制度形成。党的十一届三中全会以后，儿童社会福利制度从“文化大革命”的创伤中恢复，残疾儿童纳入国家保障范围。20 世纪 80 年代末到 21 世纪初，我国的儿童社会福利制度逐步与国际接轨，取得了巨大的发展。21 世纪初，我国适度普惠型儿童社会福利制度在经济、政治和社会环境等各方面都形成一定的基础，开启了建设的序幕。2003 年，我国人均 GDP 超过 1000 美元，为发展儿童福利制度奠定了经济基础。民政部 2007 年提出了建立适度普惠型社会福利制度的构想，为儿童福利制度形成了思想认识。2008 年，民政部成立了负责儿童社会福利管理的儿童福利部，奠定了组织基础。2010 年，民政部为全国所有孤儿发放基本生活费，标志着第一个普惠型儿童社会福利的建立。随后，中国为艾滋病毒感染儿童发放了基本生活费用，为儿童建立了第二个普遍的社会福利。2013 年，民政部提出实施适度普惠型儿童福利制度的试点工作，翻开了我国儿童社会福利制度建设的新篇章。

## 一　补缺型儿童社会福利制度

### （一）形成阶段（1949—1965 年）

中华人民共和国成立之处，儿童的社会福利令人担忧，共有 20 多万名孤儿、弃婴和流浪儿童在死亡线上挣扎。20 世纪 50 年代初，全国只有 5 家儿童医院和 139 张病床，婴儿死亡率高达 200%。儿童社会福利政策的主要任务是收养和照顾孤儿、弃婴和流浪儿童。1949—1954 年，全国 666 家儿童福利机构共收留 25000 多名婴幼儿。1962 年，全国 772 个儿童福利院共收养 65182 名无家可归的婴幼儿，儿童福利院的数量和收养儿童的数量均达到历史新高。同时，国家在农村实施了对无法定抚养义务人、无劳动能力、无生活来源“三无”人员的“五保”政策，将“孤、老、残、幼”列为一等救济户。1956 年，国家对“老、弱、孤、寡、残”人员予以“五保”政策，即保吃、保穿、保烧、年幼的保证受到教育、年老的保证死后安葬。孤儿和残疾儿童纳入“五保”对象。一些散居的孤儿被寄养在亲戚家中，并由亲戚供养。城市儿童福利院、农村“五保”和家庭寄养制度是基于家庭和亲属关系的儿童替代性赡养模式。这些制度是中国儿童社会福利制度的基石。

### （二）破坏与停滞阶段（1966—1978 年）

“文化大革命”爆发之后，国内正常的工作与活动被破坏，儿童社会福利制度遭受冲击。民政局负责儿童福利的机构被强制撤销或合并，福利机构如儿童福利院被迫关闭。1978 年年底，全国只剩下 577 家社会福利院和 49 个儿童福利院，共有孤儿、弃婴、残疾儿童 3665 名。对比 1962 年，机构数量与收养儿童数量都大幅下降，许多孤儿、残疾儿童又一次沦落街头。

### （三）恢复阶段（1979—1988 年）

改革开放后，我国的儿童社会福利制度得到了恢复和发展。民政部于 1982 年和联合国儿童基金会合作开展“残疾儿童社区康复”项目，在全国各省、市建立残疾儿童康复中心。1983 年，第八次全国民政工作会议明确民政工作是“四个现代化建设”的重要阵地，为儿童社会福利制度的建设奠定了基础。由于政府的重视和支持，儿童社会福利在这一时期得到了发展。城市儿童福利院的数量由1979年的52所增加到1988年的58所，收养儿童的人数也由3977人增加到5402人，在经费支出方面也出现了增长，由人均819元增加到3315元。不仅如此，收养对象也出现拓宽，从原来的“三无”儿童扩展到残疾儿童和无人照看儿童。儿童福利服务的方式从救济向福利、从封闭向开放转变，从单一的“维持”到“养、治、教、康并重”。同时开展自助式收养服务，通过多种渠道筹集资金，形成政府、企业、个人共同参与的情况。这一时期，服务于残障儿童的特殊教育也得到了发展。1988年，特殊教育学校数量增长了29%，由504个增加到650个；特殊教育学校学生数增长19.5%，从5.28万个增加到6.31万个，智力残疾儿童入学率提高39.4%。这一时期，国家出台一些与儿童社会福利事业有关的法律法规，如1980年的《中华人民共和国婚姻法》、1986年的《中华人民共和国义务教育法》等，为儿童社会福利事业的发展奠定了法律基础。

（四）大发展阶段（1989—2000年）

20世纪90年代，中国的儿童社会福利制度逐步与国际接轨，儿童社会福利制度迎来了一段快速发展时期。1989年，联合国大会颁布了《联合国儿童权利公约》，这是一份为所有儿童的谋求福利和社会权利的全球性公约。《联合国儿童权利公约》的通过，为政府促进儿童社会福利提供了理论依据和规范性文件，并为今后中国儿童社会福利建设指明了方向。1990年，联合国儿童问题世界首脑会议通过了《执行九十年代儿童生存、保护和发展世界宣言行动计划》和《关于儿童生存、保护和发展的世界宣言》两份重要文件，联合国提出了十条行动计划，以在2000年前改善儿童健康和教育的具体指标，保护儿童并改善他们的生活。1992年我国政府以这两个文件为基础制定了《九十年代中国儿童发展规划纲要》，对儿童社会福利事业的发展进行指导，同年，《联合国儿童权利公约》在我国生效，标志着中国儿童权益保护制度的国际化。

20世纪90年代，我国政府非常重视儿童社会福利制度的建设，颁布了一系列有关儿童社会福利的法律法规。影响力非常大的包括

1990 年颁布的《中华人民共和国残疾人保障法》、1991 年颁布的《中华人民共和国未成年人保护法》和《中华人民共和国收养法》、1992 年颁布的《中华人民共和国妇女权益保障法》、1994 年颁布的《中华人民共和国母婴保健法》、1999 年颁布的《中华人民共和国预防未成年人犯罪法》等；行政法规方面有 1994 年颁布的《残疾人教育条例》和《托儿所、幼儿园卫生保健管理办法》、1995 年颁布的《中国妇女发展纲要（1995—2000）》和《公安机关办理未成年人违法犯罪案件的规定》、1999 年颁布的《中国公民收养子女登记办法》《社会福利机构管理暂行办法》《城市居民最低生活保障条例》等，涉及家庭、健康、领养和教育等与儿童社会福利相关的各个领域。2000 年 9 月，联合国千年首脑会议提出了八个全球发展目标，包括改善孕产妇健康、消除极端贫困和饥饿、降低婴儿死亡率、促进性别平等和妇女赋权、普及全球小学教育、对抗艾公平发展权、教育权在千年首脑会议被提高到前所未有的位置，将儿童社会福利保障作为千年发展目标和千年议程的重要内容。联合国千年首脑会议推动了中国残疾儿童的社会福利制度变革，促进了中国儿童社会福利制度的发展。

在这个阶段，儿童的生命权、健康权和教育权得到有效保障，政府对儿童健康的重视程度上升。儿童免疫计划取得了巨大成就，各种传染病的发生率大大降低，传染病儿童死亡率大大降低。政府对 20 多个甲类、乙类法定传染病进行免疫监测。2000 年年底，脊髓灰质炎和白喉的两大流行病基本消除。鼠疫、霍乱、百日咳、霍布斯、炭疽、伤寒、黑热病、登革热等的死亡率为零，发病率也大大降低。以国家为主导的“院舍式养护”成为孤儿和残疾儿童的主要养护模式。截至 2000 年 11 月底，全国共有 108 个儿童福利院，约 3 万名儿童得到了政府的照顾和监督。当然，也有一些孩子是寄养在群众的家里，或者被群众依法收养。根据 2000 年第五次全国人口普查的数据，全国 0—6 岁残疾儿童的数量约为 139.5 万，其中智力残疾儿童达到了约 95.4 万人，所占比例是最大的，往下依次是肢体残疾儿童、听力残疾儿童、视力残疾儿童和精神残疾儿童。自 1995 年以来，民政部和卫生部开始为全国残疾孤儿实施康复工程，主要内容包括：①对智障儿童进行系统康复训练。1996—2000 年共培训 109325 例，有效率达到了 89.6%。②对残疾儿童进行康复训练。2000 年 1005 名儿童接受了小儿外科手术，约 1.7 万名聋儿在接受康复训练之后能够说话。③为 2 万多个低视力儿童配置助视器，帮助他们进行视力康复训练。④为 30 万多名智障儿童提供心理咨询，提高其认知与接纳能力。2000 年年底，31 个省级聋儿康复中心和 3000 多个残疾儿童康复站已在全国范围内建立。对残疾儿童的特殊教育也有所发展。全国残疾人特殊教育学校达到 1648 所，相对于 1980 年增加了 5 倍。普通学校特殊教育班共有 4567 个，近 59 万名学生接受了特殊教育，762983 名残疾儿童接受了学前教育。

## 二　适度普惠型儿童社会福利制度

### （一）孕育与萌芽阶段（2001—2009 年）

进入 21 世纪以来，我国经济状况与社会结构都发生了重大变化，为中国建立适度普惠型儿童社会福利制度创造了必要条件。在经济方面，2001 年，中国人均 GDP 首次超过 1000 美元，达到 1090 美元。2006 年，中国人均 GDP 突破 2000 美元。2008 年，中国人均 GDP 突破 3000 美元。经济突飞猛进为普惠型儿童福利制度奠定了坚实的经济基础。在政治建设方面，2002 年，中国共产党第十六次全国代表大会提出了全面建成小康社会的宏伟目标。2004 年，中共第十六届第四次全会进一步提出了构建社会主义和谐社会的构想。2007 年，中国共产党第十七次全国代表大会提出要树立科学发展观，推进和谐社会建设，不断为全面建成小康社会的新胜利而奋斗。党的第十七次全国代表大会把民生改善作为社会建设的重要目标。提出以保障和改善民生为重点，加快建立覆盖城乡的社会保障体系，加快建立基本医疗制度，促进社会公平正义，努力使全体人民“学有所教、劳有所得、病有所医、老有所养、住有所居”。党的许多重要会议为建立中国适度普惠的儿童社会福利制度奠定了必要的政治基础。在社会制度建设方面，2007 年年底，民政部提出将中国的社会福利制度从“补缺型”向“适度普惠型”转变，成为 21 世纪的战略目标。

在这一阶段，中国儿童社会福利制度所取得的成就主要体现在以下几个方面：第一，《中国儿童发展纲要（2001—2010年）》于2001通过，继续坚持了“儿童优先”的原则，把保障儿童生存、发展和参与社会生活的权利提高到一个更高的水平，使儿童问题成为全社会共同关心的焦点。第二，出台一系列法律法规，实施了一系列的儿童社会福利政策，为儿童社会福利事业的发展打下了坚实的基础。第三，落实一系列促进儿童发展的福利措施。第四，民政部在2008年首次设立了“儿童福利部”，这使儿童问题成为一个独立的国家政策问题。儿童福利司的成立具有重大的战略意义，为中国建立适度普惠型儿童福利制度拥有了必要的组织基础。第五，民政部制定福利机构孤儿和社会散居孤儿补助标准。儿童的社会福利从福利院内扩展到了院外，标志着中国适度普惠型儿童社会福利体系的迅速发展。

1.《中国儿童发展纲要（2001—2010年）》

2001年，国务院颁布了《中国儿童发展纲要（2001—2010年）》（以下简称《纲要》），文件的出台背景包括：第一，人才战略的制定与实施。2000年，中共中央第十五届第五次全会提出“培养、吸引和用好人才作为一项重大的战略任务切实抓好”。2001年发布的《国民经济和社会发展第十个五年规划纲要》专门探讨人才战略问题，指出人力资源开发和人才战略的实施必须从孩子身上进行，通过儿童的培养才能造就一支高素质的人才队伍。第二，儿童发展遭遇了诸多现实问题。《九十年代中国儿童发展规划纲要》改善了儿童的生活条件。但是，中国儿童发展总体水平还不高，地区差异和城乡差异仍然明显，数百万儿童仍然生活在贫困之中，艾滋病的传播增加了艾滋病患者的儿童数量，贩卖儿童和伤害儿童事件仍有发生。因此，儿童的生存、发展、教育和保护是当时的重要任务。

《纲要》包括四个部分：总体目标、主要目标和战略措施、组织实施、监测和评价。总体目标是按照《联合国儿童权利公约》中关于儿童优先发展的原则，把生存权、发展权、保护权和参与社会的权利作为儿童独立于成人所享有四大类基本人权，在国家战略层面上促进儿童身心发展。在主要目标层面，制定了儿童与健康、儿童与教育、儿童与法律保护、儿童与环境四个领域，与儿童应该享有的四项基本人权相对应。在这四个主要领域中制定了具体的衡量指标，并列出实现这四个目标的具体战略措施。这些目标和措施为今后十年儿童政策的实施提供了政策导向。

《纲要》实施阶段具有良好的社会背景，当时正值中国和谐社会的建设时期。中国共产党第十六次全国代表大会和中国共产党第十七次全国代表大会明确指出，要重视和改善儿童的生活条件。因此，我国儿童福利事业在这十年期间得到了进一步发展。据统计，《纲要》确定的主要目标在2010年年底已经基本实现，无论出生人口素质还是儿童健康状况、营养状况都持续得到改善。婴儿死亡率由2000年的32.2‰下降到2010年的13.1‰，5岁以下儿童死亡率由39.7‰下降到2010年的16.4‰；全国儿童免疫接种率超过90%；孕产妇死亡率从53.0/10万（2000年）下降到30.0/10万（2010年）。与此同时，儿童的受教育程度得到普遍提高。学前教育的比率从2000的35.0%上升到2010的56.6%，小学学龄儿童净入学率达到99.7%，初中生和高中生的毛入学率分别达到100%和82.5%。孤儿、残疾儿童、来自贫困家庭的儿童、受艾滋病影响的儿童和流浪儿童等弱势群体得到更多的照顾和保护。

2. 服务于儿童的法规政策

2003年10月，民政部颁布了《家庭寄养管理暂行办法》旨在使孤残儿童回归家庭，创新家庭抚养方式，促进儿童社会福利事业社会化。2003年，儿童福利院共收养23000名孤儿，而家庭收养数量是机构收养的2倍，达到54000人。2006年3月，民政部、财政部等15部门发布《关于加强孤儿救助工作的意见》，呼吁全社会采取多种方式妥善安置孤残儿童，保障其基本生活和合法权利，意见涵盖了孤儿养育、教学、医疗、健康、住房和就业等多个领域，促进孤儿全面发展。

在这一阶段，政府出台了一系列儿童社会福利行动计划，主要包括：①“明天计划”。“明天计划”的全称是“孤残儿童手术康复明天计划”，为了减轻福利院孤残儿童的痛苦，2004年5月，民政部启动了“孤残儿童手术康复明天计划”。这是民政部利用福利彩票基金对福利机构残疾孤儿进行手术矫正和康复的儿童社会福利政策。截至2007年年底，民政部已成功实施35000例残疾孤儿外科矫正和康复手术，帮助他们创造了新的生活。为了使这项计划长期有效，扩大康复计划的影响力和有效性，民政部2007年发布了《关于建立“残疾孤儿手术康复明天计划”长效机制的通知》，将范围扩大到城乡社会福利机构以及散养残疾孤儿。②“蓝天计划”。“蓝天计划”的全程是“儿童福利机构蓝天计划”，是民政部在“十一五”计划期间使用福利彩票公益基金实施的公益项目。其目的是在我国大中型城市建设、改造和发展一批儿童福利机构，使之集维修、治疗、教育、康复和特殊教育于一体。民政部从2006年起每年将从卫生福利彩票事业部拨款2亿元用于支持“蓝天计划”。③“霞光计划”。“霞光计划”的全称是“农村五保供养服务设施建设霞光计划”，这项计划是民政部于2007年1月启动的一项公益政策，旨在满足农村五保老人和贫困家庭儿童的住房和供养需求。④“重生行动”。“重生行动”即“全国贫困家庭唇腭裂儿童手术康复计划”，是中华人民共和国民政部与李嘉诚基金会2008年在全国范围内合作实施的大型公益项目。许多贫困家庭不能承担唇腭裂新生儿患者的矫形手术费，使他们在成长过程中可能因此受到社会排斥或相关健康问题的煎熬。本项目资助全国贫困家庭患有唇腭裂及相关畸形、年龄在0—18周岁的未成年人体检、手术、康复的全部费用，并补助其及1名陪护人员的食宿交通费。

3. 服务于各类儿童的福利措施

（1）孤儿福利措施。2005—2009年我国孤儿的数量增加了13.9万人，可能与四川汶川大地震和青海玉树地震有关。2009年以后孤儿数量呈现下降的态势。总的来说，2005—2009年，全国孤儿总量处在50万—70万，其中，社会散居家庭收养的孤儿超过80%，机构收养的数量偏少。但其发展趋势是福利机构收养的孤儿数量逐年增加，而社会散居孤儿逐年减少。儿童福利机构数量从2005年的224个增加到2009年的303个，儿童福利机构床位数从3.2万张增加到4.4万张。而家庭收养孤儿数量从2005年的5.1万人减少到2009年的4.4万人。

自2001年起，国家实施了一系列保障孤儿医疗、生活、养育、教育、就业和住房等的措施。民政部在2003年颁布的《家庭寄养管理暂行办法》探讨了家庭在抚养孤儿中的独特优势，推广以亲属和家庭为基础的替代养护，明文规定寄养家庭应当具备的条件和应当履行的义务，家庭寄养服务所应承担的工作内容，寄养家庭和民政部门的协定条款以及民政部门对寄养家庭的监督责任。同时，《家庭寄养管理暂行办法》还确定了异地寄养服务的工作内容和家庭抚养基金的来源。

2006年，民政部、财政部、国家发改委等15部门共同发布了《关于加强孤儿救助工作的意见》（以下简称《意见》）要求各地重视孤儿工作，妥善安置孤儿，保护孤儿的基本生活和合法权益。其主要内容包括以下几方面：第一，发改委要把建设儿童福利机构和流浪未成年人保护中心纳入总体规划。2010年以前基本上每个地级市都需要建成一个集“抚养、教育、健康、治疗”为一体的大型儿童福利机构。第二，财政部应在城乡社会救助和社会福利发展资金中统筹安排孤儿援助所需的资金。第三，劳动保障部门应当补贴适龄孤儿的职业培训费用，并积极为之提供免费就业帮助。第四，教育部门应免除义务教育阶段的孤儿杂费，免费提供教材，资助寄宿生活费。对公立高中、中等职业学校和高等学校录取的孤儿提供教育帮助。第五，政府资助的非营利性组织应该为孤儿提供基本的健康、医疗服务，鼓励和支持非营利组织主动减少孤儿医疗费用。第六，地方政府应当按照当地的规定解决孤儿的住房问题。第七，公安部门和司法部门依法保护孤儿的财产与人身的安全。《意见》的颁布实施，有效地保护了孤儿在生活、教育、医疗、住房、就业等方面的福利和权利。这是中华人民共和国成立以来孤儿救助和服务的第一个全面福利制度安排，是中国儿童社会福利发展史上的一个重要里程碑。

（2）残疾儿童社会福利措施。1987年的时候，我国进行了第一次全国残疾人抽样调查。根据抽样调查的结果，中国0—14岁残疾儿童总数为817.35万人，占全国3亿儿童的2.7%，占残疾人总数的15.8%。其中，听力和言语残疾116万人，占比14.2%；智力残疾

539 万人，占比 66%；视力残疾 18 万人，占比 2.2%；肢体残疾 62 万人，占比 7.6%；精神残疾 1.4 万人，占比 0.17%；多重残疾 80.7 万人，占比 9.9%。

到 2006 年，我国开展了第二次全国残疾人抽样调查。依据调查结果显示，我国 0—14 岁残疾儿童的数量为 387 万，是全国残疾人总数的 4.66%，比第一次抽样调查结果大幅减少 430.35 万人。6—14 岁学龄残疾儿童的数量为 246 万，占全国全部残疾人口的 2.96%。

**表 2－1　　第二次全国残疾人抽样调查残疾儿童数量其占残疾人总数的比例**

| 残疾儿童类别 | 6—14 岁学龄残疾儿童数量（万人） | 6—14 岁学龄残疾儿童接受义务教育的比例（%） |
|---|---|---|
| 听力残疾 | 11 | 85.05 |
| 言语残疾 | 17 | 76.92 |
| 智力残疾 | 76 | 64.86 |
| 视力残疾 | 13 | 79.07 |
| 肢体残疾 | 48 | 80.36 |
| 精神残疾 | 6 | 69.42 |
| 多重残疾 | 75 | 40.99 |

资料来源：根据中国残疾人联合会 2006 年全国残疾人抽样调查研究资料整理。

①残疾儿童康复福利措施。

我国党和政府历来十分关心残疾儿童的康复，在“十一五”期间，对残疾儿童进行语言、视力、身体、听力、智力、精神等方面的康复治疗。主要工作包括五个方面：第一，利用助视器帮助低视力儿童进行康复训练，并对家长进行培训。第二，对贫困聋儿进行助听器、人工耳蜗等康复项目，免费配备助听器，并对家长进行培训。第三，通过矫正手术和康复训练治疗肢体残疾儿童。第四，康复治疗智力残疾儿童和脑瘫痪儿童。第五，关注孤独症儿童，通过专业机构为其提供帮助。

②残疾儿童教育福利措施。

自“十一五”以来，为充分保障残疾儿童接受教育的权利，我国政府采取了一系列措施提高残疾儿童平等参与社会学习的机会和能力。第一，开设专门服务盲儿、聋儿和弱智儿童学校的特殊教育班，在义务教育普通学校也设立特教班级。2006 年，我国特殊教育学校的数量是 1648 所，2009 年达到 1697 所。第二，特殊教育的在校人数。截至 2009 年，国家建立了 104 所特殊教育普通高中学校，有 6339 名学生；残疾人中等职业教育学生达到 11448 人，特殊教育学院录取人数达到了 7782 人。第三，为了促进残疾儿童的入学，加强残疾人的教育，自 2004 年起，中国残联和教育部联合组织实施了“中国残联专项彩票公益金助学项目”。在“十一五”期间，中央政府安排了 1 亿多元彩票公益金支持贫困残疾学生义务教育阶段的入学。

③艾滋病病毒感染儿童福利措施。

随着社会的进步与发展，我国政府对艾滋病的预防和控制工作日益加强。1998 年国务院发布了《中国预防与控制艾滋病中长期规划（1998—2010）》，2001 年，国务院又印发了《中国遏制与防治艾滋病行动计划（2001—2005）》，这两份文件为艾滋病病毒感染儿童提供了防治的法律和政策依据。2004 年，国务院出台“四免一关怀”政策。“四免”是指农村居民和没有参加基本医疗保险的经济困难人群免费提供抗艾滋病毒的药物，自愿参加艾滋病咨询检测的人员可以得到免费的咨询和首次检测服务，对感染艾滋病毒的孕妇提供免费的母婴阻断药物和婴儿检测试剂，对艾滋病孤儿免学费。“一关怀”指的是国家援助生活困难的艾滋病患者，并提供必要的生活救济措施。2006 年，国务院发布了《艾滋病防治条例》，要求各级人民政府对艾滋病患者、艾滋病病毒携带者和家属提供关怀和帮助。《艾滋病防治条例》第四十五条规定，艾滋病病人遗留的孤儿和感染艾滋病病毒的未成年人在义务教育阶段，免收学费和书费，接受学前教育和高中教育的，减免学费。第四十六条还规定：“县级以上地方人民政府应当对生活困难、符合社会救助条件的艾滋病病毒携带者、艾滋病患者及其家属提供生活救助。”

到了 2009 年，民政部在发布的《民政部关于进一步加强艾滋病儿童社会福利保障的意见》中提出几点规划要求：第一，有必要制定提高艾滋病孤儿儿童基本生活水平的标准，应当不低于当地平均生活水平。第二，受艾滋病影响儿童应该享有和其他孩子一样的受教育机会。义务教育阶段受艾滋病影响的儿童可免除杂费，免费获得教材和寄宿生活费资助。第三，为受影响的儿童提供基本医疗服务。第四，建立受艾滋病影响的较大年龄儿童的就业和生活制度。第五，采取各种形式妥善安排艾滋病孤儿。

4. 制定孤儿基本生活津贴标准

民政部办公厅2009年发布民政部颁发的《民政部关于制定孤儿最低养育标准的通知》，确定每人每月600元为全国社会散居孤儿的最低抚养标准，从而建立为社会散居孤儿的基本生活津贴标准。鉴于残疾儿童在福利机构中的高比例、残疾的多样性、营养的康复和医疗的需要，为了保证儿童身心健康的全面发展，民政部2009年发布的《民政部关于制定福利机构儿童最低养育标准的指导意见》，要求地方民政机构科学制定和实施地方福利院儿童福利标准。据民政部统计，福利机构每月育儿费用超过1100元，建议将每人每月1000元作为福利机构的最低育儿标准。该标准包括食品费用、生活必需品、教育、基本医疗费用和康复。这样，民政部就建立了抚养孤儿制度的基本生活津贴标准，促进了中国适度普惠型儿童社会福利的萌芽。

### （二）适度普惠型儿童社会福利制度初创阶段（2010年至今）

国务院2010年发布了《关于加强孤儿保障工作的意见》，要求根据不低于当地平均生活水平的原则建立孤儿基本生活保障制度，在当地安排专项资金，合理确定最低抚养标准。同年12月，民政部、财政部联合发布《关于发放孤儿基本生活费的通知》。通知规定，中央政府2010年为孤儿的基本生活费用专项补助25亿元以上，对东部、中部、西部孤儿分别每月补助180元、270元、360元，未来将根据当地平均生活水平进行动态调整。这一事件标志着适度普惠型儿童社会福利的建立。

2011年，国务院颁布了新时期儿童全面发展的规划纲要——《中国儿童发展规划纲要（2011—2020年）》，目的是为儿童的全面发展寻求必要的条件和资源，以扩大所有儿童的更大和更好的福利。2013年，民政部发布了《民政部关于构建适度普惠性儿童福利制度试点项目的通知》，要求在广东深圳、江苏昆山、河南洛宁、浙江海宁试点适度普惠型儿童福利制度建设。2014 年，民政部又进一步在 46 个城市开展第二批项目，从而开启了中国建设适度普惠型儿童社会福利制度建设的新篇章。

1. 普通儿童社会福利

我国目前为所有普通儿童普遍提供的社会福利，主要是由教育部主管的免费义务教育制度，普通儿童能够接受免费的日常保健，学校建立定期的免费体检和健康档案制度。在民政部管辖的范围内，主要是优惠福利，例如，身高不到 1.2 米的儿童可以免费乘坐火车；1.2 米到 1.5 米的儿童可以享受半价优惠的火车票。

2. 孤儿社会福利

（1）孤儿数量和儿童福利机构数量。根据《社会服务发展统计公报》统计，2010 年时全国孤儿的数量是 65.5 万人，2014 年时孤儿数量减少到 52.5 万人。无论福利机构收养孤儿数量还是社会散居孤儿数量均出现不同程度的下降，前者从 10 万人减少到 9.4 万人，后者从 55.5 万人下降到 43.2 万人。而与之相反的则是儿童福利机构的数量则是逐年增加，2010 年时机构数量为 335 个，2014 年已经增加到 545 个，反映孤儿抚养条件的改善。

**表 2－2　2010—2014 年全国孤儿和福利机构统计**

| 年份 | 2010 | 2011 | 2012 | 2013 | 2014 |
|---|---|---|---|---|---|
| 全国孤儿数量（万人） | 65.5 | 50.9 | 57.0 | 54.9 | 52.5 |
| 其中：福利机构收养儿童数量（万人） | 10.0 | 10.8 | 9.5 | 9.4 | 9.4 |
| 其中：社会散居孤儿数量（万人） | 55.5 | 40.1 | 47.5 | 45.5 | 43.2 |
| 儿童福利机构数量（个） | 335 | 397 | 463 | 529 | 545 |
| 儿童福利机构床位数（万张） | 5.0 | 6.0 | 7.7 | 9.8 | 9.6 |
| 家庭收养登记数量（万人） | 3.5 | 3.1 | 2.7 | 2.4 | 2.3 |

资料来源：根据 2010—2014 年《社会服务发展统计公报》整理，以“万”为单位的数据均采取四舍五入的方法计算。

（2）孤儿福利内容。孤儿生活福利状况的改善。中央政府2011年为孤儿发放了25亿元的基本生活津贴，东部、中部和西部地区补助标准提高到200元、300元和400元每人每月，全国共有655000名孤儿从中受益。2012年度，中央政府再次拨出24亿3千万元孤儿基本生活津贴，惠及61.6万孤儿。2013年，中央财政拨款总额为22亿6千万元，用于保护57.4万名孤儿和HIV感染儿童的基本生活。

孤儿医疗卫生福利的改善。孤儿中有很多是因为残疾或疾病被抛弃的，因而他们是非常脆弱与可怜的群体。从2004年开始，民政部启动的“明天计划”为福利机构残疾孤儿提供手术矫正和康复。十年时间内，民政部每年投入专项资金1亿元人民币，已经投入了10亿元，80000多名残疾孤儿接受了手术矫正和康复训练。其中，18000例手术康复后孤儿得到了国内外家庭的收养，过上了正常的生活。

孤儿教育福利的改善。国务院办公厅2010年下发了《关于加强孤儿保障工作的通知》，要求各地政府保障孤儿接受教育的权利。政府补助家庭经济困难的孤儿接受学前教育，补助义务教育阶段的孤儿寄宿学生的生活津贴，就读普通高校、高等职业学校、普通高中、中等职业学校的孤儿也享受国家的资助，孤儿成年后继续享受此政策福利。残疾儿童有条件就读正规学校，不具备条件的由特殊福利学校或特殊教育学校招收。目前，大多数省（自治区、直辖市）对孤儿都设立了从学前教育到大学教育的教育福利，有效地改善了孤儿接受教育的状况。

3. 困境儿童社会福利

（1）困境儿童基本情况。困境儿童主要指的是残疾儿童、重病儿童和流浪儿童。据《中国儿童福利政策报告（2011）》统计，截至2010年年底，全国年龄在0—17岁的残疾儿童共有504.3万人。根据中国残疾人联合会的调查结果，中国出生缺陷儿童的总数高达每年80万至120万，包括自闭症儿童、身体残疾、听力残疾和智力残疾等。重病儿童的疾病包括恶性肿瘤（包括鼻咽癌、食管癌、原发性肝癌、肺癌、胃癌、恶性淋巴瘤等）、重要器官移植或造血干细胞移植（肾脏移植、心脏移植、肺移植、肝移植、骨髓移植）、尿毒症、白血病、急性或亚急性重型肝炎、先天性心脏病、脑炎后遗症等。在重病儿童中患病数量较多就是艾滋病，2011 年 9 月底，中国共报告 HIV 感染者和患者 42.9 万例，其中艾滋病患者 16.4 万例，死亡 8.6 万例。截至 2013 年 8 月 31 日，中国艾滋病病毒感染者和艾滋病患者总数中，有 428867 人幸存，127758 人死亡。2013 年 1—8 月，新确诊 HIV 感染者 45744 人，艾滋病患者 16303 人。这表明中国 HIV 感染的情况不容乐观。调查显示，中国艾滋病流行的地域分布存在很大差异。前六个省份云南、河南、广西、新疆、广东、四川报告病例总数约占全国的 80%。据中国疾病预防控制中心性病救助中心负责人介绍，据估计，中国约有 8000 名 14 岁以下的艾滋病毒携带者。这些孩子的成长令人担忧，需要更多的社会保障。2000 年，民政部在流浪儿童救助教育进展中提到，“2000 年，全国有 15 万名流浪儿童”。2003 年，在河北省石家庄市国际救援儿童研讨会上，一份研究报告指出：“中国有大约 150000 个到 30 万个流浪儿童。”2003 年，国务院妇女儿童工作委员会委托石家庄市保护流浪儿童研究中心推测，“全国街头流浪儿童的数量应该在每年 100 万—150 万。”尽管流浪儿童的总体规模难以精准统计，但其作为一个庞大的社会群体已经成为现实的问题。

（2）困境儿童社会福利。残疾儿童的社会福利改善。2010—2014 年，残疾人福利事业有了很大进步。聋儿免费助听器的配置数量从 3000 个增加到 19600 个，低视力患者的助视器配置数量从 33467 个增加到 142000 个，残疾儿童康复训练的数量、智力残疾儿童康复训练和脑瘫儿童的机构康复训练显著增加。2014 年，贫困残疾儿童接受矫正手术的人数约为 2010 年的 4 倍。2010 年，国家为盲人、聋儿和弱智儿童设立了 1705 所特殊教育学校，设立特殊教育班的义务教育学校 2775 个，入学人数 51.9 万人。截至 2014 年，国家已设立 187 所特殊教育普通高中，招生 7227 人；残疾人中等职业教育招生人数达到 11671 人；普通高等学校和特殊教育学院招生人数为 7864 人。2010 年，未入学的残疾儿童和青少年人数为 14.6 万人。在民政部等部门的努力下，2011 年的人数下降到 12.6 万人，2012 年又减少到 91000 人，2013 年进一步下降到 84000 人。在构建适度普惠型儿童社会福利制度试点过程中，各地的残疾儿童福利制度建设取得了一定的成绩。在医疗保障方面，政府为残疾重病儿童提供医疗援助，利用财政资金调配康复工具，安排专业的康复训练人员，对残疾儿童进行康复护理训练。

重病儿童的社会福利改善。对于重病儿童的社会福利主要体现在国家对其医疗补助政策，特别是支付受艾滋病影响儿童的基本生活费用展示了儿童福利制度的适度普惠型性。2010 年，国务院下发《国务院关于进一步加强艾滋病防治工作的通知》，要求各地各部门继续实施“四免一关怀”政策，推进“五个扩大，六个加强”的综合防治措施，以保障中国艾滋病防治工作进一步深化。同年，民政部和财政部联合发布了《关于发放艾滋病儿童基本生活费的通知》，并决定从 2012 年 1 月起向 18 岁以下艾滋病毒携带者和艾滋病儿童发放基本生活费。该通知发布后，参照孤儿基本生活津贴，在全国大部分地区发放了 HIV 感染儿童的基本生活费用。也就是说，由机构抚育的艾滋病毒感染孤儿每人每个月的生活费不少于 1000 元，社会分散的艾滋病毒感染孤儿的每人每月的生活费不少于 600 元。

流浪儿童的社会福利改善。我国政府主要为流浪儿童提供了三个方面的社会福利包括：第一，在法制政策方面，建立了相对完整的流浪儿童救助的法律制度，为救助流浪儿童提供政策支持。第二，建立流浪儿童救助和保护中心，为流浪儿童创建临时居所。截至 2014 年年底，全国共成立了流浪儿童救助和保护机构 340 多个，床位 12000 余张，17 万流浪儿童被救助。第三，开展各种保障流浪儿童生命权、受保护权和受教育权的行动。2009 年年初，公安部开展了全国范围内打击贩卖妇女儿童犯罪活动。根据公安部的数据，2010—2013 年，超过 11000 个拐卖儿童犯罪团伙被摧毁，54000 多名被拐卖儿童获救。2011 年 12 月，民政部和中央综合治理办公室联合发布了《关于在全国开展“接送流浪孩子回家”专项行动的通知》。2013 年，民政部、中央综合治理办公室等八个部门再次联合发布了《关于在全国开展“流浪孩子回校园”专项行动的通知》，要求“做好帮扶工作和源头预防工作”，引导家长加强儿童监护和家庭教育，提高对贫困农村家庭的支持力度，改善家庭监护和抚养能力，为流浪未成年人健康快乐成长创造良好的条件和环境。

## 第二节　农村留守儿童社会保障状况

随着经济的不断发展，原有的社会结构发生了重大转变，从“生于斯，长于斯，死于斯”的静止型“熟人社会”进入流动性强的“陌生人社会”。人口的迁移带来了经济的发展和城镇的繁荣，在中国和世界历史上，出现了前所未有的大规模人口流动和迁徙。由于经济社会发展不平衡的二元结构，农村人口越来越多地涌入城市。根据中国社会科学院和联合国发展计划署的预测，2030 年，农民转移到城市地区农民工人数将达到 3.5 亿。中国长期的二元结构导致了城乡经济发展的不平衡，随着市场经济的发展，农村剩余劳动力涌入城市，以谋求更好的生存和发展。但是，由于户籍制度、生活成本、经济条件等因素的影响，很多外出务工的父母不能将未成年子女带在身边，于是就形成了出生在农村的留守儿童这一特殊群体。全国妇联在 2013 年发布的《中国农村留守儿童、城乡流动儿童状况研究报告》中指出，依据《中国 2010 年第六次人口普查资料》的样本数据进行推算，2010 年的时候全国农村留守儿童的数量为 6103 万人，占农村儿童总量的 37.7%，占全国儿童人数的 21.9%。如此多的农村留守儿童，其社会保障状况却不理想，生存、教育、安全、拐卖、性侵犯等方面存在隐患，有必要建立完善的社会保障体系，明确家庭、社会和国家作为法律义务主体的义务，确保农村留守儿童的各项权利。

### 一　农村留守儿童的概念

顾名思义，所谓农村留守儿童就是留驻在乡村的儿童全体，而与之相对的则是父母从农村的外出，从而形成了父母与子女在空间上的隔离。学术界主要从关系、时间、空间等角度对“留守”的内涵进行了讨论：

第一，父母都外出工作或其中一方外出工作。父母都外出工作，子女被认为是“留守儿童”，这个观点是没有争议的。而只有一个家长外出务工是否被视为“留守”则存在较大争议。一些学者认为，“留守”的定义应是父母皆外出务工，也有学者认为，父母一方外出务工也可以被认为是“留守”，因为留守在农村的这一方要承担过多的家庭义务，如做家务、干农活、赡养老人等，将耗费大量的时间和精力，导致对儿童的关心和照料相对减少，形成事实上的“留守”。

第二，父母外出工作的时间长短。学术界对“父母外出务工的时间长短”的观点更是存在不同的观点，从三个月、六个月到一年，各抒己见，莫衷一是。其实，父母外出工作的时间长短并不是核心问题，只要掌握“留守”的核心点，即留守是建立在亲子关系的分离基础上的，父母双方或一方外出工作的时间长短只会对“留守”的程度产生影响，但并不影响“留守”的本质属性。

第三，儿童留守的地点。依据“留守”的本质属性，只要父母双方或其中一方外出务工，父母和子女在生活空间中的分离就会发生，就可以认为是“留守”。当然，从我国目前的人口流动方向来看，农村留守儿童是留守儿童的主体。

综上所述，农村留守儿童是指因为父母双方或一方外出打工，导致父母与子女在生活空间上产生分离状态的农村未成年人群体。

### 二　农村留守儿童教育权利的保障

留守儿童问题是由于家庭成员在其成长过程中的缺位所导致的监护不力以及教育缺失，进而影响儿童健康成长，引发更多失调行为的社会问题。而对于处于成长期的儿童来说，其社会问题主要体现在教育问题上，由此可见，教育问题就是留守儿童的核心问题。儿童教育是儿童实现发展的特殊手段，通过规范的社会化过程使儿童成为社会发展所需要的人才，从而在未来能够有效实现自身的价值。教育本身的科学性是减少儿童对环境自我反思的盲目性和模糊性的有效保证。因此，如何使这些弱势群体成长在缺失的环境中接受良好的教育是非常值得关注和研究的。

儿童的素质关乎国家和民族的未来，是国家稳定和社会发展的关键因素。而教育无疑是培育公民共同人生观、价值观、社会观的重要机制，是促进儿童社会化、保障社会和谐的主要系统。由于个体差异的实际存在，每个人的禀赋差异和社会政治经济地位也是不一样的，教育过程的民主化是赋予每位公民一个公平的发展和竞争机会，人不仅是促进社会发展的主体，也在社会发展过程中不断学习和提升自身的价值，这体现了“以人为本”的宗旨。中国持续快速城市化发展模式有效地支撑了近40年来的经济增长和社会进步，但也产生了社会长期关注但尚未得到有效解决的“三农”问题，农村留守儿童的教育和社会发展问题便是其中一个副产品。农村留守儿童群体虽然在古代已经存在，但从来没有像今天这样被视为弱势群体引起了社会各界的聚焦与关注。过度的城市化使人们不得不面对城乡教育发展的不平衡、留守儿童家庭教育和社会支持网络的缺失等问题。

（一）留守儿童义务教育状况

总体而言，中国教育产业发展迅速，教育改革逐步推进。我国各阶段各类教育的发展日趋成熟，教育的均等化和公平性也不断加深，教育资源配置更加合理，教学质量进一步提高。从不同教育阶段来看，学前教育发展迅速，毛入园率不断提高，儿童进入幼儿园进行正规社会化教育的机会增加。义务教育学校办学条件也有所改善，城乡教育资源的配置进一步趋向均衡。2014年，我国的政府教育经费支出达到26420.58亿元，同比增长了7.89%，用于教育领域的财政支出占GDP的比重为4.15%，比2013年下降了0.01%。2012年财政教育支出占GDP的比重为4.28%。国家财政教育支出占GDP的比重连续三年超过了4%，达到了国际上公认的国家财政教育支出占GDP 4%比重的标准。跟随父母进城入学的随迁儿童数量增加，根据教育部2014年全国教育发展统计报告，全国基础义务教育在校中小学生中进城务工人员随迁子女学生数达1294.73万人，其中小学生955.59万人，初中生339.14万人。全国基础义务教育在校生中，农村留守儿童2754.2人。其中，小学生人数为1409.5万人，初中生人数达到665.7万人。其间，一些省市也开始探讨农民工子女教育问题。公平的教育权和升学教育资源不仅保障了儿童受教育的权利，而且促进了城乡劳动力有序地流动，优化了城乡劳动力资源配置，为促进城乡一体化做出贡献。

近年来，地方政府和教育部也开始重视留守儿童教育。各省、市都已采取实际行动，为留守儿童提供教育服务。从儿童的实际需要出发，采取扩大校园、发放津贴等措施，注重儿童的发展和健康。特别是贫困地区基础义务教育的中小学基础设施建设得到了强有力的财政支持。在中国中西部贫困地区，义务教育学校设施建设办学成本相对较高，学校环境较差，农村中小学设备配备不足，如寄宿学校建筑、学生食堂等都较少配备，同时农村教师的流动性高，很多乡村教师都想方设法希望能够离开农村。目前，中国贫困地区共有 1100 个县。这些地区的中小学数量占到了全国总量的 40%，学生人数占全国中小学总数的 34%。为了使农村地区的儿童，特别是义务教育薄弱地区的儿童接受良好的教育，2010 年初，我国开始实施农村基础义务教育薄弱的中小学改造工程。到 2013 年底，中央政府在过去四年共拨款 656.6 亿元补助中小学薄弱学校改造项目，改善农村义务教育薄弱的中小学学校环境。

（二）加强学前教育体系的建设

2010 年，国务院发布了《当前发展学前教育的指导意见》，要求全国各省市编制区县学前教育三年行动计划，旨在解决儿童学前教育问题，确保更多的学前儿童进入到幼儿园学习。2014 年 2 月，教育部在新闻发布会上详细阐述了学前教育三年行动计划的实施情况。2013 年底，学前教育三年行动计划基本落实，学前教育取得长足发展。

第一，学前教育资源迅速发展。2014 年，中国共有 198700 所公立及私立幼儿园，比 2010 年底增加了 48300 所，增长 33%。幼儿园在读儿童人数为 3896 万人，比 2010 年增加了 917 万人，增长 32%。全国学前三年的毛入学率达到了 67.6%，相较于 2010 年提高了 10.8%。在促进公办幼儿园发展方面，各省、市在学前教育资源极为稀缺的地区新建了校区，幼儿园设施的改造和扩建基本上是依附在农村小学的基础上；或者是通过资助学生教育经费、免费培训教师等措施，使学龄前儿童受益 1000 万人次。第二，逐渐加强幼儿园教师队伍的建设，幼儿园教师的各项条件得到了补充。地方政府通过落实公办幼儿园教师的编制、小学教师转幼儿园教师、引进免费应届师范生、公开招聘等方式，扩大了幼儿园教师的数量，提高了幼儿园教师的素质。2014 年，幼儿教师人数达到 283 万人，比 2010 年增加 980000 人，增长 54%。同时，教育部鼓励幼儿园教师规模的扩张，加大师资培训力度，在幼儿园教师国家培训项目投入 11 亿元，免费培训了 295000 名农村幼儿园教师。第三，增加财政资金投入，学前教育支出占教育总支出的比重大幅上升。2011—2014 年中央财政学前教育经费累计支出 500 亿元，带动地方政府投入 1600 亿元。在各省市建立了学前教育资助制度。在三年时间内支出 36 亿元来资助贫困家庭的 400 万多名孩子。中西部地区的青海、山西等省份的部分地区实行学前教育免费制度，支持学前教育的发展。到 2014 年，集体幼儿园和民办幼儿园相比 2010 年增长了 33000 所，增幅接近 30%。第四，幼儿园的办学条件和教学质量也在不断提高，出台了相应的扶持政策。各省市积极完善幼儿园招生制度，加强幼儿园学费、儿童安全、儿童保育、幼儿园质量等方面的管理工作，提高了幼儿教师的专业素养，同时加大幼儿教育的宣传力度，提高家长育儿教育的科学水平。

### （三）加大特殊教育师资力量的财政投入

2010 年 7 月，党中央、国务院出台了《国家中长期教育改革和发展规划纲要》，其中对特殊教育予以了充分的重视，中央和地方政府对特殊教育的财政支出明显增加。教育部组织实施了最为广泛的特殊教育学校扩建工程。2008—2012 年，中央和地方政府累计财政投入 54 亿元，在中西部地区进行了大规模的特殊教育学校扩建工程，1183 所特殊教育学院得到了重新整修和扩建。2012 年开始的第二阶段特殊教育学院建设项目，拨款累计 24.43 亿元，重点创建了 62 所专门针对残疾人的中高职、高等特殊师范院校。2014 年以来，各省、直辖市在义务教育阶段单独列出了特殊教育院校的公共支出，年均支出 4000 元，残疾儿童基本义务教育入学率逐步提高。截至 2014 年年底，共有 39.39 万名在校残疾学生接受特殊教育，尚未入学的残疾儿童人数从 2010 年的 146000 人减少到 2014 年的 82000 人。视力、听力和智力残疾儿童的入学率稳步提升。2014 年，视力残疾、听力残疾和智力残疾的在校学生在残疾儿童总数中的比例增加到 85%。同时，脑瘫、自闭症和多重残疾儿童的在校就读数量也逐年增加。

2009—2014 年，全国特殊教育教师的数量呈逐年递增趋势。到 2014 年年底，全国特殊教育学校正式教师的人数达到 48126 人，比 2009 年增加 10180 人，增长 27%。2009 年时特殊教育学校的师生比例是 1∶4.29，而到了 2014 年上升到了 1∶3.85。2009—2014 年全国特殊教育教师参加特教培训的人次也呈现逐年上升态势。2014 年的时候，特殊教育教师有 30804 人参加专业培训，比 2009 年多了 10078 人，增长了 48.6%。从专门培训对象的数量来看，2009 年参加特殊教育培训的教师占特殊教育教师的比例为 55%，而 2014 年参加特殊教育培训的教师占特殊教育教师的比例为 64%，增长了 9%。在数量方面增长的同时，教师素质也有所提高。2011 年特殊教育正式老师中的本科学历占比 48.5%，而到了 2014 年，特殊教育正式教师中约有一半是本科毕业生，占比 51.6%，专科毕业的教师为 40.2%，整体教育水平明显提高。

### （四）学前教育和特殊教育中存在的问题

#### 1. 学前教育资源仍面临短缺困境

自 2010 年以来，中国的学前教育取得了长足的发展。然而，由于中国学前教育的基础薄弱，实际发展状况与社会需求仍存在较大差距。通过实施学前教育三年行动计划，学前教育毛入学率由 2009 年的 50.8% 提高到 2014 年的 70.6%，但中国的幼儿早期教育仍面临公办幼儿园数量不足、城乡幼儿园教学条件差距较大、幼儿园教师的数量和师资培训不足等问题，学前教育覆盖率仍然偏低。

目前，中国的中央和地方政府学前教育支出总额仍然偏低。从全球范围来看，学前三年毛入园率达到 80% 的国家和地区，学前教育财政投入的经费平均占到教育财政经费总量的 9.68%；学前三年毛入园率达到 60% 的国家和地区，学前教育财政投入的经费平均占到教育财政经费总量的 7.74%。我国 2014 年学前教育三年毛入园率已达 70.5%，但学前教育财政支出仅占 3.5%，有待进一步加强学前教育财政支出。而从学前教育财政资金投入的结构看，县级财政是学前教育财政资金最重要的来源，地方政府是学前教育财政支出的主要来源。中西部地区贫困地区以县级财政为基础的投资机制过于薄弱。地方区县自身没有自给自足，难以支持学前教育的可持续发展。大多数公办幼儿园、企事业办幼儿园、集体幼儿园缺乏核心的金融支持。幼儿园通常以向家长收费为主，幼儿园条件基本不太理想，也给家长带来沉重的经济负担。此外，城乡学前教育发展状况差距明显，农村三年学前教育毛入园率大大低于城市，例如，甘肃 58 个贫困县的学前三年毛入园率刚刚超过 50%，比全国平均毛入园率 70.5% 低了 20.5%。

2. 特殊教育配备资源仍待进一步提高

在普通中小学附近设立特殊教育班和随班就读，是特殊教育发展的重要途径。2001 年，普通学校招收特殊教育班和随班就读的学生占到特殊教育学生总数的 71%。然而，近年来，中小学特殊教育班和随班就读学生的比例不断下降，而特殊教育学校的数量增加的速度较慢，导致特殊教育学生人数的减少。中小学特殊教育班和随班就读学生人数从 2007 年的 65% 减少到 2014 年的 53%，学生人数下降了约 70000 人。普通学校硬件设施匮乏和特殊教师队伍建设滞后是导致参加特殊教育班和随班就读的学生人数下降的主要原因。

## 三　农村留守儿童社会救助权的保障

### （一）社会救助权的概念和内容

社会救助权（Right to Social Assistance）也被称为社会扶助权。在不同的国家或地区、不同的时期，学者们对于社会救助权有着不一样的理解。美国经济学家费里希·海伊尔克（Ferich Heylk）认为，社会救助权是保证每个人都能维持基本生存的最低限度的物质条件，是维持人类生存和发展的基本权利。德国《社会法典》第 9 条规定，社会救助权是当个人不能由自己的能力提供基本生活费用，也不能在特殊的生活中自救时，获得经济援助或社会保障的一项基本权利。《中华人民共和国宪法》第 45 条规定："中华人民共和国公民有权在老年、疾病或丧失工作能力的情况下从国家获得物质援助。"宪法中提到当公民不能通过自己的能力获得足够的生活条件时，他们有权请求国家提供物质援助。国家有义务采取适当的措施保护公民。为此，国内对于社会救助权概念的界定也存有分歧。学者们主要从以下三个层面对其内涵进行分析：

1. 权利形态的层面

社会救助权在权利形态方面主要表现为三种形态，即作为宪法权利的社会救助权、作为普遍人权的社会救助权以及作为普通法律权利的社会救助权态。

2. 权利要素的层面

从保障主体的角度来看，社会救助权法律义务的主要由国家、社会和家庭来履行。相较于社会和家庭来说，国家是社会救助权保障最重要、最有效、最主要的保障主体，国家的社会救助权法律义务由立法机关、行政机关和司法机关等国家机器来保障实施，是保障国民最基本权利最坚强的基础。

3. 权利实践的层面

在履行社会救助权法律关系时需要的发生须具备相应的前提条件和一定的法律事实，主要是指公民在疾病、年老、失业、伤残、鳏寡孤独以及自然灾害等不可预见、不可抗力的社会风险的发生时，公民个人难以具备抵制风险的能力，唯有向国家、社会请求援助。只有当这些法律事实发生并威胁公民的生存时，公民才能依照相关法律规定享有获得社会救助的权利。

综上所述，社会救助权的概念可以理解为：当公民陷入生活中的困境，依靠自身的努力难以满足其生存发展基本需求时，能够享有从国家和社会获得物质帮助与社会服务的权利，从而保障其能够维持基本的生存并达到一定的生活水准。

（二）农村留守儿童社会救助权的内容

作为农村留守儿童的基本权利，社会救助权不是孤立的权利，而是由生命权、特殊社会救助和其他社会救助内容所构成的完整制度。

1. 最低生活保障权利

所谓农村留守儿童最低生活保障权是指留守儿童的生活条件和生

活水平达不到法律规定的最低社会保障线时，有从国家获得物质援助和社会服务的权利。援助的主要形式是农村最低生活保障。最低生活保障权的目的是保障农村留守儿童最基本的生活需要，也是社会救助权利的核心内容。

2. 专项社会救助权利

农村留守儿童的专项社会救助权是指国家在留守儿童的基本需要和最低生活保障权实现的基础上，为了使贫困落后的留守儿童达到与社会发展相应的生活水平，在医疗、教育、住房、司法等领域赋予的社会救助权利。农村留守儿童的社会救助权主要包括农村留守儿童的医疗救助、教育救助、住房救助和司法协助等。

3. 补充社会救助权

农村留守儿童补充社会救助权是指留守儿童在遭遇意外事故、身体残疾或自然灾害时，享有依法向国家和社会请求救助的权利。当然，与最低生活保障权和特殊社会救助权相比，补充社会救助权是一种非常规的社会救助权，其主要形式包括灾害救助和补贴援助。

关于农村留守儿童社会救助权的权利特征，学者们的研究成果表明其主要体现在以下几个方面：

1. 社会救助权是农村留守儿童的基本权利

根据汪进元教授提出的基本权利的四个判断标准，农村留守儿童的社会救助权可以分为以下几个方面：第一，农村留守儿童的社会救助权目标在于维护留守儿童最基本的生活需要、保护留守儿童的生命和人格尊严，是留守儿童最基本也是最重要的权利。第二，农村留守儿童的社会救助权是依照相关规章制度平等享有的，农村留守儿童群体的身份和地位不影响其享有社会救助的权利。第三，农村留守儿童的社会救助权是具有普遍性的权利，这种普遍性主要体现在两个方面，即权利的普遍性和义务的普遍性。从权利的角度看，农村留守儿童的社会救助权是一项道德性权利，指的是留守儿童陷入困境时有权要求国家提供一定的物质援助和社会服务。从义务的角度看，义务的普遍性对应于权利的普遍性，也就是说，农村留守儿童享有社会救助权是有条件限定的，它指向的是所有符合法律援助条件的留守儿童。

第四，农村留守儿童的社会救助权有其自身的特殊性，留守儿童的社会救助权利具有享有主体平等、义务主体特定、实现目标具有手段性等特征。总而言之，农村社会救助权是农村留守儿童的基本权利。

2. 社会救助权是一种以生命权为基础的社会权利

龚向和教授从社会权利的主体和客体以及社会权利义务的性质三个方面对社会权利进行了详细的阐述，从而总结了社会权利的概念。他认为，社会权利是指公民依法享有的权利，要求国家积极保护、促进和提供相应的物质生活和文化生活服务，包括生命权、工作权和教育权。社会权利的主体通过确认法律的身份享有社会权利。权利的实现是基于公民的被动要求，等待国家的肯定、支持和帮助，而不是通过权利主体本身的积极行为。社会权利是一种被动的请求权，权利的维护和实现有赖于国家行为的支持，也就是国家的保护和尊重。这是自由权利的体现。社会权利具有自由的性质，同时它又不仅是自由的权利。国家行为的核心是促进和提供，即社会权利的客体。就社会权利义务的性质而言，它主要是以国家作为担保来实现的。与社会权利相对应的义务是法律义务，而不是政治义务或者道德义务。农村留守儿童的社会救助权不是纯粹的经济权利或社会权利，而是一种基于生命权的社会权利，其相对义务是法律义务。农村留守儿童的社会保障权应纳入宪法层面，以便更好地实现其作为基本权利的保护。

3. 社会救助权是社会保障权的一项子权利

社会权利的外延涵盖了生命权、工作权和受教育权。生存权包括社会保障权，社会救助权是社会保障权的重要组成部分。因此，社会救助权是一个社会保障权派生的子权利。

作为留守儿童的基本权利，农村留守儿童的社会救助权除了社会保障权的基本属性外，还有其自身的特殊性。农村社会留守儿童属于弱势群体，位于社会阶层的底端。从根本上说，它在社会保障权制度中处于基础地位。与社会保障制度中的其他权利相比，社会救助权更贴近弱势群体的基本生存需要，具有不可替代性和不可或缺性。

## 四　农村留守儿童的卫生健康保障

儿童被视为祖国的花朵和国家的未来，儿童的健康与家庭的幸福、社会的稳定发展息息相关。儿童属于弱势群体，其发展状况历来受到国内外政府的高度关注。1990 年颁布生效的《联合国儿童权利公约》（以下简称《公约》）规定了儿童的四项基本权利，包括生命权、保护权、发展权和参与权。《公约》中明确规定了儿童应该享有的健康、医疗和社会保障的权利，缔约国承认每个儿童都有固有的生命权；缔约国承认儿童享有最高的可达到的健康标准和医疗保健标准。中国在 20 世纪 90 年代成为缔约国制定了《九十年代中国儿童发展规划纲要》，以确保履行《公约》约定的各项义务。

20 世纪 80 年代，随着中国经济体制的转变，农村合作医疗的经济基础逐步消失。在缺乏经济支柱的情况下，农村合作医疗制度持续下降，农村儿童的社会医疗保障水平下降，转而由家庭来承担。在医疗保障制度缺乏的情况下，农村儿童的身体健康没有得到充分的保障，医疗费用带来的经济压力不能及时得到缓解，这导致了许多家庭的不堪重负。甚至频繁出现父母们放弃了患病婴儿的情况，其后深刻的社会原因就在于儿童医疗保障制度的不完善。在健全的医疗福利制度国家，建立了儿童医疗保障制度，为儿童的发病情况制定了多种医疗保障模式，取得了良好的效果，为儿童的健康做出了巨大贡献。与城市相比，偏远的农村地区，经济相对落后，物质资源的配置匮乏，农村儿童的医疗保障不容乐观。据第六次人口普查的数据，中国 0—14 岁的儿童人口接近 2.22 亿，占全国总人口的 16.60%。农村留守儿童由于没有与父母同住，而是与祖父母一起生活甚至有些处于独自生活状态。他们由于自身的发育尚不成熟，身心处于薄弱阶段，容易受到疾病的影响。儿童比较常见的疾病包括肾功能衰竭、再生障碍性贫血、先天性心脏病和白血病等。如果一个孩子生病，没有及时治疗或因为昂贵的治疗费用而放弃治疗，这将对国家的下一代健康造成不良影响。

国家对于农村留守儿童的健康问题是非常关注的。2010 年，国家卫生和计划生育委员会发布了《关于开展提高农村儿童重大疾病医疗保障水平试点工作的意见》；2011 年，国务院发布了保障儿童权益的《中国儿童发展纲要（2011—2020 年）》；2012 年 7 月，中国农村儿童大型疾病医疗保险公益基金在北京启动。该项目的目标是，除开展新的农村合作外，使全国贫困县6—16岁的儿童获得总额为20万元的医疗保险。然而，国家和社会医疗保险对农村儿童的投入需要不断加强。农村儿童的健康成长在很大程度上仍然取决于家庭的保障。如果儿童的健康需要超出家庭的能力范围，他们的健康成长就会受到极大的威胁。

（一）儿童卫生与健康的相关研究

关于农村留守儿童的卫生与健康，张文娟（2008）指出了我国儿童医疗保障特别是农村儿童医疗保障中存在的四大问题，包括交通条件不便、农村医疗机构和相应资质医务人员的缺乏、封建迷信和宗教信仰不正确、新农合援助的条件有限。周以林和周绿林（2008）在对部分地区儿童医疗保险进行实证研究的基础上，提出了儿童基本医疗保险、儿童住院互助和儿童商业保险三种保护形式。赵玲玲和杨洋（2010）认为，中国儿童医疗保险缺口的历史因素是近年来儿童医疗问题增多的重要原因。同时，儿童医疗保障制度的不完善也引发了许多的社会问题。马超（2012）等定量研究发现，中国城乡差距的88.1%是不公平的，只有11.9%的差距可以被认为是合理的；而且医疗支出越大，城乡分割越严重。正是这种严重的城乡差距导致了农村医疗水准的落后，也威胁着农村儿童的健康。朱立言和高慧军（2010）认为，儿童医疗救助的重要性在于解决弱势儿童的基本医疗保障问题，是政府不可回避的责任，进而提出从公共服务均等化的角度构建政府主导的儿童医疗保障制度。蔡丽惠（2010）认为，资源配置导致集聚效益，使二级分化更为严重，农村儿童难以获得稳定的医疗资源。因此，应采取层次化、多样化、竞争性的供应模式，以保护广大人民群众的健康利益。丁盼盼（2012）认为，应逐步取消户籍限制，建立开放的儿童基本医疗保障制度。同时，必须建立与经济发展水平相适应的儿童医疗福利制度，并在按照预防为主的思想尽早做好干预工作。

### （二）农村儿童卫生健康保障的状况

#### 1. 农村儿童营养改善计划的全面推广

2012年10月，卫生部启动试点项目，实施“贫困地区儿童营养改善计划”。首先，选取8个贫困地区的10个省，从中再选取100个县为试点，每天提供6个月至2岁的婴幼儿每人一个营养包，它含有营养物质，如蛋白质、维生素和铁、钙和锌等微量矿物质。同时，向这些地区的居民普及儿童营养的重要性，进行宣传和培训，以保证贫困地区儿童营养和健康能够得到持续性的改善。到2014年年底，共有40万名受惠儿童，远远超过计划所预期的27万人，超过比例达到原计划近50%。婴幼儿的营养健康状况是未来每个人健康成长的基础，也为提高我国人口素质奠定了坚实的基础。衡量一个国家经济和社会发展水平的重要标准是5岁以下儿童的营养健康状况。因此，儿童营养健康的改善将直接影响中国未来的人口素质、经济社会发展水平和国际间接竞争力。2012年哥本哈根共识已将“改善学龄前儿童营养健康”作为未来全球发展的一个重点，其投资成本效益最大程度地排在首位。农村儿童营养改善计划的范围已扩大到3300万个。到2014年年底，“农村学生营养改善计划”已增加到135700所学校，学生受益人数为3300万人。全国33%以上县市实施了项目，25%以上的农村义务教育中小学生受益于营养补助计划。在22个试点省市的近700个试点县中，免费提供95800所中小学午餐，学生受益人数为2234.21万人。在700个试点县中，营养午餐补贴中央专项资金175.41亿万元，占预算资金的61.2%。其中，西藏（80.6%）、河北（75.6%）和广西（72.4%）三个省份的中央专项资金利用率比较高，超过了70%。而重庆（49.1%）、陕西（49%）、宁夏（46.4%）、吉林（44.8%）和黑龙江（31.7%）5个省份的中央专项资金利用率不到50%。在改善中国儿童营养健康状况的同时，仍面临以下挑战：第一，农村儿童营养健康状况存在明显的城乡差距，农村儿童尤其是贫困农村儿童营养健康状况明显，低于城市儿童。农村儿童低出生体重和生长迟缓率是城市低出生率和生长发育迟缓的3—4倍，贫困地区农村儿童是普通农村儿童的两倍。2014年，农村贫困地区 0—5 岁儿童生长迟缓率仍高达 20%。第二，农村儿童营养健康状况的改善不健全，容易受到家庭经济条件和突发事件的影响。0—2 岁儿童贫血率较高。2014 年，农村地区 6—12 个月儿童贫血率为 28.3%，8—12 个月儿童贫血率为 20.5%。第三，流动儿童和留守儿童的营养健康状况需要更多的关注。2013 年，农村留守儿童的低体重和生长迟缓率明显高于普通农村儿童，是农村普通儿童的 1.5 倍左右。第四，超重和肥胖等健康问题逐渐恶化。目前，农村儿童肥胖问题低像城市儿童肥胖问题一样，日益严重。2014 年，城市 0—5 岁儿童超重肥胖率为 8.5%，农村 0—5 岁儿童超重肥胖率为 6.5%。

2. 儿童医疗卫生福利制度的完善

（1）儿童基本公共卫生服务持续改善。根据世界银行的研究，如果一个国家的基本医疗服务能够有效地辐射 80% 的人口，那么它可以减少贫穷国家的疾病覆盖率和经济压力至少 15%，明显的经济效益和社会效益使世界各国都重视基本医疗服务的全面实施，成为各国或地区的一致战略。我国从 2009 年开始实施国家基本公共卫生医疗服务，并逐步增加人均卫生医疗费用的财政投入。中国人均基本公共卫生支出由 2009 元的 15 元增加到 2017 元的 50 元，主要用于提高包括疫苗接种在内的医疗保险水平，以及提高儿童和老年人的新中医健康水平管理项目。儿童健康管理率和儿童死亡率等指标继续提高。2013 年，3 岁以下儿童的健康管理率由 2012 年的 87% 提高到 89%，3—7 岁儿童的系统管理率由 88.9% 提高到 90.7%。2014 年，中央政府开始对 49 万名农村新生儿发放每人 120 元的疾病筛查补助。新生儿死亡率、0—5 岁儿童死亡率等指标继续显著下降，但城乡差异较大，如新生儿死亡率城市为 3.9‰，农村却有 8.1‰，差异达到了 4.2‰；城市婴儿死亡率为 5.2‰，农村却有到了 12.4‰。但是，与第十一个五年计划相比，城乡差距处于进一步缩小的状态。这些指标之间城乡差距的缩小与近年来降低母婴死亡率的一系列措施有很大关系。为了继续消除城乡差异，仍然需要采取措施增加农村儿童卫生健康的投资。流动儿童的基本公共卫生服务不断完善。2014 年我国流动人口大约 2.36 亿，占到总人口数量的 17%。大规模的人口移徙有助于优化资源分配，促进经济增长，但也给公共卫生服务带来压力和挑战。流动儿童的免疫接种率明显低于普通家庭儿童的免疫接种率。2013 年起，国家卫生与计划生育委员会在 40 个流动人口集中的地区开展流动人口基本公共卫生服务试点。40 个试点城市要优先发展 6 个公共卫生服务，包括流动儿童疫苗接种、传染病预防、孕产妇检查和儿童保健。美国儿童的免疫范围包括 11 种疾病，目前我国只有 6 种。因此，为了确保基本公共卫生保健的均等，必须促进各地区之间的公共卫生保健平等，扩大计划免疫疫苗的种类，并改善对流动儿童的基本公共卫生保健服务。

（2）儿童医疗保障体系不断健全。从 20 世纪 50 年代到 90 年代，中国的儿童医疗服务主要依靠家庭成员、公共医疗、农村合作医疗。例如，农民加入农村合作医疗后，医疗不需要支付医疗费用。到 1976 年，全国 90% 以上的农民享受了医疗。世卫组织和许多发展中国家都对这一医疗系统表示赞赏。由于当时企业、事业单位在医疗保障方面发挥了重要作用，1978 年社会卫生支出达到 47.4%，2007 年个人卫生支出仅占卫生支出总额的 20.4%。从 1990 年代到 21 世纪初，儿童处于基本医疗保障制度的空白时期。1998 年，城镇职工基本医疗保障制度开始取代原家庭成员的劳动保险和公共卫生保健制度。然而，医疗改革没有具体规定儿童的医疗保障，农村合作医疗制度在农村和城市儿童的家庭保障阶段解体。2003 年，儿童保育重新纳入国家保健系统。2007 年，城镇居民基本医疗保障制度开始实施，中小学生和城镇儿童纳入基本医疗保险范围。而儿童则在此时受到基本医疗保障制度的保护。但是，基本医疗保险对患有大疾病的儿童的保障有限。自 2003 年建立新型农村合作制以来，国家不断提高新型农村合作制的保障水平，住院费用由 2003 年的 35% 提高到 2014 年的 75%。2010 年提高了儿童重大疾病的医疗报销比例。卫生部发布《关于加强农村儿童重大疾病医疗保障的意见》。主要疾病指急性白血病和先天性心脏病。这些试验性疾病的报销比例不低于有限费用的 70%，贫困家庭的儿童需要进一步的医疗援助。医疗费用需要达到有限费用的 20%。2012 年，卫生部将重大疾病试点保护范围进一步扩大到 20 种，部分地区将部分儿童慢性病纳入特殊疾病门诊，提高了补偿水平。

（3）加快建设儿科医疗资源。由于儿科医疗服务的复杂性，我国儿科医生一直处于短缺状态。2013 年，中国儿科医生和儿科执业助理仅占全部执业医生（助理医生）的 3.8%，这个比例远低于儿童人口占总人口的比例，很难满足儿童的医疗需要。根据第六次人口普查的数据，14 岁以下儿童的比例为 16.5%，儿科医生的供给率远低于此，儿科医生严重缺乏，这是长期困扰儿童健康事业发展的问题。长期以来，中国儿科医生（助理）的比例一直徘徊在 5% 以下，儿科病床供应也仅占病床总数的 5.6%，与儿童人数相比，我国的儿科病床仍然很紧张。1990—2007 年，我国的儿童床位比例从 6.2% 下降到 5.3%。尽管近年来，2013 年儿童人数略有增加，但儿童的床位数占比上升到 5.6%，但是儿童人口占的比例却为 16.5%，两者相比，儿童的床位数仍然处于供应不足的状态。综合医院的儿科供应不足。在医疗资源较为集中的北京，2014 年北京的两家以上综合性医院中，有 83 家提供儿科服务的医院，其中只有 29 家医院设有儿科门诊部，38 家医院设有儿科和病房门诊部。简言之，儿科资源的供应更为全面，同时开设小儿科和病房门诊的医院仅占两级总医院总数的 46%，一半以上的医院没有建立完整的儿童医疗服务体系。

# 第三章　农村儿童社会保障的问题与原因分析

## 第一节　适度普惠型儿童社会福利制度存在的问题及原因分析

虽然儿童社会福利制度取得了巨大的进步，但中国正处于构建适度普惠型儿童社会福利体系的初级阶段，许多制度尚处于建设中，各项功能也有待完善。其不足之处主要表现在以下几个方面：儿童社会福利目前还没有实现全面的覆盖；福利的内容还需要继续增加补贴和福利服务项目；财政投入资金相对不足，补贴的总体水平仍有待提高；社会福利管理职能需要整合；需要制定全面的儿童福利法。

### 一　适度普惠型儿童社会福利制度存在的问题

#### （一）儿童社会福利尚未实现全面的覆盖

在罗尔斯的公平理论中，每个社会成员都可能会被置于“无知之幕”下，在最初的状态里，每个人都无法预测自己的未来，谁都可能成为社会处境最坏的成员。因此，每个社会成员都应该受到公平对待。从理想状态而言，所有儿童都应纳入福利保障的范围。然而，现实中，由于社会发展环境的影响，最需要福利的儿童得到了优先保护，而其他儿童的福利却被搁置或延后，导致儿童社会福利覆盖率不高。

*1. 从覆盖对象来看，仍有较多类型的儿童没有被系统覆盖*

我国在2010年为所有孤儿、2012年为艾滋病毒感染儿童发放了基本的生活费用，实现了最迫切需要福利儿童的全覆盖。然而，仍有许多其他类型的儿童未能普遍享受到社会福利，例如，困境儿童和困境家庭儿童。困境儿童主要有重病儿童、流浪儿童、残疾儿童，困境家庭儿童则是指服刑人员未成年子女、父母重病或重残的儿童、贫困家庭儿童、无陪护儿童等，他们只能接受最低的生活保障或者“五保”支持。另外，我国普通儿童目前也没有享受到生活保障。因此，总体说来，我国儿童社会福利的覆盖面还有待进一步扩大。

2. 从覆盖数量来看，仍有大量需要提供福利保障的儿童

2014 年，国务院颁布的《国家贫困地区儿童发展规划》中指出，我国贫困地区有 4000 万多名生活在贫困线以下儿童。0—14 岁的残疾儿童约有 817 万名，残疾儿童在机构中能得到更好的康复和医疗保障，而机构外的残疾儿童，其生活质量则完全取决于家庭的生活状况。因此，迫切需要尽快建立所有残疾儿童的生命保障制度。此外，还有 100 万多名流浪儿童，他们的生活质量远低于正常儿童的标准。据统计，2014 年中国有 2000 多万多个单亲家庭，单亲家庭子女数已达到数百万，这些孩子也可能遭受生活中的贫困和困难，其福利待遇也有待改善。据 2013 年全国妇联统计报告，目前中国农村留守儿童 6100 万余人，城乡流动儿童 3580 万余人，他们生活在农村或城乡接合部，生活条件较差，也应成为社会福利保障关注的焦点。

总而言之，适度普惠型儿童社会福利制度在我国尚处于起步阶段，应从福利覆盖对象和覆盖内容方面加快建设，让所有儿童享受更多的社会福利。

（二）福利内容中津贴和服务项目偏少

1. 津贴和补贴项目偏少

目前，在儿童社会福利中的补贴和津贴主要包括：一是基本生活津贴。主要是指每月发放给孤儿和 HIV 感染儿童的基本生活费用。二是贫困家庭儿童的大病补助。凡 18 岁以下的贫困家庭儿童都纳入了“重生行动”计划，可获取大病补助。三是营养补助计划。国家从 2011 年启动了农村义务教育学生的营养改善计划，每年为集中贫困地区的农村儿童提供营养午餐补贴 160 亿元。四是部分经济条件允许的地区对残疾儿童提供了康复补助。

而对比国际上其他国家，我国的儿童津贴和补贴项目偏少。在美国，“抚养未成年子女家庭援助计划”为贫困家庭的儿童提供包括现金补助、

免税、食品券、教育券等各种津贴和补贴；法国儿童在出生时就享受新生儿津贴，还有住房津贴、单亲津贴和保姆津贴等，残疾儿童则享有残疾津贴；被誉为“福利国家之窗”的瑞典，建有广泛的儿童福利计划，涵盖儿童生活的各个领域。除儿童津贴外，困难家庭的儿童还能额外得到补贴，残疾儿童也可获得残疾津贴。瑞典儿童的幼儿园、托儿园是完全免费的，来自贫困家庭的孩子还可以享受食品或管理费补贴，甚至儿童的文具都是免费的。除了发达国家，印度、巴西、蒙古国等发展中国家也纷纷建立了各种儿童津贴和补贴。例如，1975 年，印度实施了“整体性儿童发展服务”计划，为贫困家庭的儿童提供营养、医疗和教育等各个领域的福利；蒙古国已经建立了各种类型的儿童津贴，如新生儿津贴、双胞胎津贴、三个或更多子女的父母津贴、四个或更多儿童的生育津贴、父亲津贴、特殊儿童津贴；对于儿童教育，农牧民家庭享受政府提供的住宿，贫困家庭的孩子可以免费获得教科书和用品；医疗保健方面，儿童可以免交医疗保险费、免征住院费，新生儿医疗保健是免费的。

2. 福利服务项目偏少

我国儿童社会福利服务主要有两种：一是儿童福利院或其他社会福利机构提供的服务。二是家庭寄养和领养服务。而在国际上，还有教育服务、卫生服务和精神卫生服务等许多其他福利项目。例如，英国有“儿童和青少年心理健康服务中心”，为儿童提供精神卫生服务；有贫困家庭儿童提供教育服务的儿童教育中心，有服务单亲母亲的儿童短期保护设施。日本、法国、英国、瑞典等国家有大量的托儿机构，提供日间照顾和托幼服务，且公办的日托机构基本上每天都是免费开放的。在适度普惠型儿童社会福利制度建设的起步阶段，我国福利服务机构的数量也相对数量不足。2012 年全国有 2853 个县，其中只有 64 个建立儿童福利机构，仅占总量的 2% 。此外，福利机构的服务专业人员短缺。美国 2007 年儿童社会福利的专业人员就已超过 28 万人，而我国 2013 年的专业儿童社会福利服务人员才约 50000 人。

（三）儿童社会福利财政投入相对不足

1. 儿童津贴和补贴的总体水平相对较低

目前，我国主要是为孤儿和艾滋病毒感染儿童发放儿童津贴。残疾儿童、重病儿童和流浪儿童无权享受生活津贴。困难家庭的孩子也不享受生活津贴。因此，儿童津贴的总体水平相对较低。从未来发展的角度来看，中国应增加对各种困境儿童和困境家庭儿童的津贴，并提高儿童津贴标准，使儿童津贴总体水平继续提高。另外，中国儿童津贴的总体水平相对较低。如上所述，中国的儿童补助主要是教育补贴和医疗补贴。在一些地区，为儿童提供了就业补贴和住房补贴。然而，这些补贴对象相对有限，补贴标准也不高。例如，残疾儿童的康复补助金，2011 年前北京为 7 岁以下残疾儿童和家庭贫困儿童每月固定发放 500 元。因此，儿童津贴的整体水平不是很高。可见，在中国适度普惠的儿童社会福利体系建设初期，儿童津贴和补贴的总体水平相对较低，需要逐步提高儿童的总体补贴和津贴水平。

2. 儿童社会福利财政支出规模总量偏低

在国际上，常用社会保障总支出占 GDP 的比重来衡量社会保障水平的适度性，即社会保障水平 = 社会保障支出额/GDP × 100%。儿童社会福利是社会保障的重要组成部分，儿童社会福利的适当性体现为儿童社会福利支出占 GDP 的比重或财政支出总额的比重。2012 年，中国财政对儿童社会福利支出不到 1000 亿元，儿童社会福利支出占 GDP 的比重不足 0.2%，占财政支出总额的比例不到 1%。而在 OECD 成员国 2009 年度儿童社会福利支出中，占 GDP 的平均比例为 2.61%，其中爱尔兰最高为 4.24%，韩国最低为 1.01%。中国儿童社会福利支出与国际社会的差距仍然很大，应逐步提高儿童社会福利的财政支出，使儿童社会福利制度的发展水平与经济社会的发展水平相适应。

（四）儿童社会福利管理职能需要整合

儿童社会福利的管理职能涵盖了儿童生活福利管理、儿童医疗福利管理、儿童服务福利管理和儿童教育福利管理等多个方面。这些儿童社会福利的管理职能不统一，分散在各职能部门。例如，儿童生活福利管理主要隶属于民政部；负责儿童医疗保健的部门是国家卫生和健康委员会；儿童教育福利管理机构是教育部等。这可能会带来一些负面影响，可能存在条块分裂、管理失位甚至无人管理的情况，不利于儿童权益的保护。因此，应该将这些管理职能有机地统一到儿童社会福利管理体系中。

表 3 - 1　　儿童社会福利管理职能内涵

| 福利领域 | 福利项目 | 管理部门 |
| --- | --- | --- |
| 生活福利 | 儿童营养计划、孤儿津贴、艾滋病病毒感染儿童津贴、残疾儿童津贴、流浪儿童津贴、贫困家庭儿童津贴、服刑人员未成年子女津贴、家庭津贴、儿童津贴 | 民政部 |
| 医疗健康福利 | 优生优育、安全分娩、母婴保健、科学喂养、免疫接种、常规检查、疾病预防、大病救助、医疗康复 | 卫健委 |
| 服务福利 | 福利机构照顾、家庭照顾、托幼服务、临时托管、儿童保护 | 民政部 |
| 教育福利 | 各种特殊儿童的学前教育、免费义务教育、职业教育、高中教育和家庭指导等 | 教育部 |

（五）《儿童福利法》有待制定

我国目前虽有与儿童社会福利相关的法律法规，但仍然缺乏一部与儿童社会福利相关的综合性法律——《儿童福利法》。当前，许多国家或地区如美国、日本和德国都制定出台了《儿童福利法》，对于保护儿童权利和保障儿童福利具有重要意义，我国也应尽快制定这样的纲领性法令。另外，专项法律法规的建设也不健全，例如，我国虽然颁布了一系列有关流浪儿童救助的法律法规，但这些法律法规中流浪儿童的救济内容较为零散，缺乏对流浪儿童的特殊规定。《中华人民共和国未成年人保护法》属于上位法，它只提到流浪儿童的帮助，针对性不强。国务院的《城市生活无着的流浪乞讨人员救助管理办法》对流浪儿童并不是非常适用。2011 年，国务院办公厅发布的《关于加强和改进流浪未成年人救助保护工作的意见》，虽然专门针对流浪儿童，只是一份文件通知，缺乏法律刚性。这说明要完善儿童社会福利，相关法律法规的建设也是迫在眉睫。

## 二　适度普惠型儿童社会福利制度存在问题的原因分析

适度普惠型儿童社会福利制度相比于补缺型儿童社会福利制度，取得了重大进展和显著成就。但仍存在一些问题与不足，尚未全面覆盖儿童的社会福利、福利内容中的补贴和福利项目有待增加、补贴标准和财政支出相对较低、需要制定综合性的儿童福利法、需要整合儿童社会福利的管理功能。而综其原因，主要体现在经济发展状况、财政支出规模和结构、儿童社会福利政策方面。

（一）经济发展状况尚未达到发达水平

马斯格雷夫的“经济发展阶段增长理论”指出，在社会经济发展不发达的阶段，国家政策的重点将放在经济建设上，政府必须加大对基础设施的建设力度，为经济发展创造良好的平台以吸引投资。当社会经济发展进入较为发达的阶段时，随着国家经济实力的增强，国家就会将政策关注的重点转移到社会福利制度的建设上，为人民提供更好、更全面的社会保障，以满足人民群众日益增长的物质文化需求。

1. 国外儿童社会福利制度发展的社会经济水平

英国等发达国家为开展第二次世界大战后的重建工作，以保障人民的基本生活为宣传，实施了较高层次的儿童社会福利制度。经过十余年的建设，在20世纪六七十年代，普惠型儿童社会福利开始出现，因此，在20世纪60年代一些主要国家的人均GDP状况说明了开展普惠型儿童社会福利建设的社会经济基础。据统计，当时广泛实施普惠型儿童社会福利的国家主要是人均GDP基本在1000—2000美元的欧洲国家和经济合作与发展组织（OECD）的成员国家。因此，人均GDP 1000美元到2000美元，可作为补缺型和普惠型儿童社会福利分界点的参考值。

**表3－2　　20世纪60年代全球人均GDP情况**　　单位：美元

| 国家与地区 | 1960年 | 1961年 | 1962年 | 1963年 | 1964年 | 1965年 | 1966年 | 1967年 | 1968年 | 1969年 |
|---|---|---|---|---|---|---|---|---|---|---|
| 北美国家 | 2828.0 | 2870.7 | 3030.3 | 3152.0 | 3341.3 | 3579.4 | 3882.8 | 4060.6 | 4389.8 | 4699.0 |
| 欧洲地区 | 948.4 | 1035.4 | 1137.4 | 1263.5 | 1394.1 | 1508.1 | 1631.7 | 1761.6 | 1877.6 | 2060.1 |
| OECD成员国 | 1331.8 | 1380.5 | 1472.8 | 1566.0 | 1690.0 | 1811.7 | 1966.7 | 2087.2 | 2237.9 | 2424.5 |
| 南亚国家 | 84.0 | 87.6 | 91.4 | 100.0 | 111.6 | 116.1 | 95.4 | 102.5 | 105.0 | 112.6 |
| 东亚和太平洋地区 | 147.8 | 145.3 | 146.0 | 159.7 | 179.9 | 196.9 | 214.5 | 227.0 | 244.4 | 274.2 |
| 拉美与哥伦比亚 | 372.1 | 384.2 | 429.9 | 419.5 | 454.2 | 472.7 | 505.5 | 504.6 | 530.5 | 578.3 |

资料来源：《世界银行》统计数据。

2. 我国经济发展状况

2001 年以前，我国经济长期处于不发达状态，人均 GDP 一直低于 1000 美元。进入 21 世纪后，经济进入快速腾飞时期，人均 GDP 突飞猛进。2001 年的时候，我国人均国内生产总值超过了 1000 美元。到了 2006 年，人均国内生产总值翻了一番，上升到 2000 美元。两年之后，也就是 2008 年人均国内生产总值增加到 3000 美元，2010 年人均国内生产总值突破了 4000 美元，发展速度非常之快。到了 2014 年我国人均国内生产总值已经突破了 7000 美元，经济发展状况引得全世界侧目。在经济发展的同时，我国加强社会保障事业的建设，当 2010 年我国人均国内生产总值超过 4000 美元的时候，国家开始重视适度普惠型儿童福利制度的建设。可见，经济发展水平是儿童社会福利制度建设的基础条件。

**表 3－3　2000—2014 年中国 GDP 和人均 GDP 状况**

| 年份 | GDP（亿元） | 人均 GDP（元） | GDP（亿美元） | 人均 GDP（美元） |
|---|---|---|---|---|
| 2000 | 99215 | 7858 | 11982 | 949 |
| 2001 | 109655 | 8622 | 13243 | 1041 |
| 2002 | 120333 | 9398 | 14533 | 1135 |
| 2003 | 135823 | 10542 | 16404 | 1273 |
| 2004 | 159878 | 12336 | 19309 | 1490 |
| 2005 | 184937 | 14185 | 22703 | 1741 |
| 2006 | 216314 | 16500 | 27135 | 2070 |
| 2007 | 265810 | 20169 | 35247 | 2675 |
| 2008 | 314045 | 23708 | 45200 | 3452 |
| 2009 | 340903 | 25608 | 49905 | 3749 |
| 2010 | 401513 | 30015 | 59312 | 4434 |
| 2011 | 472882 | 35181 | 73215 | 5447 |
| 2012 | 519322 | 38354 | 82622 | 6100 |
| 2013 | 568845 | 41908 | 91849 | 6767 |
| 2014 | 636463 | 46531 | 102821 | 7485 |

资料来源：各年度《财政统计年鉴》。

### （二）财政支出规模与结构有待提升

1. 儿童社会福利财政支出的比重相对偏低

自从英国于1947宣布建立福利国家以来，西方很多发达国家纷纷效仿，增加社会福利的财政支出。第二次世界大战后，发达国家在社会福利方面的支出占到了公共财政支出的较高比重，很多OECD国家，如英国、瑞典和德国的比例均在30%以上。

表3-4　　2008—2012年部分DECD成员国社会福利性开支占GDP的比重　　单位:%

| 国家 | 2008年 | 2009年 | 2010年 | 2011年 | 2012年 |
|---|---|---|---|---|---|
| 英国 | 21.8 | 24.1 | 23.7 | 23.9 | 23.9 |
| 法国 | 29.8 | 32.1 | 32.2 | 32.1 | 32.1 |
| 德国 | 25.2 | 27.8 | 27.1 | 26.2 | 26.3 |
| 希腊 | 22.2 | 23.9 | 23.3 | 23.5 | 23.1 |
| 爱尔兰 | 19.7 | 23.6 | 23.7 | 23.5 | 23.1 |
| 意大利 | 25.8 | 27.8 | 27.8 | 27.6 | 28.1 |
| 卢森堡 | 20.8 | 23.6 | 23.0 | 22.5 | 23.3 |
| 荷兰 | 20.9 | 23.2 | 23.5 | 23.7 | 24.3 |
| 挪威 | 19.8 | 23.3 | 23.0 | 22.6 | 22.1 |
| 波兰 | 20.3 | 21.5 | 21.8 | 20.7 | 20.4 |
| 葡萄牙 | 23.1 | 25.6 | 25.6 | 25.2 | 25.0 |
| 西班牙 | 22.9 | 26.0 | 26.5 | 26.0 | 26.3 |
| 瑞典 | 27.5 | 29.8 | 28.3 | 27.6 | 28.2 |

资料来源：OECD Social Expenditure Database. www. oecd. org/els/social/expenditure。

而我国社会保障支出占GDP、财政总支出的比重，根据狭义的社会保障（口径1，包括抚恤和社会福利、救济支出、行政事业单位离退休费、社会保障补助支出等），社会保障支出在财政总支出中占比不到12%，与经合组织国家（OECD）相比，社会保障的财政支出比重较小。从概念上讲，西方国家的社会保障支出包括社会保险费用。因此，利用第二口径（口径2，狭义的社会保障支出+除去财政补助之外的社会保险基金支出）测算中国社会保障支出，其平均水平在17%—22%，与OECD等国家相比仍不足。如表3-5所示。

**表 3－5　　2000—2009 年中国社会保障支出占 GDP、财政总支出的比重**　　单位：亿元、%

| 年份 | 口径 1 | 口径 2 | 社会保障支出占财政总支出的比重 | |
|---|---|---|---|---|
| | | | 口径 1 | 口径 2 |
| 2000 | 1517.57 | 3604.52 | 9.55 | 20.05 |
| 2002 | 2636.22 | 5590.43 | 11.95 | 22.36 |
| 2004 | 3116.08 | 7223.71 | 11.94 | 22.16 |
| 2008 | 6804.29 | 15098.51 | 10.87 | 21.30 |
| 2009 | 7606.68 | 18132.95 | 9.97 | 20.88 |

资料来源：王延中、龙玉其：《改革开放以来中国政府社会保障支出分析》，《财贸经济》2011 年第 1 期。

2. 财政支出结构不合理

经合组织国家（OECD）在儿童社会福利方面的支出主要包括生活中的现金支出（如家庭津贴的支付）、托儿服务费和教育福利支出。虽然经合组织国家（OECD）用于儿童不同阶段的财政支出比例不一样（见表 4－10），但儿童社会福利的财政支出占财政支出的比重却很大。

**表 3－6　　2007 年 OECD 部分国家儿童社会福利支出占财政总支出的比例**　　单位：%

| 国家 | 儿童早期 | 儿童中期 | 儿童晚期 |
|---|---|---|---|
| 英国 | 29.7 | 34.5 | 35.8 |
| 法国 | 29.7 | 31.0 | 39.3 |
| 德国 | 27.2 | 33.8 | 38.9 |
| 希腊 | 20.4 | 35.9 | 43.7 |
| 爱尔兰 | 18.5 | 36.1 | 45.4 |
| 意大利 | 24.4 | 37.1 | 38.5 |
| 卢森堡 | 25.3 | 37.8 | 36.9 |
| 荷兰 | 23.8 | 33.2 | 43.0 |
| 挪威 | 28.7 | 33.4 | 37.8 |
| 波兰 | 15.9 | 42.1 | 42.0 |
| 葡萄牙 | 17.8 | 36.4 | 45.8 |
| 西班牙 | 24.3 | 33.4 | 42.3 |
| 瑞典 | 28.9 | 34.7 | 36.4 |

资料来源：OECD Social Expenditure Database and DECD Education database。

社会福利支出在我国社会保障中的比重是比较小的，不到2%的财政支出，主要用于孤儿、流浪儿童和贫困家庭儿童的基本生活保障，财政支出的数量十分有限。支出相对较高的是教育事业，因为教育是一种针对所有孩子的公益性福利，所以总额相对较大。医疗保健支出等方面的比重相对较低，占财政支出的60%以下。从儿童社会福利的角度来看，早期儿童如胎儿、新生儿、婴幼儿的投资严重不足。因此，我国普惠型儿童社会福利的支出总量还有待提高，支出结构也有待进一步调整。

**表3-7　2000—2009年中国社会保障支出占GDP、财政总支出的比重**

单位：亿元、%

| 年份 | 教育支出 | | 医疗卫生支出 | | 抚恤社会福利救济支出 | | 行政事业单位离退休费用 | | 社会保障补助支出 | |
|---|---|---|---|---|---|---|---|---|---|---|
| | 绝对值 | 比重 | 绝对值 | 比重 | 绝对值 | 比重 | 绝对值 | 比重 | 绝对值 | 比重 |
| 2000 | 2179.5 | 13.72 | 709.52 | 4.47 | 213.03 | 1.34 | 478.57 | 3.01 | 825.97 | 5.2 |
| 2002 | 3106.0 | 14.08 | 908.51 | 4.12 | 372.97 | 1.69 | 788.84 | 3.58 | 1474.4 | 6.69 |
| 2004 | 3851.1 | 13.52 | 1293.6 | 4.54 | 563.46 | 1.98 | 1028.1 | 3.61 | 1524.5 | 5.35 |
| 2006 | 5169.1 | 12.79 | 1778.9 | 4.40 | 907.68 | 2.25 | 1330.2 | 3.29 | 2123.9 | 5.25 |
| 2008 | 9010.2 | 14.39 | 2757 | 4.4 | 1041.9 | 1.66 | 1812.5 | 2.9 | 2484.7 | 3.97 |
| 2009 | 10438 | 13.68 | 3994.2 | 5.23 | 976.83 | 1.28 | 2093 | 2.74 | 2757.5 | 3.61 |

资料来源：王延中、龙玉其：《改革开放以来中国政府社会保障支出分析》，《财贸经济》2011年第1期。

（三）儿童社会福利政策与法制建设相对滞后

儿童社会福利政策主要在国家制定的法律法规中体现。回顾儿童社会福利制度的发展历程，我国已经制定了大量涉及儿童权利和儿童社会福利的法律法规，主要包括生活保障、教育发展、医疗健康、安全保障等内容。

1. 教育培训方面的政策

①2013年，财政部、教育部、国家发展改革委联合发布了关于全面改进中部和西部贫困地区义务中小学实施的基本条件的意见，详细

规划了实施区域，制定了各阶段基本目标，计划经过3—5年努力后，确保贫困地区义务教育中小学幼儿园教学设施如教室、课桌、图书室、实验室设备等基本教学需要得到满足；以及从满足教学需要出发，教师数量和质量、学生宿舍等基本需求都能满足教学需要，力争将中西部贫困地区的小学辍学率控制在0.6%以下，初中辍学率控制在1.8%以下。②2014年，教育部、国家发展改革委和财政部颁布实施方案，全面改善贫困地区中小学薄弱的办学条件和办学环境。方案重点关注义务教育的公平性，面对中西部贫困地区基础教育薄弱的中小学办学条件，将根据需求进行补充，改善了贫困地区义务教育的条件。③2014年，财政部和教育部发布的"国家培训计划"，重点关注中西部项目和国家幼儿教师培训计划，特别是偏远贫困地区和民族地区未经培训的农村教师，充分拓展了教师培训效益的范围，基本覆盖了中西部地区中小学和幼儿园的农村基础义务教育。为"国家培养计划"的全面改革打下良好的基础。④国务院、教育部颁布的《特殊教育提升计划（2014—2016）》，提出扩大残疾儿童义务教育的范围，开展非义务教育特殊教育，增加特殊教育的财政支出力度，加强特殊教育师资培训工作，对特殊教育教学课程进行综合改革。

2. 生活保障方面的政策

①民政部2013年提出了按照"适度普惠、分类型、分层次、分标准、分地区"的原则，建设普惠型儿童福利体系。"分类型"指的是对儿童群体的详细划分；"分层次"指的是儿童分为一般儿童、特困儿童、特困家庭儿童、孤儿；"分标准"是指不同类别的儿童，提供了不同程度的救援标准和福利保障；"分地区"指的是按照东部、中部、西部三个地理位置，根据区域发展情况建立了具有区域特色的儿童补贴。②民政部2013年度发布的《儿童福利机构建设管理的基本规定》，详细规定了儿童福利机构的建设标准、人员素质、组织日常管理、儿童管理（入院、基本生活、收养、义务教育、卫生保健、照顾、死亡）等内容。③民政部2014年发布的《家庭寄养管理规范》对家庭寄养收留儿童的方方面面也进行了规范。

3. 安全保护方面的政策

①最高人民检察院、最高人民法院、公安部于2013年联合发布了《依法惩治性侵害未成年儿童犯罪的意见》，以减少对未成年儿童的性侵犯罪，加强对未成年人合法权益的保护。②2013年，国务院提出建立中小学幼儿园安全机制，提高各地区中小学幼儿园防震减灾能力，努力争取全国中小学建筑100%达到安全标准。

4. 卫生健康方面的政策

①2014年，国家卫生和计划生育委员会发布了关于妇幼保健工作的意见，阐述了为妇女和儿童提供优质医疗服务、加强新生儿检查和治疗儿童出生缺陷的具体措施。②2013年实施的贫困儿童营养改善计划，为贫困地区6—24个月的婴幼儿提供免费营养包，要求营养包的发放率80%以上，使用率为60%以上，从而提高贫困家庭婴幼儿的健康水平。③2013年，民政部提出了加强医疗救助与慈善组织合作的意见，充分引导社会各界积极参与医疗救助慈善事业的发展。

由此可见，这些法律法规在儿童社会福利保障方面仍具有以下不足：一是大量涉及儿童权利和儿童社会福利的法律法规是综合性规定，儿童社会福利的专项法律法规较少。二是关于儿童社会福利的规定，基本上没有建立所有儿童福利的特殊法律法规，大多服务于特殊儿童。三是与儿童社会福利相关的法律规范主要用于救助，缺乏福利性法规。四是对农村地区儿童福利的关注程度有待进一步提高。就生活保障而言，目前，农村建立了基本养老保险制度、基本医疗保险制度等社会保障制度，但尚未建立儿童基本生活保障制度。

**表3－8　　保护儿童权利和福利相关的政策法规**

| 法律法规、政策名称 | 类别 | 适用对象 |
|---|---|---|
| 中华人民共和国婚姻法 | 综合性法律 | |
| 中华人民共和国义务教育法 | 综合性法律 | |
| 中华人民共和国残疾人保障法 | 综合性法律 | |
| 中华人民共和国妇女权益保障法 | 综合性法律 | |
| 中华人民共和国母婴保健法 | 综合性法律 | |

续表

| 法律法规、政策名称 | 类别 | 适用对象 |
|---|---|---|
| 中华人民共和国未成年人保护法 | 综合性法律 | 全体儿童 |
| 中华人民共和国预防未成年人犯罪法 | 综合性法律 | 全体儿童 |
| 中华人民共和国收养法 | 专项法律 | 特殊儿童 |
| 九十年代中国儿童发展规划纲要 | 综合性政策 | |
| 中国儿童发展纲要（2001—2010 年） | 综合性政策 | |
| 中国儿童发展纲要（2011—2020 年） | 综合性政策 | |
| 残疾人教育条例 | 综合性政策 | 特殊儿童 |
| 托儿所、幼儿园卫生保健管理办法 | 综合性政策 | |
| 公安机关办理未成年人违法犯罪案件的规定 | 综合性政策 | |
| 流动儿童少年就学暂行办法 | 专项政策 | 特殊儿童 |
| 中国公民收养子女登记办法 | 综合性政策 | 特殊儿童 |
| 社会福利机构管理暂行办法 | 综合性法规 | 特殊儿童 |
| 城市居民最低生活保障条例 | 综合性法规 | |
| 国务院关于在全国建立农村最低生活保障制度通知 | 综合性政策 | |
| 关于加强孤儿保障工作的意见 | 专项政策 | 特殊儿童 |
| 城市生活无着的流浪乞讨人员救助管理办法 | 综合性法规 | 特殊儿童 |

### （四）结论与启示

总的来说，经济发展状况、财政支出规模与结构、国家对儿童社会福利的重视，影响了适度普惠型儿童社会福利制度的发展水平，需要有针对性地从以下几个方面来进行完善：

首先，要增加儿童社会福利的财政支出。经济基础决定上层建筑，也决定着社会福利。为了加快儿童社会福利制度的建设，必须相应地大力增加儿童社会福利的财政支出。目前，我国儿童的社会福利财政支出尚未得到充分保障，支出水平偏低，支出比例不高。因此，我国迫切需要建立一个独立的儿童社会福利制度，增多儿童社会福利的项目，提升儿童的社会福利水平，建立相对独立的儿童社会福利预算分配制度，才能促进儿童社会福利制度的快速发展。

其次，扩大儿童社会福利的覆盖面，提高儿童社会福利待遇。有必要优先设立服务于所有特殊儿童的津贴制度，特别是困境儿童的生活津贴制度，再逐步建立家庭津贴制度，让普通儿童也能获得福利，实现儿童社会福利制度的全面覆盖。随着我国经济的繁荣、社会的发展，在儿童社会福利方面的财政支出逐步增加，应相应地提高儿童社会福利的支付标准，使儿童的社会福利待遇能够达到或超越社会平均生活水平。

最后，逐步建立和完善儿童社会福利制度的相关法律制度和管理职能，建立多层次的儿童社会福利法律制度。与西方发达国家完善的儿童社会福利法律制度相比，我国缺乏对儿童社会福利的独立立法。一方面，应建立与儿童社会福利有关的综合性母法，为儿童社会福利提供一般指导原则；另一方面，以家庭津贴为主体的儿童社会福利的特殊法律法规应予完善。在法制健全的前提下，应完善儿童社会福利管理职能，形成相对独立的儿童社会福利管理制度，使儿童成为国家政治生活中的一个重要方面。

## 第二节　农村留守儿童社会保障的问题与诉求

### 一　农村留守儿童的主要问题

农村留守儿童的情况比较特殊，在成长过程中会受到多种情况的影响：父母长期在外务工导致家庭教育和家庭监护的不足，农村经济的落后和教育资源的匮乏导致留守儿童的受教育的权利得不到有效保护，复杂的社会环境和社会造成的一系列完全隐患影响了留守儿童的正常生活。具体来说，农村留守儿童的主要问题体现在以下几个方面：

#### （一）家庭教育和家庭监护问题

农村留守儿童长期与父母分离，缺少家庭的日常教育和监护，从而导致安全感和归属感的缺乏，容易在学习中产生偏见甚至会导致更严重的心理问题。农村留守儿童与未留守儿童相比，由于长期缺乏父母照料和与父母沟通的时间，心理健康方面存在明显的差异和问题，主要表现在以下三个方面：①焦虑心理。农村留守儿童相比于城市儿童，心理焦虑水平显著偏高，并在日常生活、学习过程中往往表现出持续和强烈的恐惧、犹豫或不安的消极情绪。与此同时，农村留守儿童对学习都感到厌烦，逃学、辍学的现象比较普遍。许多留守儿童过早辍学进入社会，这对他们未来的生存和发展产生了非常不利的影响。②自卑情结。父爱或母爱的缺乏容易导致大多数留守儿童在心理上感到不安全。他们在遇到困难时往往感到孤独和无助，不愿主动寻求外界的帮助。当留守儿童看到他们的同龄人能够享受父母的关爱和陪伴时，他们往往会有情感上的隔阂。从长远来看，他们会产生自卑的情绪，甚至转而表现出对父母的怨恨，通过一些自暴自弃的行为来表达不满。③封闭心理。农村留守儿童长期缺乏父母的关爱和照顾。他们容易自卑，在生活中变得敏感和多疑。他们会变得谨慎，甚至避免家庭和身份问题。他们不愿意与家人和朋友沟通，拒绝与外界接触，从长远来看，这种状况很容易导致封闭心理的产生。

### （二）复杂社会环境引发的安全问题

由于年龄偏小，缺乏社会经验，很多农村留守儿童尚未形成正确的人生观、价值观和社会观，明显比成人更难分辨是非曲直，抵抗不良诱惑的能力也相对缺乏。感觉失落的家庭生活与复杂的社会环境会对农村留守儿童产生多方面的影响，其中最突出的是留守儿童的安全问题，主要表现在以下四个方面：一是伤害事故。儿童的自我保护能力较弱，遇到意外事故不懂得采取正确的自我保护措施。二是罪犯的侵害。由于缺少家长的保护，一些犯罪分子会将留守儿童作为侵犯对象，从这些年来所报道的农村儿童性侵事件就可窥一斑。三是拐卖和拐骗留守儿童的现象严重。农村地区地广人稀，监护系统差，也没有城市“天网系统”，人贩子就将魔爪伸向了留守儿童。四是自杀和轻生情况增加。留守儿童的自卑、焦虑、封闭心理问题会导致其情感失去帮助甚至崩溃，而采取一些不理智的行为。

### （三）社会救助缺乏所导致的问题

社会救助权是保障农村留守儿童权利的重要举措，意义重大，内容广泛，涉及家庭、社会、国家等诸多主体的法律义务，它的实现依赖于国家义务的履行。但是，由于中国社会救助制度起步较晚，目前尚不成熟，在各方面都存在一定的不足。根据 2013 年社会服务发展统计公报的数据，中国城镇居民最低生活保障标准为每月 373.1 元，农村最低生活保障标准为每月 116.2 元。可以看出，中国农村社会救助标准是很低的，农村留守儿童的生存不能得到充分的经济保障。此外，虽然国家有“应保尽保”的社会救助政策，但是在履行过程中依然存在社会救助对象的覆盖面狭窄、社会救助对象的统计不准确等难题，导致救助行为的缺位。2015 年 6 月 9 日，贵州省毕节市七星关区天坎乡四名儿童在家中农药中毒死亡事件再次敲响了农村留守儿童救助的警钟。我们正在重新思考谁应该为“毕节儿童自杀案”负责的过程中，也应该看到城乡经济发展不平衡、农村留守儿童的保护机制不完善、社会保障法律制度不完善等现实问题。当农村留守儿童的生存权、受教育权和性侵害问题频频暴露出来时，农村留守儿童的保护问题不容忽视，需要在现有保护机制的基础上建立完备的法律义务保障体系，确定家庭、社会和国家的法律义务，保护留守儿童的社会救助权利。

## 二　农村留守儿童教育权利的保障问题

### （一）农村留守儿童教育成长问题

由于城乡二元机制所导致的城乡教育资源配置差异，城镇化进程中农村剩余劳动力的单向流动引发了一系列留守儿童教育成长问题：第一，家庭教育功能的弱化。随着农民工劳动经济的兴起，中国农村的社会转型使传统农耕社会的家庭结构日益解体。家庭功能逐渐弱化，家庭教育功能明显不完善，家庭情感功能不健全，家庭管理功能不完善。农村留守儿童的基本权利和社会需求难以满足，安全和健康的需求难以保证，表现在学习、生活、心理、人格、性情等方面，如留守儿童的心理畏怯、自卑等问题明显高于非留守儿童，留守儿童普遍存在“家庭亲情饥渴”问题，他们常通过打架、斗殴、逃课、网络成瘾等叛逆行为来发泄自己对生活的不满。第二，隔代教育的短板。当农村青壮年外流时，儿童的日常生活与家庭教育的重担就落在留守老人的肩上。而老人的教育观念与方法都难以适应时代的变化，由此导致教育目的、内容、形式、方法和行为的偏差，导致儿童的个性、心理、自律、行为特征、人际交往能力等诸多方面的相对薄弱。第三，学校教育的不足。在没有父母和家庭教育的情况下，留守儿童的学校教育是非常有价值的，它担负起留守儿童人格教育和心理咨询的重任。然而，在教育评价压力的现实取向下，农村中小学难以考虑学历教育内容。例如，赵丽霞等（2016）发现，87.96%的农村留守儿童没有接受过任何形式的心理咨询与辅导。

（二）农村留守儿童社会发展问题

在家庭教育功能弱化和学校补位不足的情况下，农村留守儿童不仅要面对性格形成、人格塑造、生活规律的培养、心理健康成长、学习习惯的培养等问题，还要面对社会角色扮演、价值体系的社会化、社会融合和社会支持等社会发展问题。针对留守儿童家庭学校存在的内在缺陷及其对个人健康成长的负面影响，客观地引发了儿童后续社会发展的一系列问题：第一，个人价值取向的社会化偏差和价值体系社会化过程中行为规范的扭曲。例如，在教育价值体系的重建过程中，容易对娱乐文化、享乐拜金产生急功近利的盲目崇拜。它的特点是奢侈和浪费，好逸恶劳，形成自我中心主义。这种极端的性格，内在地改变了世界观、社会观、人生观的价值取向，模糊了社会责任感，缺乏社会行为标准的认定和解决，甚至无视社会伦理、人的伦理和法律规范。第二，社会角色扮演的失败。社会角色是社会环境赋予人们的特定身份和行为。在亲子关系分离的过程中，农村留守儿童容易在认识、学习、定位、扮演和调整社会角色的过程中形成障碍，存在角色认知不准确、角色义务不明确、角色行为紊乱、角色形态模糊等问题，尤其是家庭成员角色和学生角色的不成功经验更有可能导致他们的社会角色扮演的失败。第三，在社会融合的过程中，社会参与意识不强，社会融合程度不高，社会适应能力不足，心理认同水平低。缺乏父母教育、父母和子女互动不良、同伴群体的消极倾向和大众媒体的误导，都阻碍了留守儿童的社会化发展，使他们的社会接受度和社会群体认同不高，容易形成社会认同水平低下的恶性循环。最后，社会支持网络的自我编织能力的缺乏。在社会快速转型时期，农村留守儿童虽然了解社会发展支持网络，但很少有人懂得如何构建和优化自己的社会支持网络，缺乏必要的自我编织和自我修复能力。

（三）对农村留守儿童教育和社会发展的思考

传统的以城镇为中心的城市化发展模式顺应了我国经济起飞初期生产力发展的要求，客观地激活了城乡资源要素。然而，随着城市化进程的迅速推进和城市化的深入发展，这种单向且过度依赖以城市为中心的经济发展暴露出越来越多的弊端。农村地区成为劳动力和原材料的输出地，其结果是经济集聚效应远远高于涓滴效应，城乡一体化良性互动发展模式尚未形成，城乡二元发展模式导致城乡发展不平衡、农村发展不足、农村儿童教育和社会发展落后的问题。在两元户籍制度下，教育资源配置不平衡，社会福利制度不健全，农村义务教育资金保障机制不健全，农民工子女义务教育制度安排乏力，农村留守儿童保护制度长期存在的巨大差距等问题得不到有效解决。在农村留守儿童的教育和成长过程中，出现了教育和社会发展的危机。

## 三　农村留守儿童卫生健康保障问题

农村儿童健康落后问题主要体现在以下几个方面：

（一）对农村儿童的预防和保健重视不够

儿童是一个国家最宝贵的资源，与其他生命时期相比，童年是一个需要特别照顾和保护的更脆弱的时期。预防性保健是保护农村儿童健康的第一道安全防线。但在农村地区由于父母的外出务工，留守儿童普遍缺乏预防性保健的关注。计划免疫接种率是衡量儿童健康的一个主要指标。目前，国家免疫规划疫苗包括卡介苗、重组乙肝疫苗、脊髓灰质炎疫苗、百白破疫苗、白破疫苗、麻疹疫苗、乙脑疫苗、甲肝减毒活疫苗等 12 种。其他疫苗如甲肝灭活疫苗、水痘疫苗、流感疫苗、风疹疫苗、狂犬疫苗、口服轮状病毒疫苗等，为公民自费自愿受种的疫苗。然而，一些贫困家庭的父母限于自己的知识水平，不了解国家政策，也不知道哪些疫苗是免费的，因为一些高成本的收费疫苗放弃了疫苗接种，影响了儿童的健康。

（二）医疗服务资源分布不平衡

为了使农村儿童获得必要的医疗和保健服务，必须确保一些必要的条件，例如相应的经济支付能力、适当和方便的医疗服务机构和医疗服务机构能够提供儿童所需的医疗服务。如果只有医疗消费的经济能力，没有医疗服务机构提供的服务或者提供的服务不能满足患者的需要，农村儿童就很容易无法享有适当的医疗保障。良好、合理、方便的医疗服务资源配置是保障农村儿童享受医疗保险的一个重要方面。可以看出，农村儿童一旦发生严重疾病，就必须进入城市医疗机构获取医疗卫生服务资源。农村地区由于位置偏远，交通不便，导致卫生医疗服务的可及性较差，增加了获得公共卫生服务资源的难度，影响了农村儿童的保健服务。因此，必须解决医疗卫生服务资源失衡的问题。

（三）乡村全科医生队伍有待加强

农村医生承担了大量的农村基层预防保健和医疗工作，其业务水平和素养将直接影响农村健康的可持续发展以及农村居民的健康保障水平。一般说来，乡镇卫生院承担着防疫、妇幼保健、卫生教育、基本医疗等职能。这些职能决定了乡镇医院的医务人员必须是一人掌握多种技能，但许多乡镇医院、卫生技术人员只是某种单一技能而已。乡镇医院普遍缺乏全科医生和医疗设备操作员，影响了农村儿童医疗服务的健康和可持续发展。建立新型农村合作医疗制度的目的是在服务对象和服务对象之间建立中间环节，新型农村合作医疗制度帮助农民购买医院服务。但在农村医疗服务发展不平衡的情况下，乡镇医院卫生技术人员缺乏综合技能，将是农村儿童保健的问题。农村新型合作医疗制度影响着儿童的享受，进一步影响了农村儿童医疗服务资源的可获得性。流动性大、年龄结构不合理的农村医生，对基层医疗卫生机构的稳定和可持续发展以及农村儿童的健康保护都有负面影响。

（四）家长对儿童的健康保障意识不足

由于不同的文化传统、不同的群体和不同的地区对疾病和健康的定义不同，只有父母意识到医疗保险对于其子女健康保护的重要性时才会选择购买。一旦孩子出现健康危机，需要医疗保健，父母才会主动了解并积极为孩子购买医疗保险。但是，疾病风险具有很大的随机性和不确定性。儿童由于免疫系统薄弱，在某种程度上容易受到疾病的伤害。在农村地区，由于父母自身文化水平的差异和长期以来形成的疾病观念，将导致他们对疾病风险缺乏认识，未能提前做好预防规划。此外，农村父母通常不认为一些较轻的不适症状是疾病，因此在很多情况下，他们无法及早发现，并推迟了孩子最好的治疗期。

# 第四章 乡村振兴战略下农村儿童社会保障制度目标

## 第一节 乡村振兴战略的内涵及其阶段目标

2017 年 10 月 18 日，在中国共产党第十九次全国代表大会上，习近平总书记提出了乡村振兴战略。这是中国特色社会主义进入新的时代背景下，党和政府根据社会发展形势所制定的新时期“农业农村农民”发展战略，是针对“三农”工作发展到新阶段作出的重大战略部署，体现了对新规律的掌握，对新任务的担当。

我国实行改革开放已经四十年，农村已经发生天翻地覆的改变，农业取得前所未有的历史性成就。特别是党的第十八次全国代表大会以来，党中央出台了一系列政策增加农民收入，促进农业发展，保障农村社会稳定和谐。城乡差距日益缩小，共享改革成果。2016 年的城乡收入差距缩小到 2. 72∶1，农民收入稳步上升，保持了正增长趋势；粮食产量在 2016 年达到 6000 亿千克，实现了创历史纪录的连续“12 年增长”；6000 万以上的农民实现了稳定性扶贫，摆脱了贫穷的困扰，精准扶贫效果显著。农村的整体面貌取得了巨大的进步，社会主义新农村的建设成效明显，无论是公路、桥梁等基础设施，还是医疗、教育、文化等社会福利都得到了极大程度的改善。

但是，“三农”问题由来已久，影响广泛且非常复杂，在新的社会时期，“农民老龄化”“农业边缘化”和“农村空心化”的问题依旧突出。在很多农村地区，农民为增加收入大量外出打工，造成劳动力流失和村镇的荒芜，留在农村的大多是妇女、儿童和老人，被戏称为“386199”留守部队。“38”指的是“三八”妇女节，代指妇女。人们常说妇女能顶半边天，当多数男劳力外出务工时，许多妇女不得不成为农业生产的主力军；“61”指“六一”儿童节，代指儿童。儿童本应在父母的关爱、呵护中成长，父母外出，留守儿童的成长存在诸多隐患；“99“指农历九月九，既是重阳节，也是老人节，代指老人。他们成为农村的“三留守”人员，也引发“谁来种地”“怎么种地”的担忧；此外，农村产业薄弱、农产品缺乏竞争力、污染问题严重，城乡发展不平衡等，都导致了乡村的衰退与凋零。

当然，这并不仅仅是我们国家的乡村危机，综观全球，无论美国、法国、德国、日本等发达国家，还是巴西、南非、印度等发展中国家，都曾经历或者正在出现乡村衰退危机迹象，大量青壮年劳动力离开农村，涌向城市，城市的“拥挤病”与农村的“荒芜症”现象突出，城市的“贫民窟”和农村的“无人区”同时出现，农村与城乡之间差距越拉越大。乡村衰退现象已成为全世界范围内人类共同面临的挑战，成为全球治理体系的一个重要议题。而我国作为传统的农业大国，农村人口众多，乡村的衰弱会带来更大的影响与冲击，因此，乡村振兴战略具有极其重要的意义，是针对农村社会结构变化，及时提出的重要战略，是党中央着眼于推进城乡一体化发展和全面建成小康社会的重大决策。

## 一　乡村振兴战略的理论逻辑

### （一）“乡村”是乡村振兴战略的对象

乡村振兴战略以农村为目标。农村作为一个有机整体，是一个极其复杂和庞大的系统。它在生态、经济、社会等诸多方面都包含着极为丰富的内容。

#### 1. 实现“三农”内涵式发展

2005 年进行社会主义新农村建设时提出了 20 字的发展方针，即“生产发展、生活宽裕、乡风文明、村容整洁、管理民主”。而现在乡村振兴战略的总要求也是 20 个字，即“产业兴旺、生态宜居、乡风文明、治理有效、生活富裕”，但乡村振兴战略是站在新时代历史背景下继承与发扬社会主义新农村建设理念，反映党中央对“三农”问题所进行的新思考、新部署和新行动。

2. 实现“三农”现代化发展

我国社会的现代化建设不能忽视农业农村的现代化。习近平总书记多次指出：“没有农业现代化，没有农村的繁荣，没有农民的安居乐业，国家的现代化是不完整、不全面、不牢固的。”农业农村的现代化，是通过农业的现代化带动农村经济的发展，进而实现农村政治、社会、文化、生态等各个领域的现代化，使农民能够过上现代化的生活，实现乡村文明、乡村稳定和乡村发展。

（二）“振兴”是乡村振兴战略的关键

“振兴”乡村战略的目的是实现农业和农村的现代化，实现农村的发展和繁荣。“振兴”的结构可以从以下三个维度来理解和阐释。

1. 理念维度

“三农”问题一直是全党工作的重中之重，乡村振兴战略对此予以重申和肯定，进而提出坚持农业农村的优先发展，旨在缩小城乡差距，重点扶持农业现代化，确保农民在共建共享中能有更多的获得感，这是新发展共享理念的体现；精准扶贫战略的实施，缩小了城乡之间的差距，大大减少了乡村贫困人口。实施乡村振兴战略需要统筹城乡发展，而不是单纯地针对特定的农业农村农民问题，乡村振兴战略的目标是要实现农业农村农民的全面复兴和繁荣，在发展过程中，贯彻城乡协同、城乡互动、相互促进、相得益彰的理念，城市在支援乡村建设的同时也在拓展乡村市场，提升乡村的消费能力，为城市的发展激活了潜在空间。由此可见，乡村振兴战略充分体现和集中展示了“创新、协调、绿色、开放、共享”五个新发展观。

2. 空间维度

进入社会主义新时代，党中央统筹协调城镇化、信息化、新型工业化与农业现代化的关系，全面构建城市和乡村两个空间新结构，实现城市与农村的共建共享、共生共荣，实现“四化”同步和“五位一体”的发展；发展农业农村农民“三农”新关系，通过农业的现代化，营造农村的繁荣，使农民投身农业、留在农村。党的第十九次全国代表大会指出，要促进农业现代化和新型工业化、信息化、城镇化的同步发展，必须坚持和扩大对外开放，主动参与经济的全球化。乡村振兴战略不能独立于国际社会之外，农产品对外营销、农业经济发展等问题不仅需要运用国内的资源来解决，而且在一定程度上也可以吸引国外的资源来参与。我国的乡村振兴是全球综合治理体系的有机组成部分，世界许多国家乡村发展的成功经验和做法都值得借鉴。

3. 时间维度

乡村振兴战略的实施，处于新时期的历史起点，这是一个新的时代背景。中国特色社会主义已经进入了一个新的时代，我国社会的主要矛盾已经转化为人民的美好生活的需要和不平衡不充分发展的矛盾。中国的改革开放首先在农村改革中启动，改革开放40年来，中国的农业生产力有了很大的提高，但农业现代化落后于其他行业或领域的现代化。因此，“乡村振兴战略”的提出，是农业农村改革开放工作的继续与发展，不仅体现了党和政府对“三农”工作一如既往的重视，也反映了新时期党和国家在解决“三农”问题时的与时俱进，发出新的号召。

（三）“战略”是乡村振兴战略的核心

“战略”是乡村振兴战略的核心内容，也体现了乡村振兴战略的重要地位。这是中国共产党在中国特色社会主义新时代，对“三农”工作发展的新目标、新任务和新形势的重大判断和重大决策。把“乡村振兴”作为一种“战略”，与以往的农业农村发展政策不同，体现了一种全面、宏观、系统、综合的发展观念。乡村振兴战略的理论逻辑，可以从以下几个方面进行：

1. 战略思维

乡村振兴战略是习近平总书记“三农”思想的集中体现，是习近平新时期中国特色社会主义的重要组成部分。习近平总书记强调：“要坚定不移深化农村改革，坚定不移加快农村发展，坚定不移维护农村和谐稳定。”党的第十九次全国代表大会提出的乡村振兴战略深刻地说明了新时期中国特色社会主义“三农”工作的战略地位。

2. 战略主体

乡村振兴战略作为国家战略，地位极其重要，毫无疑问国家当然是实施这一战略的主体。长期以来，为了支持城市工业的优先发展，农业、农村和农民做出了巨大的让步和牺牲，贡献非常之大，但同时也造成了资源配置的城乡二元机制。“三农”问题已成为中国发展最不平衡的问题之一。改革开放40年来，中国综合国力和经济实力大大增强。国家有足够的物质条件和技术条件支持“三农”发展，实现乡村的复兴。同时，乡村振兴战略的主体是人民。党的第十九次全国代表大会指出：“人民是历史的创造者，是决定党和国家前途命运的根本力量。我们必须坚持人民的主体地位”。在乡村振兴战略实施过程中，农村中成千上万的农民是这一战略主体，必须以广大农民为中心，依靠广大农民才能实现战略目标。

3. 战略内容

战略内容具有宏观性、综合性、立体性和多样性。乡村振兴战略不仅是对中国长期以来“三农”问题的反思、重新认识和重新探索，而且是在新时期的历史起点上重新部署和重新推进。它的战略内容包括农业经济建设、政治建设、文化建设、社会建设和生态文明建设等诸多方面。

## 二　乡村振兴战略的内涵

深入研究和贯彻习近平新时期中国特色社会主义和全面实施乡村振兴战略，就需要深刻理解和全面把握乡村振兴战略的科学内涵。我们可以从以下几个方面进行分析：

### （一）乡村振兴战略的基本含义

乡村振兴战略是以习近平同志为核心的中央领导集体，坚持习近平中国特色社会主义新时代的新思维，在建设社会主义现代化国家的新征程上，加快新时期“三农”问题的现代农业和农村步伐，加快推进中国农业大国向农业强国迈进的重大战略举措。第一，战略的主体是以习近平同志为核心的新的中央领导集体。乡村振兴战略是以习近平同志为核心的新领导班子在“三农”工作中的表现。第二，战略是在习近平总书记新时代中国特色社会主义的指导思想下进行的。党的第十九次全国代表大会从八个方面对新时期的中国特色社会主义进行了“明确”。第三，这一战略体现了社会主义进入新时代的“三农”新要求。中国特色社会主义进入了一个新的时代，农业和农村的发展进入了一个新的阶段。城乡发展呈现出新的特点，“三农”问题已成为建设现代化国家的“短板”，发展不平衡不充分的问题突出。第四，战略的历史任务是加快农业和农村现代化步伐，加快农业大国向农业强国的转变，适应社会主义现代化建设的需要。以习近平同志为核心的党中央坚持把发展农业和农村作为首要任务，把它作为伟大民族复兴的重要内容，坚持统筹规划、全面管理，坚持优先发展农业和农村的现代化。

（二）乡村振兴战略的总体要求

“产业兴旺、生态宜居、乡风文明、治理有效、生活富裕”是乡村振兴战略的20个字的总体要求，第一，这20个字包含的内容是一个有机整体，密不可分。产业繁荣是根本，生态宜居是基础，乡风文明是关键，治理有效是保障，生活富裕是目标。这五个方面要求层层推进，联系密切，统一在乡村振兴战略中。第二，总体要求反映了“中国经济从高速增长阶段向高质量发展阶段转变”的特点，反映了农业和农村发展到了一个新的阶段所要完成的新任务、面临的新要求。改革开放以来，我国农业的现代化生产能力大幅度提升，农村面貌明显改善，农民收入增加，但是，新时代的“新三农”问题依然存在，有必要统筹兼顾，综合考虑，寻求整体解决方案与途径。第三，总体要求顺应了新时期我国社会主要矛盾的转变。党的十九大报告中鲜明提出了“中国特色社会主义进入新时代，我国社会主要矛盾已经转化为人民日益增长的美好生活需要和不平衡不充分的发展之间的矛盾”的重大论断。乡村振兴战略是要实现农村农民的生活富裕，是“满足人民日益增长的美好生活的需要”。这是为了让农民感到更自信、更安全、更幸福，实现全面小康，打造和谐社会。

（三）农村振兴战略的主要内容

农村振兴战略的实施是一项系统的战略工程。农村振兴战略的主要内容包括党对“三农”工作的重视、战略的总体要求、关键措施和具体措施，以及推进实施战略的关键措施。主要包括城乡统筹发展、农业与农村现代化、农村土地制度改革、国家粮食安全、现代农业建设、小农户与现代农业发展、农村三产品整合、“自治、法治、德治”“一懂两爱”农村工作团队等许多方面的内容。实施农村振兴战略，对实现工业现代化和农业现代化的同步推进尤为重要，使城市化与乡镇发展更加协调，促进城乡资源要素良性流动，相得益彰。

（四）乡村振兴战略的关键举措

由于城乡二元机制等历史原因，我国城乡发展状况不均衡，农村的发展落后于城市，因而在乡村振兴战略中建立健全城乡统筹发展的制度和政策体系是这一战略的关键举措。这一举措是在充分总结国内外城乡发展经验的基础上，充分考虑当前和今后的城乡统筹发展。经过十多年的发展，特别是党的十八大以来，通过建立城乡新的发展关系，坚持城乡一体化、综合发展、重点部署等重大实践推广工作，为支持农村发展奠定了良好的基础。

（五）乡村振兴战略的主要目标

实现农业现代化和农村现代化是乡村振兴战略的主要目标。农业现代化和农村现代化是国家现代化建设的一个重要方面。由此可见，党把“三农”问题放在中国经济社会发展不平衡的不充分状态，把握新时期中国特色社会主义主要矛盾的主要方面，以农业为主。对农村提出了更高的要求和更广阔的视野。农业现代化建设与新型工业化、城镇化、信息化是能够相互协调，共同发展的。实现农业现代化需要运用大量先进的高科技工具，这离不开新型工业化的支持；在现代农业建设中离不开信息技术手段，没有农业的信息化就没有农业的现代化；而随着农业的现代化，职业农民的增多，必然带来农村的现代化，这也为城镇化奠定了基础。目前，乡村振兴战略将农业和农村的现代化作为重要任务来完成，规划了一系列的具体方案和政策，必须要全面统筹农业和农村的发展，充分考虑农业产业现代化和农村社会全面管理的现代化，实现农村政治、经济、文化、社会、生态“五位一体”的协调发展，这样才能实现农业和农村农民良性发展，才能加快第一、第二、第三产业的融合，才能保障农村社会的正常运行，加快农业科技创新，促进农村社会的全面管理升级。

## 三 乡村振兴战略的阶段目标

### （一）我国经济社会发展的阶段目标

#### 1. 2020 年全面建成小康社会

到 2020 年的时候，我国的经济实力将大大提升，预计人均收入将达到 10000 美元，小康社会将全面建成，已经跨入了世界银行所定义的高收入国家的门槛。在社会保障方面，民生问题得到缓解，2020 年将全面消除贫困，农村卫生医疗、教育资源得到加强，乡村振兴取得初步成效，乡村开始呈现全面复苏状态。

#### 2. 2035 年将跨入高收入国家的行列

2035 年，我国的人均国内生产总值预计将达到美国的 50%，经济的发展奠定了社会发展和民生改善的基础，那时我国将进入高收入国家的队伍。党的十九大报告中指出，2035 年我国要基本实现社会主义的现代化，这个现代化意味着社会保障也将逐步覆盖到全社会。社会民生、法制以及精神文明都将达到比较理想的状态。

#### 3. 2050 年将进入中大型国家 20 强

到了 2050 年的时候，我国的人均国内生产总值预计将占到美国的 70%，人均收入水平与法国接近，这就意味着我国将进入中大型国家的前 20 强。国家拥有足够的经济实力对社会民生、福利保障做出重大改善，提高民众的幸福获得感与生活满意度。

### （二）乡村振兴战略的阶段目标

习近平总书记在党的十九大报告中提出了乡村振兴战略。中央农村工作会议根据党的十九大的精神，选择了三个重要时间节点，对乡村振兴战略的目标任务进行了详细的规划：到 2020 年，乡村振兴工作要取得重要进展，制度框架和政策体系基本形成；到 2035 年，乡村振兴战略取得决定性的进展，届时将基本实现农业农村的现代化；到 2050 年，乡村将全面振兴，达成“农业强、农村美、农民富”的奋斗目标。

2020 年的时候，我国将全面建成小康社会，乡村振兴工作也将取得重要进展。届时，实施乡村振兴战略的工作格局基本形成，城乡融合发展的体制机制和政策体系也将初步得以构建。从经济状况来看，农民的收入持续稳定增长，精准扶贫工作取得重大成效，贫困县全部摘帽、贫困村全部退出、贫困人口全部脱贫。同时，“三农”问题得到大幅改善，主要农产品的供给能力稳步增强，农村公共服务水平得到提高，社会保障条件得以改善，农民的生活条件得以提升，幸福美丽新农村的建设任务基本完成。

2035 年的时候，全面小康社会建成已经十五年的时间，在此基础上，乡村振兴战略也将取得决定性的进展。届时全国将基本实现农业农村的现代化，基本建成农产品市场竞争力强、科技创新水平高、农业质量效益好、三次产业融合深、服务体系建设优、农村生态环境美、乡村善治文化兴、职业农民队伍强的农业强国。乡村振兴战略中“产业兴旺、生态宜居、乡风文明、治理有效、生活富裕”的总要求在一定程度上得到实现。

到 2050 年的时候，乡村振兴战略将取得全面的成果，届时农村的物质文明、政治文明、精神文明、社会文明、生态文明都将全面提升，农业强国将全面建成，农业农村将全面实现现代化，城乡居民将实现共同富裕，“农业强、农村美、农民富”的奋斗目标和理想状况将全面实现。

## 第二节　乡村振兴战略下农村儿童社会保障制度评价体系

随着社会进步与经济发展，进入 21 世纪以来，我国农村儿童社会保障制度建设得到了巨大的改善，制度的覆盖范围和保障水平不断提升，给农村儿童带来实实在在的福利与获得感。但同时也要正确对待农村儿童社会保障中的问题与不足，由于城乡二元机制导致农村基础薄弱所带来的发展不充分，由于地区经济社会发展水平的差异导致我国农村社会保障的发展在各地的不平衡。正是因为这种城乡差异和地区差异的存在，决定了不同区域农村儿童社会保障水平差异的存在。因而，要客观、公正、有效地评估农村儿童的社会保障水平和社会保障制度建设，就必须要构建一套行之有效、科学合理的评价指标体系。

## 一 乡村振兴战略下农村儿童社会保障制度评价体系的构建

以联合国的《儿童权利公约》、我国的《中国儿童发展纲要（2001—2010年）》和《中国儿童发展纲要（2011—2020年）》三个文件为指导，在乡村振兴战略实施的时代背景下，本研究结合国家统计局统计科学研究所制定的全面建成小康社会统计监测指标体系，构建了乡村振兴战略下农村儿童社会保障制度评价的指标体系。本指标体系共分为四大维度，即农村儿童生活保障、农村儿童健康保障、农村儿童教育保障、农村儿童服务保障（见表4-1）。

表4-1　乡村振兴战略下农村儿童社会保障制度评价指标体系

| | | |
|---|---|---|
| 乡村振兴战略下农村儿童社会保障制度评价体系 | 农村儿童生活保障A | 农村儿童享受营养计划的比例（A1） |
| | | 农村孤儿津贴发放率（A2） |
| | | 农村艾滋病感染儿童津贴发放率（A3） |
| | | 农村残疾儿童津贴发放率（A4） |
| | | 农村贫困家庭儿童津贴发放率（A5） |
| | | 农村服刑人员未成年子女津贴发放率（A6） |
| | 农村儿童健康保障B | 农村婴儿死亡率（B1） |
| | | 农村5岁以下儿童死亡率（B2） |
| | | 农村儿童预防接种率（B3） |
| | | 农村儿童享受大病救助的比例（B4） |
| | | 农村残疾儿童接受医疗康复服务的比例（B5） |
| | 农村儿童教育保障C | 农村儿童接受学前教育的比例（C1） |
| | | 农村儿童接受免费义务教育的比例（C2） |
| | | 农村残疾儿童接受特殊教育的比例（C3） |
| | | 农村困境儿童接受职业教育的比例（C4） |
| | | 农村困境儿童接受普通高中教育的比例（C5） |
| | 农村儿童服务保障D | 农村孤儿接受福利机构照顾的比例（D1） |
| | | 农村困境儿童福利机构照顾的比例（D2） |
| | | 农村儿童享用托幼服务的比例（D3） |
| | | 农村儿童享用日间照顾的比例（D4） |

### （一）农村儿童生活保障维度

农村儿童生活保障是指国家和社会采取扶助、救济和其他福利措施，保障和改善儿童的生活的保障机制，如对无劳动能力、无法定扶养人、无生活来源的儿童按照规定予以供养、救济等。依照马斯洛需要层次理论，生活保障是满足人的基本生存需要，是最基本的保障诉求。经济发展水平是影响儿童生活保障的重要因素之一。我国不同区域间经济社会发展的不平衡造成东部、中部、西部儿童民生活保障呈现明显梯度分布，而且东部、中部、西部经济发展差距拉大，东部地区各省份儿童数量少，财力充足，儿童得到的人均资源多，而中西部却相反，因此西部农村儿童的生活保障在乡村振兴进程中更应被高度重视。我国儿童生活保障主要为困境儿童提供津贴和服务，在农村儿童生活保障维度共包括农村儿童享受营养计划比例（A1）、农村孤儿津贴发放率（A2）、农村艾滋病感染儿童津贴发放率（A3）、农村残疾儿童津贴发放率（A4）、农村贫困家庭儿童津贴发放率（A5）、农村服刑人员未成年子女津贴发放率（A6）六个二级指标。

（二）农村儿童健康保障维度

“没有全民健康，就没有全面小康”，党和国家历来重视人民的健康，习近平总书记多次指出，要实现中华民族伟大复兴的“中国梦”，就必须“全方位、全周期保障人民健康，把人民健康放在优先发展的战略地位”。《“十三五”规划纲要》中，“健康中国”正式纳入国家战略，力求“到2020 年，建立覆盖城乡的基本医疗卫生制度”；《“健康中国 2030”规划纲要》更是为国民健康事业规划了行动纲领，描绘了宏伟蓝图，明确了“共建共享、全民健康”的战略主题。健康是人民安全感、幸福感、获得感的基础，随着社会进步和经济发展，人民对健康的需求也越来越高，不仅希望拥有良好的医疗治愈条件，更希望能建立有效的预防保健体系，形成“大卫生、大健康”的社会格局。农村儿童健康保障维度共包括农村婴儿死亡率（B1）、农村 5 岁以下儿童死亡率（B2）、农村儿童预防接种率（B3）、农村儿童享受大病救助的比例（B4）、农村残疾儿童接受医疗康复服务的比例（B5）五个二级指标。

（三）农村儿童教育保障维度

农村儿童教育保障是指国家和社会保障农村儿童以及孤儿、残疾儿童、贫困儿童等困境儿童享有平等的初等、中等和高等教育机会的保障机制。2017 年 2 月 1 日，李克强总理签署了中华人民共和国国务院令（第 674 号），公布了修订后的《残疾人教育条例》（以下简称《条例》），《条例》共包括总则、义务教育、职业教育、学前教育、普通高级中等以上教育及继续教育等 8 章合计 59 条规定。《条例》既充分顺应了世界残疾人教育发展新趋势，也充分体现了新时代背景下我国残疾人教育事业的新发展方向。《条例》特别突出了“以人为本”的价值取向，体现了以人为尊，以人为重，以人为先，把尊重人、解放人、依靠人、为了人和塑造人的残疾人教育事业发展价值目标。如《条例》强调要以残疾儿童少年的差异性需求为本，保障所有残疾儿童少年都有权接受良好的教育；禁止任何基于残疾的教育歧视，确保残疾儿童少年在无歧视环境中接受适合的教育，促进其发展。[①] 农村儿童教育保障维度共包括农村儿童接受学前教育的比例（C1）、农村儿童接受免费义务教育的比例（C2）、农村残疾儿童接受特殊教育的比例（C3）、农村困境儿童接受职业教育的比例（C4）、农村困境儿童接受普通高中教育的比例（C5）五个二级指标，该维度旨在考察农村儿童的教育问题，接受教育是改变农村儿童双重弱势的主要途径。

（四）农村儿童服务保障维度

农村儿童服务保障是指国家和社会保障农村孤儿、残疾儿童、贫困儿童等困境儿童能够在抚养机构中得到照料和康复，以及农村幼儿能够得到托幼服务、日间照顾等服务。目前，我国农村在这一领域的建设相对还比较落后，特别是留守儿童大多由爷爷奶奶等或外公外婆隔代抚育，由此带来许多农村儿童的成长和教育问题，同时也大大降低了农村老人的生活质量。随着农业现代化的发展，农民也将逐步职业化，农村儿童的托幼服务和日间照顾的需求会越来越强烈。所以，在乡村振兴过程中，农村儿童服务保障的设计与规划应与农业农村的现代化保持相应的进度，既受惠于农业农村的现代化，又反过来支持农业农村的现代化。农村儿童服务保障维度共包农村孤儿接受福利机构照顾的比例（D1）、农村困

---

① 陈红、赵斌：《我国残疾人教育发展趋势、挑战与对策——基于〈残疾人教育条例〉的思考》，《现代特殊教育》2017 年第 16 期。

境儿童福利机构照顾的比例（D2）、农村儿童享用托幼服务的比例（D3）、农村儿童享用日间照顾的比例（D4）四个二级指标。

## 二　乡村振兴战略下农村儿童社会保障制度评价体系的使用方法

### （一）各维度的计算方法

本研究构建的评价体系共分为四个维度，但随着乡村振兴战略的持续推进，每个维度在不同时期的权重应该有所区别。本研究按照乡村振兴战略推进的2020年、2035年和2050年这三个时间节点，采用专家调查法，通过背对背的通信方式征询专家小组成员的预测意见，经过几轮征询，专家意见趋于集中，最后分别对各维度及各维度下的各项目进行赋值（见表4－2）。

**表4－2　乡村振兴战略下农村儿童社会保障制度评价各维度的权重** 单位:%

| 维度 | 权重 | | |
|---|---|---|---|
| | 2020年 | 2035年 | 2050年 |
| 农村儿童生活保障A | 30 | 20 | 10 |
| 农村儿童健康保障B | 30 | 30 | 30 |
| 农村儿童教育保障C | 25 | 30 | 35 |
| 农村儿童服务保障D | 15 | 20 | 25 |

从表4－2可知，在2020年，与乡村振兴战略推进进程相匹配的农村儿童社会保障制度评价权重如下：农村儿童生活保障维度占比30%、农村儿童健康保障维度占比30%、农村儿童教育保障维度占比25%、农村儿童服务保障维度占比15%。专家们认为，在此阶段乡村振兴战略处于上升起步阶段，“实现贫困县全部摘帽、贫困村全部退出”，乡村的经济状况和社会环境出现一定程度的改善，但由于农村资源基础相对薄弱，财政投入依旧以保基本、保关键的适度普惠为主，所以农村儿童的生活保障和健康保障要占到更大的比重，生活保障和健康保障满足了人的生理需要和安全需要，理应夯实基础，作为前期的重点。而教育保障更多的是满足人的全面发展的需要，是农村儿童提升自我能力、改变命运轨迹的重要途径，相对而言在这一阶段所占比例低于前两者，但在后期会得到越来越多的关注。服务保障体现了政府和社会资源的投

入，提升农村儿童的福利水平，为儿童创造更好的成长环境，但在这一阶段尚未成为制度建设的重点。

在2035年时，农村儿童生活保障维度占比20%、农村儿童健康保障维度占比30%、农村儿童教育保障维度占比30%、农村儿童服务保障维度占比20%。在这一阶段，农村儿童生活保障占比出现下降，降至20%，专家认为随着经济的发展，普惠型儿童社会福利制度进一步完善，基本生活领域的儿童需求大都可以得到满足，生活保障在这一阶段已经不是重点。19世纪的时候，德国统计学家恩格尔根据统计的数据资料，对消费结构进行分析，提出了著名的恩格尔定律：当一个家庭的收入比较低的时候，家庭收入中（或总支出中）的很大一部分将用来购买食物。而随着家庭收入的增加，家庭将进行其他更多高水平的消费，那么用来购买食物的支出在家庭收入中（或总支出中）所占比例就会逐步下降。那么依照恩格尔定律，对于一个国家来说，当一个国家经济状况越差，那么每个国民的平均收入中（或平均支出中）用于购买食物支出的所占比例就越大，而随着国家经济实力的增强，每个国民的平均收入中（或平均支出中）用于购买食物支出的所占比例就会呈现下降的趋势。同理，农村儿童生活保障维度比例的下降也在一定程度上说明农村儿童社会保障总体程度的提高及其结构的优化。农村儿童健康保障依旧占比30%，凸显了卫生健康的重要性，此时我国的卫生保健事业应该已经改变了“重治疗，轻预防”的格局，“大卫生、大健康”的资源配置状态形成，儿童卫生保健也应以预防为主。甚至随着卫生信息化的建设，远程医疗、移动健康、智能医疗将逐步普及，城乡卫生资源可以实现共建共享，儿童卫生健康状况大大改善，但是社会疾病谱可能也会出现新的情况和变化，卫生保健工作不容松懈。马斯洛需要层次理论认为，当人的基本需要得到满足之后，就会提出更高层次的需要。农村儿童教育保障维度的占比在这一阶段出现了攀升，达到了30%，说明农村儿童对于生活质量与人生规划提出了更高的追求。农村儿童服务保障维度也出现了一定程度的上升，由15%变为20%，也说明在儿童社会福利国家和政府支持力度的增加。而且随着农业的现代化，农民极有可能出现职业化的趋势，那么儿童的日间照顾和托幼服务需求将日渐强烈，值得早作规划。当然，这些服务资源的配置可以通过国家加大投资，更可以吸引社会资本的参与，形成科学合理的格局。

在2050年时，农村儿童生活保障维度占比10%、农村儿童健康保障维度占比30%、农村儿童教育保障维度占比35%、农村儿童服务保障维度占比25%。专家认为，到21世纪中期，我国的经济状况和综合实力达到中等发达国家的水平。此时，整个社会的福利状况将进一步大大提升。农村儿童生活保障维度的权重进一步下降，由20%下降到10%，因为按照福利结构的发展趋势，儿童生活保障已经不再是农村儿童社会保障体系中的主要内容。农村儿童健康保障维度依旧占比30%，但是随着农村儿童社会福利总量的增加，农村儿童卫生健康的状况将进一步改善。同时，随着科技在卫生健康领域的应用，卫生服务的可及性将更理想，城乡资源可以实现跨空间领域的共享，全民健康的目标逐步实现。农村儿童教育保障维度占比和农村儿童服务保障维度占比的权重继续上升，因为这个两维度直接关系到农村儿童的幸福感、获得感和安全感，在城乡居民实现共同富裕，农业强、农村美、农民富全面实现的此时，农村儿童的教育保障和服务保障理应成为衡量其社会保障制度的重要标准，对于儿童这一成长重要时期，得到全面细致的照顾和教育对其人生规划有着决定性作用。此时，农村物质文明、政治文明、精神文明、社会文明、生态文明已经全面提升，但新知识内容需要进一步加强教育资源的投入。同时，农业现代化、农民职业化要求农村儿童的日常服务由更多的专业机构来提供。

根据上述分析，乡村振兴战略下农村儿童社会保障制度评价体系的计算公式为：

$$Y_{2020} = A \times 30\% + B \times 30\% + C \times 25\% + D \times 15\% \quad (4-1)$$

$$Y_{2035} = A \times 20\% + B \times 30\% + C \times 30\% + D \times 20\% \quad (4-2)$$

$$Y_{2050} = A \times 10\% + B \times 30\% + C \times 35\% + D \times 25\% \quad (4-3)$$

### （二）各维度下各项目的计算方法

因各维度下各项目基本上都是选取了一些具有代表性的项目，从时间角度看具有普适性，不需要根据乡村振兴战略的推进进程分别赋值，各维度的总分为100分，各维度下各项目的分数同样为100分。

1. 农村儿童生活保障维度的计算方法

农村儿童生活保障维度共包括农村儿童享受营养计划的比例（A1）、农村孤儿津贴发放率（A2）、农村艾滋病感染儿童津贴发放率（A3）、农村残疾儿童津贴发放率（A4）、农村贫困家庭儿童津贴发放率（A5）、农村服刑人员未成年子女津贴发放率（A6）六个二级指标，根据专家调查法的结果，各二级指标的权重分别为农村儿童享受营养计划的比例（A1）20%、农村孤儿津贴发放率（A2）16%、农村艾滋病感染儿童津贴发放率（A3）16%、农村残疾儿童津贴发放率（A4）16%、农村贫困家庭儿童津贴发放率（A5）16%、农村服刑人员未成年子女津贴发放率（A6）16%。由此，得到农村儿童生活保障维度的计算方法为：

$$A = A1 \times 20\% + A2 \times 16\% + A3 \times 16\% + A4 \times 16\% + A5 \times 16\% + A6 \times 16\% \tag{4-4}$$

农村儿童生活保障维度下各项目的计分，见表4-3。

**表4-3　农村儿童生活保障维度下各项目计分方式**

| 项目 | 计分 | | | | | |
|---|---|---|---|---|---|---|
| 农村儿童享受营养计划的比例（A1） | A1<50%=0分 | 50%≤A1<60%=60分 | 60%≤A1<70%=70分 | 70%≤A1<80%=80分 | 80%≤A1<95%=90分 | 95%≤A1=100分 |
| 农村孤儿津贴发放率（A2） | A2<50%=0分 | 50%≤A2<60%=60分 | 60%≤A2<70%=70分 | 70%≤A2<80%=80分 | 80%≤A2<95%=90分 | 95%≤A2=100分 |
| 农村艾滋病感染儿童津贴发放率（A3） | A3<50%=0分 | 50%≤A3<60%=60分 | 60%≤A3<70%=70分 | 70%≤A3<80%=80分 | 80%≤A3<95%=90分 | 95%≤A3=100分 |
| 农村残疾儿童津贴发放率（A4） | A4<50%=0分 | 50%≤A4<60%=60分 | 60%≤A4<70%=70分 | 70%≤A4<80%=80分 | 80%≤A4<95%=90分 | 95%≤A4=100分 |
| 农村贫困家庭儿童津贴发放率（A5） | A5<50%=0分 | 50%≤A5<60%=60分 | 60%≤A5<70%=70分 | 70%≤A5<80%=80分 | 80%≤A5<95%=90分 | 95%≤A5=100分 |
| 农村服刑人员未成年子女津贴发放率（A6） | A6<50%=0分 | 50%≤A6<60%=60分 | 60%≤A6<70%=70分 | 70%≤A6<80%=80分 | 80%≤A6<95%=90分 | 95%≤A6=100分 |

从表4-3可知，农村儿童生活保障维度下各项目的计分均以达到

50%为开始计分，因为根据乡村振兴战略的规划目标，即使在最近的2020年，农村儿童享受营养计划的比例（A1）、农村孤儿津贴发放率（A2）、农村艾滋病感染儿童津贴发放率（A3）、农村残疾儿童津贴发放率（A4）、农村贫困家庭儿童津贴发放率（A5）、农村服刑人员未成年子女津贴发放率（A6）理应都在50%以上，如果低于50%一律都只能按0分计算。至于为什么各项目的比例大于或等于95%就计分为满分100分，其原因是届时可能会有各种主客观因素的存在，导致各项目的比例要达到100%难度非常大，全部满足的可能性不大。

2. 农村儿童健康保障维度的计算方法

农村儿童健康保障维度共包括农村婴儿死亡率（B1）、农村5岁以下儿童死亡率（B2）、农村儿童预防接种率（B3）、农村儿童享受大病救助的比例（B4）、农村残疾儿童接受医疗康复服务的比例（B5）五个二级指标，根据专家调查法的结果，各二级指标的权重各占20%，由此，得到农村儿童健康保障维度的计算方法为：

$$B = B1 \times 20\% + B2 \times 20\% + B3 \times 20\% + B4 \times 20\% + B5 \times 20\% \quad (4-5)$$

农村儿童健康保障维度下各项目的计分，见表4-4。

**表4-4　　农村儿童健康保障维度下各项目计分方式**

| 项目 | 计分 | | | | | |
|---|---|---|---|---|---|---|
| 农村婴儿死亡率（B1） | B1 > 11‰ = 0分 | 11‰ ≥ B1 > 9‰ = 60分 | 9‰ ≥ B1 > 7‰ = 70分 | 7‰ ≥ B1 > 5‰ = 80分 | 5‰ ≥ B1 > 3‰ = 90分 | 3‰ ≥ B1 = 100分 |
| 农村5岁以下儿童死亡率（B2） | B2 > 13‰ = 0分 | 13‰ ≥ B2 > 11‰ = 60分 | 11‰ ≥ B2 > 9‰ = 70分 | 9‰ ≥ B2 > 7‰ = 80分 | 7‰ ≥ B2 > 5‰ = 90分 | 5‰ ≥ B2 = 100分 |
| 农村儿童预防接种率（B3） | B3 < 80% = 0分 | 80% ≤ B3 < 85% = 60分 | 85% ≤ B3 < 90% = 70分 | 90% ≤ B3 < 95% = 80分 | 95% ≤ B3 < 98% = 90分 | 98% ≤ B3 = 100分 |
| 农村儿童享受大病救助的比例（B4） | B4 < 50% = 0分 | 50% ≤ B4 < 60% = 60分 | 60% ≤ B4 < 70% = 70分 | 70% ≤ B4 < 80% = 80分 | 80% ≤ B4 < 95% = 90分 | 95% ≤ B4 = 100分 |
| 农村残疾儿童接受医疗康复服务的比例（B5） | B5 < 50% = 0分 | 50% ≤ B5 < 60% = 60分 | 60% ≤ B5 < 70% = 70分 | 70% ≤ B5 < 80% = 80分 | 80% ≤ B5 < 95% = 90分 | 95% ≤ B5 = 100分 |

需要特别注意的是，在农村儿童健康保障维度的衡量指标中，农村婴儿死亡率（B1）、农村5岁以下儿童死亡率（B2）这两项二级指标是反向指标，数据越低越好。据妇幼卫生监测数据，中国2016年婴儿死亡率为7.5‰，5岁以下儿童死亡率为10.2‰。2016年我国政府发布的《“健康中国2030”规划纲要》，又把目标往前推进了一步，设定中国婴儿死亡率和5岁以下儿童死亡率到2030年要实现的目标分别是5‰和6‰。尽管中国在这部分的指标达标不存在问题，但报告显示城乡、地区以及不同省份之间的区域不均衡则让人担忧。从城乡数据来看，2016年中国农村地区新生儿死亡率、婴儿死亡率、5岁以下儿童死亡率均是城市的2倍甚至2倍多；从东中西部数据来看，2015年中国西部、中部及东部地区新生儿死亡率分别为8.2‰、3.9‰及2.6‰；2015年东部婴儿死亡率为3.8‰，中部地区是东部的1.6倍，西部地区是东部的3倍多；2016年西部、中部及东部地区5岁以下儿童死亡率分别为15.4‰、7.9‰、4.5‰。因此，这两项指标的考核具有特殊要求。农村儿童预防接种率（B3）计分以80%为开始计分，如果低于80%一律都只能按0分计算。这是因为我国对儿童预防接种的重视，已经将其纳入国家基本公共卫生服务领域，免费向儿童提供，并对基层公共卫生服务机构进行严格的考核，督促其执行落实对儿童的预防接种工作。另外，从家庭角度来看，对于儿童的关心程度还是比较高的，一般都会做好儿童的卫生保健工作。农村儿童享受大病救助的比例（B4）、农村残疾儿童接受医疗康复服务的比例（B5）这两项指标的计分均以50%为开始计分，如果低于50%一律都只能按0分计算。

3. 农村儿童教育保障维度的计算方法

农村儿童教育保障维度共包括农村儿童接受学前教育的比例（C1）、农村儿童接受免费义务教育的比例（C2）、农村残疾儿童接受特殊教育的比例（C3）、农村困境儿童接受职业教育的比例（C4）、农村困境儿童接受普通高中教育的比例（C5）五个二级指标，根据专家调查法的结果，各二级指标的权重各占20%，由此，得到农村儿童生活保障维度的计算方法为：

$$C = C1 \times 20\% + C2 \times 20\% + C3 \times 20\% + C4 \times 20\% + C5 \times 20\% \quad (4-6)$$

**表 4－5　　农村儿童教育保障维度下各项目计分方式**

| 项目 | 计分 | | | | | |
|---|---|---|---|---|---|---|
| 农村儿童接受学前教育的比例（C1） | C1 < 50% = 0 分 | 50% ≤ C1 < 60% = 60 分 | 60% ≤ C1 < 70% = 70 分 | 70% ≤ C1 < 80% = 80 分 | 80% ≤ C1 < 95% = 90 分 | 95% ≤ C1 = 100 分 |
| 农村儿童接受免费义务教育的比例（C2） | C2 < 80% = 0 分 | 80% ≤ C2 < 85% = 60 分 | 85% ≤ C2 < 90% = 70 分 | 90% ≤ C2 < 95% = 80 分 | 95% ≤ C2 < 98% = 90 分 | 98% ≤ C2 = 100 分 |
| 农村残疾儿童接受特殊教育的比例（C3） | C3 < 50% = 0 分 | 50% ≤ C3 < 60% = 60 分 | 60% ≤ C3 < 70% = 70 分 | 70% ≤ C3 < 80% = 80 分 | 80% ≤ C3 < 95% = 90 分 | 95% ≤ C3 = 100 分 |
| 农村困境儿童接受职业教育的比例（C4） | C4 < 50% = 0 分 | 50% ≤ C4 < 60% = 60 分 | 60% ≤ C4 < 70% = 70 分 | 70% ≤ C4 < 80% = 80 分 | 80% ≤ C4 < 95% = 90 分 | 95% ≤ C4 = 100 分 |
| 农村困境儿童接受普通高中教育的比例（C5） | C5 < 50% = 0 分 | 50% ≤ C5 < 60% = 60 分 | 60% ≤ C5 < 70% = 70 分 | 70% ≤ C5 < 80% = 80 分 | 80% ≤ C5 < 95% = 90 分 | 95% ≤ C5 = 100 分 |

从表 4－5 可知，农村儿童教育保障维度下农村儿童接受免费义务教育的比例（C2），计分以达到 80% 为开始计分，如果低于 80% 一律都只能按 0 分计算。其他各项目的计分均以达到 50% 为开始计分，因为根据乡村振兴战略的规划目标，即使在最近的 2020 年，农村儿童接受学前教育的比例（C1）、农村残疾儿童接受特殊教育的比例（C3）、农村困境儿童接受职业教育的比例（C4）、农村困境儿童接受普通高中教育的比例（C5）理应都在 50% 以上，如果低于 50% 一律都只能按 0 分计算。至于为什么各项目的比例大于或等于 95% 就计分为满分 100 分，其原因是届时可能会有各种主客观因素的存在，导致各项目的比例要达到 100% 难度非常大，全部满足的可能性不大。

4. 农村儿童服务保障维度的计算方法

农村儿童服务保障维度共包农村孤儿接受福利机构照顾的比例（D1）、农村困境儿童福利机构照顾的比例（D2）、农村儿童享用托幼服务的比例（D3）、农村儿童享用日间照顾的比例（D4）四个二级指标，根据专家调查法的结果，各二级指标的权重各占 25%，由此，得到农村儿童生活保障维度的计算方法为：

$$D = D1 \times 25\% + D2 \times 25\% + D3 \times 25\% + D4 \times 25\% \tag{4-7}$$

农村儿童服务保障维度下各项目的计分，见表 4 -6。

**表 4 -6　　农村儿童服务保障维度下各项目计分方式**

| 项目 | 计分 | | | | | |
|---|---|---|---|---|---|---|
| 农村孤儿接受福利机构照顾的比例（D1） | D1 < 50% =0 分 | 50% ≤D1 < 60% =60 分 | 60% ≤D1 < 70% =70 分 | 70% ≤D1 < 80% =80 分 | 80% ≤D1 < 95% =90 分 | 95% ≤ D1 =100 分 |
| 农村困境儿童福利机构照顾的比例（D2） | D2 < 50% =0 分 | 50% ≤D2 < 60% =60 分 | 60% ≤D2 < 70% =70 分 | 70% ≤D2 < 80% =80 分 | 80% ≤D2 < 95% =90 分 | 95% ≤ D2 =100 分 |
| 农村儿童享用托幼服务的比例（D3） | D3 < 20% =0 分 | 20% ≤D3 < 30% =60 分 | 30% ≤D3 < 40% =70 分 | 40% ≤D3 < 50% =80 分 | 50% ≤D3 < 60% =90 分 | 60% ≤ D3 =100 分 |
| 农村儿童享用日间照顾的比例（D4） | D4 < 20% =0 分 | 20% ≤D4 < 30% =60 分 | 30% ≤D4 < 40% =70 分 | 40% ≤D4 < 50% =80 分 | 50% ≤D4 < 60% =90 分 | 60% ≤ D4 =100 分 |

农村孤儿接受福利机构照顾的比例（D1）、农村困境儿童福利机构照顾的比例（D2）<50%时，一律计 0 分；50% ≤D1 <50%时计 60 分；60% ≤ D1 < 70% 时计 70 分；70% ≤ D1 < 80% 时计 80 分；80% ≤D1 <90%时计 90 分；95% ≤D1 时计 100 分。农村儿童享用托幼服务的比例（D3）、农村儿童享用日间照顾的比例（D4）<20%时，一律计 0 分；20% ≤D4 <30%时计 60 分；30% ≤D4 <40%时计 70 分；40% ≤ D4 < 50% 时计 80 分；50% ≤ D4 < 60% 时计 90 分；60% ≤D4 时计 100 分。

（三）总分值计算方法

联立式（4 -1）、式（4 -4）、式（4 -5）、式（4 -6）、式(4 -7，联立式（4 -2）、式（4 -4）、式（4 -5）、式（4 -6）、式（4 -7，联立式（4 -3）、式（4 -4）、式（4 -5）、式（4 -6）、式（4 -7，可以得到式（4 -8）、式（4 -9）、式（4 -10）。

$$Y_{2020} = (A1 \times 20\% + A2 \times 16\% + A3 \times 16\% + A4 \times 16\% + A5 \times 16\% + A6 \times 16\%) \times 30\% + (B1 \times 20\% + B2 \times 20\% + B3 \times 20\% + B4 \times 20\% + B5 \times 20\%) \times 30\% + (C1 \times 20\% + C2 \times 20\% + C3 \times 20\% + C4 \times 20\% + C5 \times 20\%) \times 25\% + (D1 \times 25\% + D2 \times 25\% + D3 \times 25\% + D4 \times 25\%) \times 15\% \quad (4-8)$$

$$Y_{2035} = (A = A1 \times 20\% + A2 \times 16\% + A3 \times 16\% + A4 \times 16\% + A5 \times 16\% + A6 \times 16\%) \times 20\% + (B1 \times 20\% + B2 \times 20\% + B3 \times 20\% + B4 \times 20\% + B5 \times 20\%) \times 30\% + (C1 \times 20\% + C2 \times 20\% + C3 \times 20\% + C4 \times 20\% + C5 \times 20\%) \times 30\% + (D1 \times 25\% + D2 \times 25\% + D3 \times 25\% + D4 \times 25\%) \times 20\% \quad (4-9)$$

$$Y_{2050} = (A = A1 \times 20\% + A2 \times 16\% + A3 \times 16\% + A4 \times 16\% + A5 \times 16\% + A6 \times 16\%) \times 10\% + (B1 \times 20\% + B2 \times 20\% + B3 \times 20\% + B4 \times 20\% + B5 \times 20\%) \times 30\% + (C1 \times 20\% + C2 \times 20\% + C3 \times 20\% + C4 \times 20\% + C5 \times 20\%) \times 35\% + (D1 \times 25\% + D2 \times 25\% + D3 \times 25\% + D4 \times 25\%) \times 25\% \quad (4-10)$$

根据式（4-8）、式（4-9）以及式（4-10），可以计算出2020年、2035年、2050年我国乡村振兴战略下农村儿童社会保障制度的得分，为此还需要给出得分的评判标准。本书综合专家意见后认为，$Y_{2020}$、$Y_{2035}$、$Y_{2050}$得分为80分以上为良好、90分以上为优秀。

## 第三节　乡村振兴战略下中国农村儿童社会保障制度目标

社会保障费用的支出应该以国家生产力的水平和综合国情为基础，如果社会保障增长的速度超越了国民经济能够承受的社会保障水平，那么其可持续性是难以长久的，西方福利国家的教训就足以证明。因此，社会各界研究和提倡的是适度社会保障水平，那么，对于社会保障的适度性测量就显得十分重要，这是建设合理社会保障体系的依据。

在农村儿童社会保障制度建设过程中，社会保障水平之所以占极其重要的地位，其因主要在于，农村儿童社会保障制度基本职能能否实现，主要是在于其保障水平是否“适度”。如果水平适度，既能保障其功能充分释放，也能促进国民经济的发展。农村儿童社会保障水平的不适度有水平过低和水平过高两种情况。农村儿童社会保障制度的建立不等于其保障功能的实现；这一制度提供的保障必须维持在一定的水平上才能发挥出其应有的作用，过低或过高的社会保障水平都无法保障其功能的实现；相反，还会造成一系列社会问题。① 社会保障本质上是一种社会资源再分配，运用过度会挫伤全社会生产积极性。高社会保障水平是通过过高的税收负担所进行的社会资源再分配。这种再分配在现代社会是必要的，但运用过度则会有明显的弊端出现：一是寻租机会的出现，容易导致权力寻租；二是扭曲市场信号。市场分配机制与再分配机制是不一样的，市场机制强调的是机会均等，而再分配强调的是结果平均。平均分配会给人们不好的信号：努力与不努力的结果没有区别，这无疑会挫伤生产积极性。②

有统计数据显示，欧盟人口大约是世界人口的9%，其国内生产总值大约是全球的25%，而欧盟的福利开支却大约是世界的50%。也许有很多人对欧洲的高福利非常向往，但这种“从摇篮到坟墓”的福利制度不仅成为欧洲各国公共财政支出的沉重负担，也正日益侵蚀着其竞争力，削弱着欧盟国家在全球政治和经济舞台上地位。从1976—2007年，是欧洲福利制度的“白银时代”，该制度在继续带来积极效果的同时，其弊端和缺陷也日益显现。“高福利是建立在高税收之上的，如果缺少高税收的支撑，高福利也就是水中月、镜中花。高税收的一个严重后果是导致富人和资本外逃，而资本不足又导致再生产投入减少、经济增长乏力，而经济增长乏力下必然会有大量工人

---

① 郝晓宁、胡鞍钢：《中国人口老龄化：健康不安全及应对政策》，《中国人口·资源与环境》2010年第3期。

② 傅志明：《从过度到弹性：欧盟劳动者保障的变迁与启示》，《中国行政管理》2015年第12期。

持续失业，工人失业增加又将导致更多的社会福利需求产生，其结果政府被迫不断提高税收以支撑福利开支，而不断提高税收则进一步导致资本外逃，如此循环，高福利国家的经济就不可避免地陷入难以自拔的恶性循环之中。[①] 甚至还有人认为，高福利给欧洲带来的最为负面的结果是在精神层面，剥夺了欧洲人努力向上的斗志，让其意志消沉；欧洲现在看上去暮气沉沉，这不仅是因为人口老龄化问题异常严峻，也与高福利下广大年轻人好逸恶劳、缺乏努力向上的斗志紧密相连。

因此，本研究根据乡村振兴战略的阶段目标，分别构建了乡村振兴战略下中国农村儿童社会保障制度2020年、2035年和2050年的阶段目标。

## 一　乡村振兴战略下中国农村儿童社会保障制度2020目标

2020年，中国乡村振兴将取得突破性的进展，实施乡村振兴战略的工作格局已经基本形成，初步构建城乡融合发展的体制机制以及政策体系。届时，主要农产品供给能力稳步增强，农村基础保障条件进一步改善，公共服务水平进一步提高，幸福美丽新村建设任务基本完成，农民收入持续稳定增长，实现贫困县全部摘帽、贫困村全部退出、贫困人口全部脱贫，农民生活达到全面小康水平。[②] 乡村的振兴也必然会给农村儿童带来社会福利的提升，无论是普通儿童还是困境儿童的状况将大大改观。

根据表4－7的相关数据，根据式（4－8）可以算出，在2020年，乡村振兴战略下中国农村儿童社会保障制度建设的目标是至少达到81.2分，也就是达到良好的水平。

---

① 蔡宇宏：《福利制度：社会民主主义与自由主义的比较——以瑞典与美国为例》，《学术研究》2006年第12期。

② 王亚华、苏毅清：《乡村振兴——中国农村发展新战略》，《中央社会主义学院学报》2017年第6期。

表 4-7　乡村振兴战略下中国农村儿童社会保障制度 2020 年目标

| 项目 | 建设目标（%） | 得分（分） |
|---|---|---|
| 农村儿童享受营养计划的比例（A1） | 75 | 80 |
| 农村孤儿津贴发放率（A2） | 75 | 80 |
| 农村艾滋病感染儿童津贴发放率（A3） | 75 | 80 |
| 农村残疾儿童津贴发放率（A4） | 70 | 80 |
| 农村贫困家庭儿童津贴发放率（A5） | 70 | 80 |
| 农村服刑人员未成年子女津贴发放率（A6） | 70 | 80 |
| 农村婴儿死亡率（B1） | 5‰ | 90 |
| 农村 5 岁以下儿童死亡率（B2） | 7‰ | 90 |
| 农村儿童预防接种率（B3） | 90 | 80 |
| 农村儿童享受大病救助的比例（B4） | 75 | 80 |
| 农村残疾儿童接受医疗康复服务的比例（B5） | 75 | 80 |
| 农村儿童接受学前教育的比例（C1） | 75 | 80 |
| 农村儿童接受免费义务教育的比例（C2） | 90 | 80 |
| 农村残疾儿童接受特殊教育的比例（C3） | 75 | 80 |
| 农村困境儿童接受职业教育的比例（C4） | 75 | 80 |
| 农村困境儿童接受普通高中教育的比例（C5） | 75 | 80 |
| 农村孤儿接受福利机构照顾的比例（D1） | 75 | 80 |
| 农村困境儿童福利机构照顾的比例（D2） | 75 | 80 |
| 农村儿童享用托幼服务的比例（D3） | 45 | 80 |
| 农村儿童享用日间照顾的比例（D4） | 45 | 80 |
| 合计 | — | 81.2 |

从农村儿童生活保障维度来看，农村儿童享受营养计划比例（A1）必须达到 75% 左右，获得 80 分的计分；农村孤儿津贴发放率（A2）必须达到 75% 左右，获得至少 80 分的计分；农村艾滋病感染儿童津贴发放率（A3）必须达到 75% 左右，获得至少 80 分的计分；农村残疾儿童津贴发放率（A4）必须达到 70% 左右，获得至少 80 分的计分；农村贫困家庭儿童津贴发放率（A5）必须达到 70% 左右，获得至少 80 分的计分；农村服刑人员未成年子女津贴发放率（A6）必须达到 70% 左右，获得至少 80 分的计分。

从农村儿童健康保障维度来看，农村婴儿死亡率（B1）需要降到5‰，获得 90 的计分。农村 5 岁以下儿童死亡率（B2）需要降到7‰，获得 90 的计分。之所以对这两项提出较高的要求，一方面是因为此项指标关系到婴儿和儿童的生命问题，必须严格控制。另一方面，我国基本公共卫生服务的推进，已经在这方面取得不菲的成绩，奠定了良好的社会基础；农村儿童预防接种率（B3）必须达到 90% 左右，获得 80 分的计分。儿童预防接种率也是国家基本公共卫生服务重要的考核指标之一，很多城市地区已经能够达到 100%，考虑到区域差异和城乡差异，农村地区的要求为 90%；农村儿童享受大病救助的比例（B4）、农村残疾儿童接受医疗康复服务的比例（B5）必须达到 75% 左右，获得至少 80 分的计分。

从农村儿童教育保障维度来看，农村儿童接受学前教育的比例（C1）、农村残疾儿童接受特殊教育的比例（C3）、农村困境儿童接受职业教育的比例（C4）、农村困境儿童接受普通高中教育的比例（C5）都必须达到 75% 左右，获得至少 80 分的计分；而农村儿童接受免费义务教育的比例（C2）的要求是达到 90%，获得 80 分的积分。因为儿童免费义务教育服务在我国已经推行多年，教育理念深入人心，而且大大降低了家庭的负担，也是安置这个年龄阶段儿童的有效方法，能够得到家庭的支持。但是农村教育的质量亟待提高。

从农村儿童服务保障维度来看，由于此维度目前在农村的需求表现并非十分强烈，所以整体权重并不高。但随着农业农村现代化，农民职业化的发展，其需求将会稳步提高，需要政府和社会予以提前规划。农村孤儿接受福利机构照顾的比例（D1）和农村困境儿童福利机构照顾的比例（D2）必须达到 75% 左右，获得 80 分的计分，农村儿童享用托幼服务的比例（D3）和农村儿童享用日间照顾的比例（D4）必须达到 45% 左右，获得 80 分的计分。

### 二　乡村振兴战略下中国农村儿童社会保障制度 2035 目标

2020—2035 年这 15 年的时间，是我国乡村振兴战略实施的第二个阶段，这一时期要在已经构建好的制度框架内坚持中国特色社会主义的乡村振兴道路，全面系统地解决好一些重大问题，包括乡村文化的复兴、城乡关系的重建、小农户与现代农业的对接、生态宜居村庄的建设、乡村治理体系的完善等①。当乡村振兴战略推进到 2035 年的时候，小康社会已经全面建成 15 年的时间，在此基础上，整个战略应该取得决定性突破。在全国范围内都应该基本实现了农业农村现代化，农业基本建成，届时农业质量效益好、农产品市场竞争力强、服务体系建设优、职业农民队伍强、科技创新水平高、乡村善治文化兴、农村生态环境美②。通过乡村振兴，优秀的传统文化又重新焕发出新的活力，农民的精神面貌得以积极振奋，人们的思想道德水平大幅提高，在乡村社会物质文明取得丰硕成果的同时，精神文明程度也取得重大进步。乡村振兴的总要求“产业兴旺、生态宜居、乡风文明、治理有效、生活富裕”得到了全面推进，取得重大进展。

那么，农村儿童社会保障制度也将要在乡村振兴战略的持续推进下，随着乡村经济社会的发展实现质的飞跃。③ 农村儿童生活保障、农村儿童健康保障、农村儿童教育保障、农村儿童服务保障各个维度下各个项目的计分也出现较大的提高（见表 4 – 8）。

**表 4 – 8　乡村振兴战略下中国农村儿童社会保障制度 2035 目标**

| 项目 | 建设目标（%） | 得分（分） |
| --- | --- | --- |
| 农村儿童享受营养计划的比例（A1） | 85 | 90 |
| 农村孤儿津贴发放率（A2） | 85 | 90 |
| 农村艾滋病感染儿童津贴发放率（A3） | 85 | 90 |
| 农村残疾儿童津贴发放率（A4） | 80 | 90 |
| 农村贫困家庭儿童津贴发放率（A5） | 80 | 90 |
| 农村服刑人员未成年子女津贴发放率（A6） | 80 | 90 |
| 农村婴儿死亡率（B1） | 4‰ | 90 |

① 魏后凯：《如何走好新时代乡村振兴之路》，《人民论坛 · 学术前沿》2018 年第 3 期。

② 杜育红、杨小敏：《乡村振兴：作为战略支撑的乡村教育及其发展路径》，《华南师范大学学报》（社会科学版）2018 年第 2 期。

③ 马玉荣：《一号文件为乡村振兴搭建起“梁”和“柱”——专访国务院发展研究中心农村经济研究部部长叶兴庆》，《中国发展观察》2018 年第 Z1 期。

续表

| 项目 | 建设目标（%） | 得分（分） |
|---|---|---|
| 农村5岁以下儿童死亡率（B2） | 6‰ | 90 |
| 农村儿童预防接种率（B3） | 95 | 90 |
| 农村儿童享受大病救助的比例（B4） | 85 | 90 |
| 农村残疾儿童接受医疗康复服务的比例（B5） | 85 | 90 |
| 农村儿童接受学前教育的比例（C1） | 85 | 90 |
| 农村儿童接受免费义务教育的比例（C2） | 95 | 90 |
| 农村残疾儿童接受特殊教育的比例（C3） | 85 | 90 |
| 农村困境儿童接受职业教育的比例（C4） | 85 | 90 |
| 农村困境儿童接受普通高中教育的比例（C5） | 85 | 90 |
| 农村孤儿接受福利机构照顾的比例（D1） | 85 | 90 |
| 农村困境儿童福利机构照顾的比例（D2） | 85 | 90 |
| 农村儿童享用托幼服务的比例（D3） | 50 | 90 |
| 农村儿童享用日间照顾的比例（D4） | 50 | 90 |
| 合计 | / | 90.0 |

根据表4－8的相关数据，根据式（4－9）可以算出，在2035年，乡村振兴战略下中国农村儿童社会保障制度建设的目标是至少达到90.0分，刚刚进入到优秀水平。当然，这也要求各个维度下各个项目的建设都要取得一定的进展。

从农村儿童生活保障维度来看，农村儿童享受营养计划比例（A1）必须达到85%左右，获得90分的计分；农村孤儿津贴发放率（A2）必须达到85%左右，获得至少90分的计分；农村艾滋病感染儿童津贴发放率（A3）必须达到85%左右，获得至少90分的计分；农村残疾儿童津贴发放率（A4）必须达到80%左右，获得至少90分的计分；农村贫困家庭儿童津贴发放率（A5）必须达到80%左右，获得至少90分的计分；农村服刑人员未成年子女津贴发放率（A6）必须达到80%左右，获得至少90分的计分。

从农村儿童健康保障维度来看，农村婴儿死亡率（B1）需要降到4‰，获得90的计分。农村5岁以下儿童死亡率（B2）需要降到

6‰，获得90的计分。之所以对这两项提出较高的要求，一方面是因为此项指标关系到婴儿和儿童的生命问题，必须严格控制。另一方面，我国基本公共卫生服务的推进，已经在这方面取得不菲的成绩，奠定了良好的社会基础；农村儿童预防接种率（B3）必须达到95%左右，获得90分的计分。儿童预防接种率也是国家基本公共卫生服务重要的考核指标之一，很多城市地区已经能够达到100%，考虑到区域差异和城乡差异，农村地区的要求为95%；农村儿童享受大病救助的比例（B4）、农村残疾儿童接受医疗康复服务的比例（B5）必须达到85%左右，获得至少90分的计分。

从农村儿童教育保障维度来看，农村儿童接受学前教育的比例（C1）、农村残疾儿童接受特殊教育的比例（C3）、农村困境儿童接受职业教育的比例（C4）、农村困境儿童接受普通高中教育的比例（C5）都必须达到85%左右，获得至少90分的计分；而农村儿童接受免费义务教育的比例（C2）的要求是达到95%，获得90分的积分。因为儿童免费义务教育服务在我国已经推行多年，教育理念深入人心，而且大大地降低了家庭的负担，也是安置这个年龄阶段儿童的有效方法，能够得到家庭的支持，但是农村教育的质量依然需要提高。

从农村儿童服务保障维度来看，由于此维度目前在农村的需求表现并非十分强烈，所以整体权重并不高。但随着农业农村现代化，农民职业化的发展，其需求将会稳步提高，需要政府和社会予以提前规划。农村孤儿接受福利机构照顾的比例（D1）和农村困境儿童福利机构照顾的比例（D2）必须达到85%左右，获得90分的计分，农村儿童享用托幼服务的比例（D3）和农村儿童享用日间照顾的比例（D4）必须达到50%左右，获得90分的计分。

### 三　乡村振兴战略下中国农村儿童社会保障制度2050目标

在2036—2050年的这15年时间中，中国乡村振兴进入第三步战略阶段。此时，乡村振兴将面临之前两个战略阶段中依然没有解决的农业农村发展中的老大难问题，此时需要对前面的策略进行总结与调整，以适应新形势发展的需要，提高解决问题的效率，取得战略的全面胜利。但是作为迈向乡村振兴的最后一大步，也需要对存在的困难有充分的认识和准备，第三步是决胜阶段的攻坚战，前面没有解决的难点和重点在这一阶段都需要予以清除。因而，在这一阶段，需要继续努力，集中力量从社会综合治理、乡村文化建设和生态环境建设等方面展开决胜攻坚工作，从而全面完成乡村振兴战略的目标。当然，乡村文化的复兴绝非一朝一夕的事情，需要日积月累的沉淀，它需要在日常社会生活中言传身教、潜移默化，才能营造出深刻的文化氛围，还需要加强对文化传承人才的培育、乡村文明素质教育等方面的工作，唯有经过长期不懈的努力，才能实现焕发乡村文化的蓬勃生机。因此，实现文化的振兴无疑是乡村振兴决胜阶段的关键内容。当然，一旦乡村文化得以重振、焕发新的生机，乡村的生态环境的进一步改善和社会治理的进一步完善也将会变得自然而然，此时，自然、社会的良性互动与循环的协调格局也就在乡村中得以形成，乡村也就实现了从物质到精神的全面振兴。

到 2050 年的时候，乡村振兴战略将取得全面的成果，届时农村的物质文明、政治文明、精神文明、社会文明、生态文明都将全面提升，农业强国将全面建成，农业农村将全面实现现代化，城乡居民将实现共同富裕，“农业强、农村美、农民富”的奋斗目标和理想状况将全面实现。

根据表 4 – 9 的相关数据，根据式（4 – 10）可以算出，在 2050 年，乡村振兴战略下中国农村儿童社会保障制度建设的目标是至少达到 98.75 分，也就是达到了 2050 年标准的优秀水平。当然，这也要求各个维度下各个项目的建设都要取得一定的进展。

**表 4 – 9　乡村振兴战略下中国农村儿童社会保障制度 2050 目标**

| 项目 | 建设目标（%） | 得分（分） |
|---|---|---|
| 农村儿童享受营养计划的比例（A1） | 100 | 100 |
| 农村孤儿津贴发放率（A2） | 100 | 100 |
| 农村艾滋病感染儿童津贴发放率（A3） | 100 | 100 |
| 农村残疾儿童津贴发放率（A4） | 100 | 100 |
| 农村贫困家庭儿童津贴发放率（A5） | 100 | 100 |
| 农村服刑人员未成年子女津贴发放率（A6） | 100 | 100 |

续表

| 项目 | 建设目标（%） | 得分（分） |
| --- | --- | --- |
| 农村婴儿死亡率（B1） | 3‰ | 100 |
| 农村 5 岁以下儿童死亡率（B2） | 5‰ | 100 |
| 农村儿童预防接种率（B3） | 100 | 100 |
| 农村儿童享受大病救助的比例（B4） | 100 | 100 |
| 农村残疾儿童接受医疗康复服务的比例（B5） | 95 | 100 |
| 农村儿童接受学前教育的比例（C1） | 95 | 100 |
| 农村儿童接受免费义务教育的比例（C2） | 100 | 100 |
| 农村残疾儿童接受特殊教育的比例（C3） | 95 | 100 |
| 农村困境儿童接受职业教育的比例（C4） | 95 | 100 |
| 农村困境儿童接受普通高中教育的比例（C5） | 95 | 100 |
| 农村孤儿接受福利机构照顾的比例（D1） | 95 | 100 |
| 农村困境儿童福利机构照顾的比例（D2） | 95 | 100 |
| 农村儿童享用托幼服务的比例（D3） | 55 | 90 |
| 农村儿童享用日间照顾的比例（D4） | 55 | 90 |
| 合计 | — | 98.75 |

从农村儿童生活保障维度来看，随着农村生产力的大幅提升，已经具备了满足农村儿童各类物质需要的能力。所以，农村儿童享受营养计划的比例（A1）必须达到100%左右，获得100分的计分；农村孤儿津贴发放率（A2）必须达到100%左右，获得100分的计分；农村艾滋病感染儿童津贴发放率（A3）必须达到100%左右，获得100分的计分；农村残疾儿童津贴发放率（A4）必须达到100%左右，获得100分的计分；农村贫困家庭儿童津贴发放率（A5）必须达到100%左右，获得100分的计分；农村服刑人员未成年子女津贴发放率（A6）必须达到100%左右，获得100分的计分。

从农村儿童健康保障维度来看，农村婴儿死亡率（B1）需要降到3‰，获得100分的计分。农村5岁以下儿童死亡率（B2）需要降到5‰，获得100分的计分。这两项指标的得分虽然达到了100分，但是意外事件并不能完全地杜绝，存在一些不可控因素，因而仍需加强公共卫生服务工作，保障农村儿童的生命安全；农村儿童预防接种率（B3）和农村儿童享受大病救助的比例（B4）必须达到100%左右，获得100分的计分；农村残疾儿童接受医疗康复服务的比例（B5）必须达到95%左右，获得100分的计分。

从农村儿童教育保障维度来看，农村儿童接受学前教育的比例（C1）、农村残疾儿童接受特殊教育的比例（C3）、农村困境儿童接受职业教育的比例（C4）、农村困境儿童接受普通高中教育的比例（C5）都必须达到95%左右，获得100分的计分。这四项指标之所以没有达到100%，是因为是否接受教育具有一定的主观性，不是所有的儿童家庭都会选择学前教育、职业教育或者高中教育；而农村儿童接受免费义务教育的比例（C2）的要求是达到100%，获得100分的积分。

从农村儿童服务保障维度来看，随着农业农村现代化，农民职业化的发展，其需求稳步提高，需要政府和社会予以重视和满足。农村孤儿接受福利机构照顾的比例（D1）和农村困境儿童福利机构照顾的比例（D2）必须达到95%左右，获得100分的计分，农村儿童享用托幼服务的比例（D3）和农村儿童享用日间照顾的比例（D4）必须达到55%左右，获得90分的计分。

## 四　乡村振兴战略下中国农村儿童社会保障制度阶段目标的对比分析

整体上看，乡村振兴战略下中国农村儿童社会保障制度阶段目标是依据当前我国经济社会发展水平、乡村振兴战略的阶段目标以及农村儿童社会保障制度的建设现状而制定。本研究将2020—2035年视为中国农村儿童社会保障制度建设的发力阶段，各维度下各项目都要取得突破性的进展，而将2036—2050年视为中国农村儿童社会保障制度建设的巩固和完善阶段，部分维度下部分项目的建设维持第二阶段的水平即可。至于乡村振兴战略下中国农村儿童社会保障制度阶段目标的差异，见表4－10。

**表 4-10　　乡村振兴战略下中国农村儿童社会保障制度阶段目标的差异**

| 项目 | 2020 年建设目标（%） | 2035 年建设目标（%） | 2050 年建设目标（%） | 2035 年较 2020 年的变化（%） | 2050 年较 2035 年的变化 |
|---|---|---|---|---|---|
| 农村儿童享受营养计划的比例（A1） | 75 | 85 | 100 | 10 | 15 |
| 农村孤儿津贴发放率（A2） | 75 | 85 | 100 | 10 | 15 |
| 农村艾滋病感染儿童津贴发放率（A3） | 75 | 85 | 100 | 10 | 15 |
| 农村残疾儿童津贴发放率（A4） | 70 | 80 | 100 | 10 | 20 |
| 农村贫困家庭儿童津贴发放率（A5） | 70 | 80 | 100 | 10 | 20 |
| 农村服刑人员未成年子女津贴发放率（A6） | 70 | 80 | 100 | 10 | 20 |
| 农村婴儿死亡率（B1） | 5 | 4 | 3 | 1 | 1 |
| 农村 5 岁以下儿童死亡率（B2） | 7 | 6 | 5 | 1 | 1 |
| 农村儿童预防接种率（B3） | 90 | 95 | 100 | 5 | 5 |
| 农村儿童享受大病救助的比例（B4） | 75 | 85 | 100 | 10 | 15 |
| 农村残疾儿童接受医疗康复服务的比例（B5） | 75 | 85 | 95 | 10 | 10 |
| 农村儿童接受学前教育的比例（C1） | 75 | 85 | 95 | 10 | 10 |
| 农村儿童接受免费义务教育的比例（C2） | 90 | 95 | 100 | 5 | 5 |
| 农村残疾儿童接受特殊教育的比例（C3） | 75 | 85 | 95 | 10 | 10 |
| 农村困境儿童接受职业教育的比例（C4） | 75 | 85 | 95 | 10 | 10 |
| 农村困境儿童接受普通高中教育的比例（C5） | 75 | 85 | 95 | 10 | 10 |
| 农村孤儿接受福利机构照顾的比例（D1） | 75 | 85 | 95 | 10 | 10 |
| 农村困境儿童福利机构照顾的比例（D2） | 75 | 85 | 95 | 10 | 10 |
| 农村儿童享用托幼服务的比例（D3） | 45 | 50 | 55 | 5 | 5 |
| 农村儿童享用日间照顾的比例（D4） | 45 | 50 | 55 | 5 | 5 |

从农村儿童生活保障维度来看，2035 年的农村儿童享受营养计划的比例（A1）较 2020 年提高了 10%，2050 年较 2035 年提高了 15%；2035 年的农村孤儿津贴发放率（A2）较 2020 年提高了 10%，2050 年较 2035 年提高了 15%；2035 年的农村艾滋病感染儿童津贴发放率（A3）较 2020 年提高了 10%，2050 年较 2035 年提高了 15%；2035 年的农村残疾儿童津贴发放率（A4）较 2020 年提高了 10%，

2050 年较 2035 年提高了 20%；2035 年的农村贫困家庭儿童津贴发放率（A5）较 2020 年提高了 10%，2050 年较 2035 年提高了 20%；2035 年的农村服刑人员未成年子女津贴发放率（A6）较 2020 年提高了 10%，2050 年较 2035 年提高了 20%。

从农村儿童健康保障维度来看，2035 年的农村婴儿死亡率（B1）较 2020 年降低了 1‰，2050 年较 2035 年降低了 1‰；2035 年的农村 5 岁以下儿童死亡率（B2）较 2020 年降低了 1‰，2050 年较 2035 年降低了 1‰；2035 年的农村儿童预防接种率（B3）较 2020 年提高了 5%，2050 年较 2035 年提高了 5%；2035 年的农村儿童享受大病救助的比例（B4）较 2020 年提高了 10%，2050 年较 2035 年提高了 15%；2035 年的农村残疾儿童接受医疗康复服务的比例（B5）较 2020 年提高了 10%，2050 年较 2035 年提高了 10%。

从农村儿童健康保障维度来看，2035 年的农村儿童接受学前教育的比例（C1）较 2020 年提高了 10%，2050 年较 2035 年提高了 10%；2035 年的农村儿童接受免费义务教育的比例（C2）较 2020 年提高了 5%，2050 年较 2035 年提高了 5%；2035 年的农村残疾儿童接受特殊教育的比例（C3）较 2020 年提高了 10%，2050 年较 2035 年提高了 10%；2035 年的农村困境儿童接受职业教育的比例（C4）较 2020 年提高了 10%，2050 年较 2035 年提高了 10%；2035 年的农村困境儿童接受普通高中教育的比例（C5）较 2020 年提高了 10%，2050 年较 2035 年提高了 10%。

从农村儿童服务保障维度来看，2035 年的农村孤儿接受福利机构照顾的比例（D1）较 2020 年提高了 10%，2050 年较 2035 年提高了 10%；2035 年的农村困境儿童福利机构照顾的比例（D2）较 2020 年提高了 10%，2050 年较 2035 年提高了 10%；2035 年的农村儿童享用托幼服务的比例（D3）较 2020 年提高了 5%，2050 年较 2035 年提高了 5%；2035 年的农村儿童享用日间照顾的比例（D4）较 2020 年提高了 5%，2050 年较 2035 年提高了 5%。

# 第五章　乡村振兴战略下农村儿童社会保障制度目标的实现机制

## 第一节　我国儿童社会福利制度建设的机理分析

建设适度普惠型儿童社会福利制度是具有新时代开创意义的工作，它是根据我国经济发展和社会进步的实际情况所做出的社会保障建设，将大大地提高我国的社会福利水平。从 2013 年起，民政部就对我国适度普惠型儿童社会福利制度的建设进行试点工作。而结合乡村振兴战略，需要同步加强我国农村儿童社会保障体系的建设。而实现乡村振兴战略下农村儿童社会保障制度的目标，就必须对其实现机制进行深入透彻的分析，阐释其建设的必要性及其可行性，明确建设的指导思想，掌握建设的基本原则，理清建设的理念和思路，并设计出发展路径，提出具体方案和举措。

### 一　儿童社会福利制度建设的必要性

#### （一）促进社会公平的需要

对于"公平"的理解，很多学者都提出了自己的观点，功利主义学派的杰瑞米·边沁认为，同样一单位货币，但是穷人最后一单位货币的边际效用远远大于富人最后一单位货币的边际效用。因而，把富人的收入转移一些给穷人，那么给整个社会所带来整体社会效益将明显增加，有利于促进社会的公平。只有当整个社会的收入分配达到平均水平时，社会才能达到极度公平。所以，作为社会相对弱势群体的儿童收入非常有限，是社会中的弱势群体。国家作为一种具有强制性权力的组织，可以利用通过税收等形式向富人征集资金，用于支持儿童福利事业的建设，提高儿童社会福利的整体水平，这样有助于缩小社会各阶层之间的收入差距，达成社会和谐与公平。而经济学家罗尔斯的观点则是用社会处境最差人群的状况来衡量一个社会的公平性。他提出了最大和最小的标准，认为效用最小的社会成员的效用应该被最大化。在经济社会发展过程中，儿童没有收入来源或者收入来源有限，对父母、家庭或社会的依赖性强，属于处境较差的弱势群体。要改变代际贫穷，改善全社会的公平性，就必须改善儿童的状况，建立儿童福利制度可以从体制下保护更多儿童的福利。

（二）增加社会福利的需要

被誉为“福利经济学之父”的庇古指出，社会总福利与社会总收入正相关，随着社会总收入的增加，社会福利的总额就会越来越大。同时，社会福利的总量与社会分配的公平性密切相关，社会分配越公平，则产生的社会福利总额越大。社会总福利是社会各阶层福利的简单总和，在计算社会总福利时，每个人的福利都具有相同的权重，所以每个人的福利都给予相同程度的关注。卡尔多的补偿原则是新福利经济学中较为经典的理论，卡尔多认为，当社会发生变化时，福利受益者所获得的福利比受损者损失的福利更大时，这种改变是可以接受的。经济学家纳什认为社会福利是社会每个人福利水平的乘积。当社会中的某个人的福利很小甚至变成一个非常小的纯小数时，那么社会福利水平将因此被拉低；当一个成员的福利变成负数时，那么整个社会福利将变为负数。

由此可见，依据庇古的旧福利经济学理论，当儿童福利增加时，社会福利总额也会相应地增加。根据卡尔多的补偿原则，如果将从富人获得的税收用于给孩子提供福利，儿童所获得的福利远远大于富人所损失的福利，则社会的整体福利将继续增加。而依据纳什的观点，则是从反面来说明儿童社会福利的重要性，也就是说，如果社会不关注儿童福利，当某个儿童处于极度长期饥饿状态，那么他的福利是负数时，社会总体福利也将是负的。所以，众多经济学者的理论论证了一个观点，即加强儿童福利制度建设将有助于提高整个社会的总福利。

### （三）有利于满足儿童各种需要

马斯洛需要层次理论将人的需要分为生理需求、安全需求、社交需求、尊重需求和自我实现需求，那么依据马斯洛需要层次理论，儿童的需要可相应地分为生活物质需求、安全需求、社会交往需求、尊重需求和自我实现需求。满足儿童的各种需要家庭、社区、志愿者、市场和国家共同努力，协同建设。其中，国家可以通过政府购买和重新分配的形式为儿童提供各种服务或津贴，以满足其需要。依据鲍莫尔的单位成本增长理论，随着社会经济发展程度，儿童社会福利水平应呈现出“电梯”增长路径。也就是说，在经济发展的初期阶段，富裕阶层的生活水平略高于贫困阶层的生活水平。随着经济的发展，富裕阶层和贫困阶层的生活需求都在不断改善。儿童作为弱势群体，但时代发展和社会进步中不应忽视其各种需求，而是随着时代的发展和社会的进步而不断完善儿童社会福利。

## 二　我国儿童社会福利制度建设的可行性分析

### （一）经济基础

改革开放40年来，我国取得了举世瞩目的成绩，综合国力和经济实力都获得了显著提高。2008年之后，中国经济保持了每年8%以上的增长速度，国民生产总值和人均GDP发展迅速，取得了巨大的成功。对各国的经济总量进行对比，我国的GDP已经远远超越了英国、加拿大、日本、法国、意大利和德国这些老牌的经济强国。在2010年的时候，我国的国内生产总值达到40.12万亿元，已经超过了日本，成为当今世界仅次于美国的第二大经济实体。2011年，我国GDP继续攀升到47.2万亿元，2012年达到51.9万亿元，2013年达到56.9万亿元，2014年达到63.6万亿元；其次，按人均占有量来进行对比，可以发现即使我国人口总量巨大，但随着我国经济总量的飞速发展，在2008年的时候我国的人均GDP超过3000美元，达到20世纪70年代发达国家的人均GDP水平。2010年的时候，人均GDP

增长到了4434美元。2011年的时候，人均GDP增长到了5447美元。2012年的时候，人均GDP增长到了约6100美元。2013年的时候，人均GDP增长了约为6767美元。2014年，人均GDP增长到了7485美元，其中北京、上海、天津、江苏等七个省市的人均GDP超过了10000美元。从世界各国人均GDP的排名来看，2009年的时候，我国人均GDP排名第107位。到了2010年的时候，我国人均GDP排名提升到了95位，2011年的时候，我国人均GDP进一步提升到了87位。日益强大的经济基础，为我国儿童福利制度的完善提供了必要的物质条件。

（二）政治基础

在党的第十六次全国代表大会上，明确提出了全面建成小康社会的伟大目标，“使经济更加发达，民主更加健全，科教更加进步，文化更加繁荣，社会更加和谐，人民生活更加殷实”。中国共产党第十七次全国代表大会的报告指出：“着力保障和改善民生，努力使全体人民学有所教、劳有所得、病有所医、老有所养、住有所居，推动建设和谐社会”“加快建立覆盖城乡居民的社会保障体系，保障人民基本生活。社会保障是社会安定的重要保证。要以社会保险、社会救助、社会福利为基础，以基本养老、基本医疗、最低生活保障制度为重点，以慈善事业、商业保险为补充，加快完善社会保障体系”。中国共产党第十八次全国代表大会的报告进一步聚焦在民生问题上，描绘了人民生活的美好图景。党的第十八次全国代表大会的报告指出：“提高人民物质文化生活水平，是改革开放和社会主义现代化建设的根本目的。”我国建设的重要目标是为广大人民群众提供就业、教育、医疗、收入和社会保障五个领域的保障。第十八次全国人民代表大会关于民生问题和社会保障问题的报告，也包括加快儿童社会福利建设的执政思想。第十八届中共中央第三次全体会议指出，有必要运用社会福利制度，形成合理有序的收入分配格局，加强弱势群体，包括弱势群体子女的收入保障，完善再分配调整机制，保障儿童基本生活，为儿童提供更全面的照护体系和保障体系。党的第十九次全国人民代表大会报告指出：“要抓住人民最关心最直接最现实的利益问题，既尽力而为，又量力而行，一件事情接着一件事情办，一年接着一年干。坚持人人尽责、人人享有，坚守底线、突出重点、完善制度、引导预期，完善公共服务体系，保障群众基本生活，不断满足人民日益增长的美好生活需要，不断促进社会公平正义，形成有效的社会治理、良好的社会秩序，使人民获得感、幸福感、安全感更加充实、更有保障、更可持续。”改善民生是中国共产党的永恒价值追求，使改革和发展成果更加公平、公正地造福于全体人民，努力实现全体人民共同富裕的目标，带领人们朝美好生活的目标迈进。党的“以民为本，关注民生”的政策为儿童社会福利制度的建设奠定了政治基础。

（三）具备的思想基础

随着我国社会保障制度的发展，人们对福利的看法已经发生重大变化。理论研究方面，学者和政府部门管理者一致认为，应让老百姓共享经济社会发展成果。对于国民经济改革发展取得的“蛋糕”，要以更符合社会总福利目标的方式进行分配，要缩小分配差距。儿童社会福利制度犹如一把大伞，要为几亿中国儿童遮风挡雨，提供基本生活保障和精神关爱，以体现国家和社会对儿童的责任与担当，体现党维护社会公平正义的决心。在社会发展进程中，提高人民健康水平和生活质量成为共同认识。“使发展成果更多更公平惠及全体人民”，“让广大农民平等参与现代化进程、共同分享现代化成果”成为全国人民共同的心声。全体国民“以人为本”的理念进一步加强，“国家福利论”的观点深入人心，要“加紧建设对保障社会公平正义具有重大作用的制度，逐步建立以权利公平、机会公平、规则公平为主要内容的社会公平保障体系，努力营造公平的社会环境，保证人民平等参与、平等发展权利。”“要建立孤儿、困境儿童、困境家庭儿童以及普通儿童的分类保障制度”等目标成为人们的共识。综上所述，我国国民观念已发生重大变化，适度普惠型儿童社会福利制度建设已经具备思想上的基础。

## 三　儿童社会福利制度建设的理念

我国农村儿童社会福利制度建设的理念可以概括为：以农村振兴战略为指导，以《联合国儿童权利公约》为宗旨，以儿童的需要为指导，以国际经验为参考，立足我国现实国情，充分体现儿童权利优先，合理构建适合中国经济社会发展的、适度普惠的中国特色儿童社会福利体系。

（一）以农村振兴战略为指导

实施具有中国特色社会主义的乡村振兴战略，需要把握几个关键举措：

要重塑城乡关系，走城乡融合道路。坚持以农业和农村为主体，重视农村公共基础设施建设，推进农村基础设施建设升级，优先发展农村教育。推进农村劳动力转移和就业，增加农民收入，加强农村社会保障体系建设，推进健康农村建设，不断完善健康农村建设。农村人居环境逐步建立和完善了全民覆盖、全民共享、城乡融合的基本公共服务体系，使符合条件的农业转移人口在城市中定居，促进了新型工业化、信息化、城镇化和农业现代化建设，加快形成工农互促、城乡互补、全面融合、共同繁荣的新型的关系。

巩固和完善农村基本经营体制，走共同富裕道路。坚持农村土地集体所有制，坚持家庭管理的基本地位，坚持土地承包关系的稳定，加强集体经济。建立符合市场经济要求的集体经济运行机制，保证集体资产的价值，提高集体资产的价值，保障农民的利益。

深化农业供给侧结构改革，走“优质农业”道路。我们要坚持质量兴农、绿色兴农，实施质量兴农战略，加快农业由增产向质量导向型发展，夯实农业生产能力基础，保障国家粮食安全。构建农村第一、第二、第三产业的体系整合，积极培育新的农业管理主体，促进小农户和现代农业的发展。发展“互联网 + 现代农业”，加快现代农业产业体系、生产体系和管理体系的建设，不断提高农业创新能力、竞争力和全要素生产率。

坚持人与自然和谐共存，走农村绿色发展道路。以绿色发展引领生态振兴，统筹景观林场湖草系统管理，加强农村环境问题综合治理，建立市场化、多元化的生态补偿机制。增加农业生态产品和服务的供给，实现人民的富裕和生态美丽的统一。

继承、发展、完善农耕文明，走农村文化繁荣之路。坚持物质文明和精神文明，弘扬和实践社会主义核心价值，加强农村思想道德建设，继承和弘扬农村优秀传统文化，加强农村公共文化建设，开展土改的行动，弘扬农民的精神和特色，培育文明之风，良好的家庭作风。流行的风格不断提高农村的社会文明程度。

创新农村治理体制，走农村善治之路。建立和完善党委领导、政府负责、社会协同、公众参与、法治保障的现代农村社会治理体系，健全农村治理体系，加强农村基层的基本工作。加强农村基层党组织建设，深化村民自治实践，认真查处违反农村社会治理制度的行为。杜绝损害农民利益的“微观腐败”，建设安全的农村，确保农村社会充满活力、和谐与秩序。做好扶贫工作，走中国特色扶贫之路。坚持精确扶贫，准确脱贫，把扶贫质量放在首位，坚决扶贫、扶志、扶智的融合，帮助贫困人口、贫困地区集中发展，激发穷人的内生动力，加强对扶贫工作的责任和监督，在扶贫领域开展腐败和作风问题的研究。采取更加有力的措施，更加集中的支持，更加细致的工作，坚决开展对全面建成小康社会具有决定性意义的决战。

农村儿童社会福利制度建设作为我国社会建设的重要组成部分，必须以农村振兴战略为指导。第一，必须坚持生产力的发展。只有在发展经济和提高人民生活水平的基础上，才能提高儿童的社会福利水平，实现儿童社会福利发展和经济发展的适当适应性。第二，必须把发展和维护儿童社会福利作为促进儿童发展的重要目标。儿童社会福利的发展，从根本上促进了儿童的全面发展，提高了未来劳动者的生产潜力。因此，必须逐步增加对儿童社会福利的投资，使所有儿童都能分享经济和社会发展的成果。第三，我国适度普惠型儿童社会福利制度必须全面考虑、统筹兼顾，这不仅是为了满足特殊儿童的福利需要，也是为了照顾普通儿童的福利需要。在经济发展的基础上，最终满足了全体儿童的福利需要。第四，正确处理儿童社会福利发展与经济、社会、政治、人口发展的关系，使适度普惠型儿童社会福利体系可持续发展。

### （二）以《联合国儿童权利公约》精神为宗旨

《联合国儿童权利公约》是一项关于保护儿童权利的国际公约。

它保障了儿童应享有的几十项权利，其中包括基本生存权、受保护权、发展权和充分参与权。《联合国儿童权利公约》的签署宣布了儿童享有的权利，将儿童视为独立的人权主体并使他们具有与成人同样的价值，是世界人权事业的一项重要进展。我国政府于1991年批准了《联合国儿童权利公约》，并承诺履行该公约第6条的规定，即每个儿童都有固有的生命权，各国应最大限度地保障儿童的生存和发展。《联合国儿童权利公约》为我国儿童社会福利制度建设提供了法律依据和实践指导。《联合国儿童权利公约》承认父母对儿童的成长负有首要责任，但也明确了政府在保护儿童权利方面的义务。通过这种方式，我们为强调国家有责任建设以中等福利为导向的儿童社会福利制度奠定了法律和现实基础。我国适度普惠型儿童社会福利制度的建设，应本着《联合国儿童权利公约》的精神，强调政府在儿童社会福利制度建设中的重要作用。通过发展儿童的社会福利，逐步实现儿童的生存权和发展权。

（三）以国际经验为参考

在国际上，现代福利制度起源于英国的《贝弗里奇报告》。《贝弗里奇报告》描述了英国战后重建的美好生活，包括儿童津贴。《贝弗里奇报告》对20世纪下半叶西欧和北欧福利国家的形成有重要影响。20世纪50年代和60年代，福利国家成为西欧社会的时代精神和社会制度，福利国家制度扩展到北欧国家。这些国家建立了普遍和高额的福利制度，发放了儿童津贴，提供了免费医疗和教育，向残疾儿童和贫困家庭提供了各种补贴，大力发展了儿童福利服务，极大地提高了儿童的生活水平。然而，高福利政策也带来了“福利病”。有些家庭依靠国家的福利，阻碍生产和发展，损害经济，给国家带来财政困难。20世纪70年代后，许多西方国家开始大幅削减福利支出，包括对儿童福利的投资。然而，自20世纪90年代以来，北欧国家依旧采取了扩大福利制度的改革，回到了高福利的轨道上。我国适度普惠型儿童社会福利制度的建设应借鉴西方国家的经验教训，不能盲目扩大儿童社会福利的投入，以免影响经济的发展，最终损害儿童的社会福利，也不能忽视儿童分享经济和社会发展成果的愿望，忽视儿童福利的生产效果。总之，我国的儿童社会福利制度是适度普惠型，不仅要立足于基本国情，而且要借鉴国际经验。

（四）以满足儿童需求为导向

我国儿童社会福利制度建设应从儿童社会福利需求的自然属性出发，以满足儿童需求为导向。根据马斯洛的需求层次理论，人们首先有基本的生理需要，即食物、水、衣服、住房和医疗需要。因此，应当为儿童提供满足生存福利。其次，人们需要安全，应该为儿童提供保护性福利。最后，人们的需要会提升到社会交往、受尊重和自我实现。因此，儿童也应为其提供发展方面的福利。当然，这些福利并不是同等重要，也不可能同时实现。儿童福利可以按照轻重缓急的顺序来逐步实现不同福利水平儿童需要的方式。同时，由于不同儿童的福利需求不同，如孤儿、流浪儿童和贫困家庭及儿童对生命和福利的需求较高，而残疾儿童、艾滋病感染儿童、重大病儿童将有很高的医疗福利要求；对普通儿童而言，教育需求将非常高。因此，在构建适度普惠型儿童社会福利体系的过程中，要根据不同儿童的不同福利需求，设计有针对性的福利内容，实现儿童的分类保障。

（五）充分体现儿童权利优先

1989 年联合国大会通过的《联合国儿童权利公约》，约定了儿童享有的几十项权利，在这些权利中是存在优先顺序的。儿童的生命权和生存权是一项不可剥夺的权利，这是儿童的第一权利，它也是所有权利的基础。在保障儿童生命权和生存权的基础上，发展出儿童的保护权、发展权和充分参与权。因此，从《联合国儿童权利公约》中可以看出，儿童权利具有阶梯形和“金字塔”状的格局，体现了儿童权利的自然分布和基本属性。在构建适度普惠型儿童社会福利体系的过程中，应充分探讨儿童权利的传递机制。首先，应确定维持儿童生活和生存福利的必要性，如生活福利、健康福利、住房福利和保护性福利。根据国家责任理论，国家有为人民提供“生存关怀”的责任。因此，国家应确保所有儿童的生存利益。在经济和财政资源缺乏的情况下，应优先确保特殊儿童的生存利益。其次，根据福利经济学的原则，国民财富的增加必然会增加经济福利。因此，随着我国经济实力的增强，应加强财政支持力度，扩大儿童的发展福利，使发展福利与生存福利平等。最后，根据福利经济学理论和公平理论，国家应将所有群体都纳入其中分享经济和社会发展的成果。因此，应扩大儿童的社会福利对象，逐步将适度普惠型儿童的社会福利覆盖范围扩大到所有儿童，逐步扩大儿童享有的福利项目，形成多元化的儿童社会福利体系。

（六）立足现实国情

中国适度普惠型社会福利制度建设有两个现实国情。第一，中国仍处于社会主义初级阶段，也就是说，尽管我国社会生产力的巨大发展，中国的人均资产份额仍然相对不足，社会资产将不十分丰富。我国必须建立适中普惠型的社会福利制度，使我国儿童的社会福利在经济发展和社会生活水平的基础上提高。第二，中国的儿童数量巨大，各类儿童的情况大不相同。目前，我国的0—14岁儿童有2.2亿，如果计算到0—17岁，则有近3亿。不仅如此，在中国也有很多类型的儿童，不仅是孤儿、残疾儿童、重病儿童、流浪儿童和其他处境困难的儿童，还有父母重病重残儿童、事实无人抚养儿童、服刑人员未成年子女、贫困家庭儿童等困境家庭儿童。据中国社会科学院和全国妇联统计，中国有700多万名18岁以下的贫困儿童生活在贫困家庭。北京师范大学估计中国农村大约有900万贫困家庭的孩子。这种复杂多样的儿童状况决定了中国适度普惠型儿童社会福利制度必须以“分层次、分类型、分标准”的方式构建。据民政部介绍，在建立适度普惠型儿童社会福利制度的过程中，将儿童群体分为孤儿、困难儿童、困难家庭儿童和普通儿童四个层次。这四个层次中的每一个层次又分为不同的类型。例如，孤儿被分为两类：集中供养孤儿和社会散居孤儿。集中供养孤儿是指他们集中在孤儿院和福利机构等机构。社会分散的孤儿是指居住在一个亲属家庭中的孤儿，由亲戚或其他人监护。困境儿童分为三类：残疾儿童、重病儿童和流浪儿童。根据残疾类型，残疾儿童可分为听力残疾、语言残疾、肢体残疾、智力残疾、精神残疾和多重残疾。病重儿童是一个患有多种严重疾病，急需治疗的儿童；流浪儿童是没有固定居住地的儿童，没有法定监护人或法定监护人。困境家庭儿童分为四类：父母严重残疾或重病的儿童、父母长期服刑或强迫解毒的儿童、父母一方死亡另一方因其他情况无法履行抚养义务和监护职责的儿童，以及贫困家庭的子女。标准分类是指根据不同类型儿童的实际情况和需要，对不同类型的儿童进行福利保护的依据。对于同一类型的儿童，享有同样的福利保障标准。

（七）与我国经济社会发展水平相适应

我国适度普惠型儿童社会福利制度的建设应适应中国经济发展水平。在经济发展的不同阶段，应提供不同群体、不同内容体系的儿童社会福利，儿童的社会福利水平也应有所不同。首先，在中国经济欠发达阶段，儿童社会福利水平可以偏低，但是应优先保障特殊儿童的福利，实现儿童最基本的生活福利。其次，在中国经济发展的中期阶段，应该逐步覆盖更多的儿童群体，为儿童提供更多的社会福利项目，并为儿童提供更高水平的社会福利供给。中国适度普惠型社会福利制度的建设，应随着民主进程和政治制度的发展而逐步发展。在民主化进程和政治环境更加成熟的阶段，我们要加快建设儿童社会福利制度，使中国儿童适度普惠性的社会福利制度能够获得快速发展的环境。

## 四　儿童社会福利制度建设的基本思路

中国构建适度普惠型儿童社会福利制度的基本思路是，以中国的社会福利制度为基础，以“适度普惠”的基本概念为基础，兼顾适度性和普惠性，从儿童社会福利的覆盖范畴、福利内容和福利水平三个维度，使儿童社会福利的覆盖范围从机构中的特殊儿童扩展到机构以外的特殊儿童，从特殊儿童到普通儿童，最终延伸到所有儿童。儿童社会福利的内容从强调生存福利向发展福利扩展，既有基础性的生存福利，又有儿童多样性福利需求的实现；儿童社会福利水平从低水平向高水准发展，逐步建立具有中国特色的全面普惠型中国社会福利制度，充分审视儿童权利的优先性，符合中国经济社会发展的要求。

（一）三个维度：儿童社会福利的覆盖范畴、内容和水平

我国儿童社会福利制度建设的主要目标是探索适合我国经济社会发展水平的适度普惠的社会福利制度，充分考察儿童优先发展的社会

福利制度。儿童社会福利的覆盖范围从机构中的特殊儿童扩展到机构以外的特殊儿童，从特殊儿童到普通儿童；儿童社会福利的内容从强调生存福利向发展福利转变，生存与发展并存，注重儿童多样性福利需求；儿童社会福利水平逐步提高。

（二）两个视角：适度性和普惠性

从适度性和普惠性两个角度探讨中国适度普惠型儿童社会福利制度的构建。普惠性指的是儿童社会福利覆盖的普遍性，包括特殊儿童和所有儿童在内。适度是指进步性，它包括三个含义：第一，儿童社会福利覆盖的渐进性，逐渐从部分特殊儿童群体扩展到所有特殊儿童，从所有特殊儿童逐渐扩展到所有儿童。第二，逐步完善社会福利事业和儿童福利水平，逐步实现从生活福利向发展福利的转变，注重生存福利和发展福利，逐步建立多元化的儿童社会福利制度系统。第三，儿童社会福利水平的逐步提高，随着经济的发展，儿童的社会福利水平逐渐提高。

## 五　儿童社会福利制度建设的基本原则

在中国建立适度普惠的儿童社会福利制度中，必须坚持“政府主导、社会参与、渐进、适度、统一”的原则，在经济发展和社会进步的基础上逐步实现儿童社会福利。

（一）政府领导和社会参与的原则

国家是支持儿童权利实现和保障儿童社会福利的主体。首先，儿童往往因其脆弱性和发展不完善而容易受到不公平对待。没有家庭的保护和照顾，孩子们就会陷入了生存和生活的困境。因此，政府是仅次于家庭的第二责任主体。由于中国经济发展不平衡，地区差距大，城乡差别大，子女生活在不同的家庭环境中。有些家庭无法提供儿童福利，政府必须在儿童社会福利中发挥主导作用。只有以政府为主导力量，才能从根本上规划和设计我国儿童的社会福利。其次，政府领导下的中国儿童社会福利建设才能获得充分保障和支持，达成儿童社会福利的建设目标。最后，政府主导能充分体现我国社会主义制度的优越性。当然，在政府的前提下，应发挥市场和其他社会组织的作用，特别是非营利组织（如中国儿童与青少年发展基金会、中国福利协会等）的力量，建立多元化的供给平台。

（二）稳步发展，循序渐进原则

中国适度普惠型社会福利制度的建设必须坚持“循序渐进”的原则，这是由我国的实际国情决定的。我国仍处于社会主义初级阶段，这也意味着我国生产力发展水平还不高，我国在短期内没有足够的国家财力来实现所有儿童的社会福利。中国的儿童社会福利制度必须以这样的国情为基础。因此，在建立一个适度普惠的儿童社会福利制度的过程中，应优先发展特殊儿童的福利，并为某些特殊儿童提供儿童享有的福利。如果孤儿、残疾儿童和感染艾滋病毒的儿童逐渐过渡到机构以外的特殊儿童，所有特殊儿童都将优先享受国家福利。在特殊儿童的国家福利的基础上，普通儿童的福利逐渐发展，最终实现了所有儿童享受国家福利的社会制度。当然，渐进发展的原则并不意味着中国儿童社会福利制度只能由特殊儿童发展为特殊儿童，从特殊儿童发展为普通儿童。这是一个循序渐进的过程，根据儿童权利的优先顺序。进步原则还指中国实现儿童社会福利制度进程的渐进性。根据人口、经济和社会发展预测，从21世纪初到21世纪中旬，中国经济发展逐步经历了从欠发达到发达的阶段，中国的社会福利逐步发展，从生存性福利发展到以生存性福利为基础，生存性福利与发展性福利并重，从而形成一个多元化的福利模式，逐步提高儿童的社会福利水平。

（三）适度普惠、适应经济的原则

适度性原则是中国儿童社会福利制度建设中应把握的一项重要原则。由于中国社会福利制度的发展受诸多因素的影响，尤其是经济因素。因此，在构建中国适度普惠型社会福利制度的过程中，有必要详细考察各种因素对中国儿童社会福利发展的制约作用。当经济发展快、财政收入高的情况下，中国应加大对儿童社会福利的财政支出，使儿童的社会福利得到快速发展。随着我国民主进程的发展，儿童应享有的利益逐渐增加。当然，在相对稳定的经济发展阶段，儿童的社会福利也可以适度进步。这是因为儿童社会福利的潜在生产效应，即儿童的社会福利，可以被认为是“生产性福利”。福利投入，尤其是儿童医疗福利、营养福利和教育福利的投入，必将增加未来劳动者的劳动效率，增加社会总财富。总而言之，建立一个适度普惠的儿童社会福利制度需要仔细计算儿童社会福利投入对经济发展水平的适应性，把握儿童社会福利投资的“程度”，既不能使儿童社会福利的投入大大超前经济和财政发展的预付能力，也不能减少财政支出对儿童社会福利的影响，忽视儿童社会福利的生产效应。

（四）统筹兼顾、统一对待原则

在构建适度普惠的儿童社会福利制度的过程中，必须实现三个统一：普通儿童和特殊儿童的福利统一、城乡统一和区域统一。

为了在中国建立一个适度普惠的儿童社会福利制度，普通儿童和特殊儿童必须置于同一体系下对待。构建适度普惠的儿童社会福利制度的初级阶段主要考虑特殊儿童的福利需求，在中等包容型儿童社会福利制度发展过程中，普通儿童和特殊儿童应平等对待。在为儿童建立适当和包容的社会福利时，儿童应该被视为一个整体，从孩子的生命开始，通过胎儿、哺乳期、婴儿期、童年期、青春期和成年期。儿童的社会福利关注儿童在不同阶段的福利需求，旨在确保儿童在出生阶段获得适当的福利，从而减少各种疾病如残疾、艾滋病的发生率，并确保儿童在各个阶段所应享有的社会福利。当然，在发展的各个阶段，特殊儿童的福利仍然需要特别关注。

发展儿童社会福利还需要考虑城乡统一。在我国长期以来城乡二元分化，城乡差别化政策的实施，导致城乡福利水平有很大差异。由于城乡之间的双重分化，儿童的福利是不平等的。虽然城市儿童仅占全国儿童的30%，但他们拥有95%以上的儿童福利资源，而农村儿童数量占全国儿童福利的70%，儿童福利的比例不到5%。农村儿童被排除在儿童福利制度之外。这种情况阻碍了我国儿童社会福利制度的发展。根据罗尔斯的公平理论，每个社会成员都处于“无知之幕”之下，每个人都可能陷入极端贫困。因此，政策制定需要最大限度地发挥对最弱势成员的利益。在制度设计的过程中，决策者要以儿童为主体，从统筹城乡发展的角度，消除城乡二元壁垒，构建城乡统一的新型社会福利制度。

统一原则还包括区域统一。目前，中国东西部地区存在实质上的不统一。东部地区经济发展较快，社会福利水平较高，中西部地区经济发展缓慢，儿童社会福利水平相对较低。在建立儿童社会福利制度的过程中，既要尊重这一事实，又要打破这种现状。根据福利经济学，穷人每一额外单位效用的增加要大于富人每一单位效用的增加。分配越公平，经济福利越大。因此，福利经济学主张国家增加转移，以实现社会公平。在构建中国适度普惠型社会福利制度的过程中，要加快政府的转移支付，使中西部地区儿童享有的福利将随着经济发展而逐步增加，最终实现与社会福利水平相适应的儿童社会福利。

## 六　我国适度普惠型儿童社会福利制度建设路径分析

### （一）中国儿童社会福利制度建设过程与经济社会发展

现实可行的儿童福利制度受到经济发展水平、民主化进程和社会政策等诸多因素的制约。在经济欠发达、社会民主化程度较低的情况下，优先实现补缺型儿童社会福利制度。随着社会经济的发展，中等发达经济水平的提高对儿童的社会福利水平要求越来越高，适度普惠的儿童社会福利制度将是一个较好的选择，高水平的经济发展和社会民主需要建设普惠型儿童社会福利制度。目前，中国正进入中等收入国家，建立适度普惠的社会福利制度的儿童的经济和社会条件已经成熟。

### （二）中国人口经济社会发展预测

为了建设有中国特色的儿童社会福利，必须预测相关的参数。主要涉及三个主要参数：一是人口增长和人口结构变动；二是经济发展及其增长趋势；三是政治环境的发展。

#### 1. 中国人口和结构发展预测

2010 年度第六次人口普查结果显示，中国 60 岁及以上老年人口已达 1 亿 7765 万，占总人口的 13.26%。其中 65 岁及以上人口 1 亿 1883 万人，占总人口的 8.9%。根据中国人口统计学领域的学者陈卫计算，到 2020 年中国将有 1 亿 7139 万 65 岁以上的老人，2035 年时将达到 2 亿 3921 万。届时，中国 65 岁及以上的老年人口首次超过 0—14 岁的儿童。据预测，中国 0—14 岁儿童的数量预计 2018 年将达到2亿6415万，2050年0—14岁的儿童将达到2亿1068万人左右。中国0—14岁儿童占总人口的比例将从2005年的20.6%下降到2030年的15.8%。无论是总人口数量、65岁以上人口数量还是0—14岁人口数量，在2020年和2035年都将出现转折点。首先，人口总数在2035年出现峰值，达到144155万人，伴随着我国人口总量减少，将出现利用社会福利制度大力提高生活质量的变化。人口老龄化程度在2020年加速，达到将近2.5亿老人；2035年老年人口数量将突破3.6亿，老龄化程度的加速发展呼唤更完善的保障体系，要求建立更全面的福利制度。从儿童数量来看，2035年出现拐点，0—14岁儿童减少，儿童数量的减少有利于用既有的财富提高儿童社会福利水平。因此，我们可以把2020年和2035年作为我国人口发展的一个重要衔接点和转折点。

2. 中国经济发展预测

改革开放后，中国宏观经济经历了快速增长。国内生产总值（GDP）从1978年的3645亿元增长到2014年的636463亿元；人均国内生产总值（GDP）从1978年的381元增长到2014年的46531元。我国国内生产总值（GDP）每年平均增长率为9.8%。结合我国的经济发展态势和发达国家的经济发展周期性与阶段性规律，可以假定我国国内生产总值（GDP）增长率缓慢下降，根据高盛全球首席经济学家吉姆·奥尼尔的预测，2011—2020年，中国国内生产总值（GDP）平均每年增长率为7.7%，2021—2030年间约为5.5%，2031—2040年间为4.3%，2041—2050年间为3.5%。借鉴吉姆·奥尼尔预测的经济增长率，2050年时我国国内生产总值（GDP）将达到358万亿元。我国人均国内生产总值（GDP）2020年将突破1万美元，2035年将达到2万美元，2050年年末达到4万美元。2050年时的人均GDP接近当前美国等发达国家的人均GDP水平。因此，可以将2020年、2035年和2050年作为我国经济发展的重要时间节点。

3. 中国的社会政治发展战略

1987年10月，党的第十三次全国代表大会提出了中国经济建设的总体战略规划：第一，到1990年实现国民生产总值比1980年翻一番，解决人民吃穿问题。第二，到 20 世纪末，全国国民生产总值翻番，人们的生活将达到一个舒适的水平。第三，到 21 世纪中旬，人民将有相对富裕的生活，基本实现现代化，人均 GDP 将达到中等发达国家的水平。1997 年第十五次全国代表大会后，提出了“二百年”的战略目标：到 2021 年，党的成立第一百周年，使国民经济更加发达，各项制度更加完善；到 2049 年，中华人民共和国成立第一百周年，基本上实现了现代化，建设了一个富强、民主、文明的社会主义国家。2020 年、2050 年是我们党和中国的重要战略战略，即党的建设 100 年，全面建成小康社会；中华人民共和国成立以来的 100 年，中国基本实现了现代化。因此，有必要把我国社会发展的战略阶段划分为 2020 年阶段和 2050 年阶段。

（三）适度普惠型儿童社会福利制度“三阶段”路径选择

根据儿童社会福利制度与经济社会发展关系，国家对儿童的社会福利制度的选择受到国家经济、社会和人口发展的制约。2020 年、2035 年、2050 年是中国人口、经济和社会发展的重要战略时间点，构建中国适度普惠的儿童社会福利体系也相应地需要经历三个阶段。第一，适度普惠型儿童社会福利制度（从现在至 2020 年）的初始阶段，其中特殊儿童，如孤儿、困境儿童和困难家庭的儿童，都被完全覆盖，福利计划逐渐增加，福利水平逐渐提高。第二，适度普惠型儿童社会福利制度的中期阶段（从 2021 年至 2035 年）。儿童社会福利覆盖所有特殊儿童和一些普通儿童。城乡福利项目和内容多样化，实现了较高的福利支出标准。第三，适度普惠型儿童社会福利制度（从 2036 年至 2050 年）的高级阶段，儿童的社会福利逐渐覆盖所有特殊儿童和所有普通儿童，提供多层次、多样化的社会福利项目，并达到高水平的福利待遇供应。预计到 2050 年年底，国内所有的儿童都将被覆盖，中国的儿童社会福利制度进入适度普惠型的高级阶段。根据马斯洛关于人的需要的理论，在中国全面普惠型社会福利制度建设过程中，需要实现两个层次的儿童社会福利需求，即分别是第一层次的生存性福利和第二层次的发展性福利。这两个层次不仅是基于人的需要的一般发展顺序，而且是基于儿童权利的优先顺序，基于中国经济社会发展水平的划分，更加符合中国的现实国情和实际要求。

## 第二节 我国儿童社会福利制度建设探索与管理运行建设

补缺型儿童社会福利制度曾经在我国经济较不发达的状况下满足了部分最迫切需要福利的儿童的需求，但是随着我国社会经济的发展，综合国力的增强，我国已经具备了建设适度普惠型儿童社会福利制度的能力。在建设过程中，需要立足现实国情，借鉴国际经验，面对和完善以下方面的问题：第一，如何逐步扩大适度普惠型儿童社会福利的覆盖范畴，从服务于特殊儿童的狭义儿童福利扩充至服务于所有儿童的广义儿童福利；第二，如何构建适度普惠型儿童社会福利的内容体系，逐步增加福利的项目；第三，如何形成稳定的可持续的适度普惠型儿童社会福利财政资金来源渠道，聚集国家、社会和家庭的力量；第四，如何形成系统的适度普惠型儿童社会福利法律法规体系，确保制度的合法性与权威性；第五，如何完善适度普惠型儿童社会福利的行政管理制度，提高执行的效率；第六，如何科学监测适度普惠型儿童社会福利制度的成效，确保政策目标的实现。

### 一 儿童分类划分及其理论依据

根据《民政部关于开展适度普惠型儿童福利制度建设试点工作的通知》中的内容，以儿童需要和社会保障发展状况为标准，儿童群体可以划分为孤儿、困境儿童、困境家庭儿童和普通儿童这四个层次，孤儿的状况是最困难的，需要也是最紧迫的，民政部门将依据轻重缓急顺次做好这四个层次儿童的社会保障建设工作。民政部关于儿童分类划分，其依据是儿童权利优先序和儿童需要理论。

#### （一）基于儿童权利优先序的划分依据

从儿童权利优先序来考察，根据《联合国儿童权利公约》的规定，儿童最不可剥夺的第一权利是生命权和生存权。任何儿童都不能被人为地剥夺生命，在其成长过程中，要优先保障儿童的生存权。没有生存权，就无法实现其他的权利。只有在满足生存权保障的基础上，才能考虑发展权和提高权。四个层次的儿童中，孤儿是最缺乏保障的群体，也是生命权和生存权受威胁程度最严重的群体。孤儿缺乏父母等法定监护人，缺少父母的保护和关爱，没有起码的经济保障，甚至有些孤儿连生理层次需要都无法满足，家庭支持缺乏程度最严重。政府有责任利用正式的儿童社会福利制度，为孤儿提供生存权保护。由此可见，在建设适度普惠型儿童社会福利制度的初级阶段，由于资源有限，应该优先关照需要迫切的孤儿群体。

目前，我国主要有两种孤儿供养类型，即社会散居孤儿和福利机构养育孤儿。在建设适度普惠型儿童社会福利制度的初级阶段，不论是哪一种供养类型的孤儿都应该得到优先的保障。一般来说，社会散居孤儿身体健康状况优于集中供养孤儿，因此，他们最需要得到的保障是津贴，其次为辅助教育和其他服务。根据作者调查结果，绝大部分的集中供养孤儿身体健康状况堪忧，具有不同程度的残疾。所以，他们不仅需要得到补助津贴，还需要在日常生活中得到照料以及情感交流和心理抚慰，帮助他们坚强地面对人生。

生存权和生命权受到威胁程度较为严重的是困境儿童，包括残疾儿童、重病儿童和流浪儿童三种类型。普通残疾儿童身体具有不同程度的残疾，在父母提供力所能及的保护之后，仍处于生活困境中，需政府部门提供制度化的康复津贴和护理津贴，以及各种康复训练和护理服务。重病儿童包括各种大病、重病患者，尤为严重的是艾滋病感染者和患儿。艾滋病病毒感染儿童和患儿家庭变故大，自身面临生命危险，难以确保生存权和生命权。大、重病儿童的生命权和生存权也时刻受到威胁。家庭为治疗儿童的疾病，往往入不敷出，难以为继。因此，重病儿童是继孤儿享受适度普惠型儿童社会福利之后需受到国家重视和保护的一类儿童。流浪儿童的生命权和生存权受威胁程度非常高。他们往往缺衣少食，缺少父母等监护人关照，流浪街头，过着衣不蔽体、食不果腹的日子。所以，这三类困境儿童的处境不容忽视，在建设适度普惠型儿童社会福利制度的初级阶段，国家在提供孤儿福利之后应重点建设困境儿童的社会福利保障制度。

孤儿和困境儿童的生命权和生存权得到保障后，国家和政府需要大力关注的是困境家庭儿童。这些儿童自身身体较为健康，智力正常，但因为家庭发生各种变故，生存权和生命权遭到一定的威胁。困境家庭儿童是由于父母因素导致家庭产生特殊情况而受到影响的儿童，主要有四种类型，即父母一方死亡另一方因其他情况无法履行抚养义务和监护职责的儿童、父母长期服刑在押或强制戒毒的儿童、父母重度残疾或重病的儿童、贫困家庭儿童。父母因各种原因陷入困境，例如，因为犯罪被关押，因为重病无法获得收入，因为死亡或其他情况无法为儿童提供保护，这都将导致儿童权利受到威胁。国家为这些儿童建立儿童社会福利制度，提供合适的保护和服务，将为儿童健康成长提供保障。

随着经济发展与社会的进步，适度普惠型儿童社会福利制度建设的推进和深入，国家应该将福利范畴逐步扩大，为普通儿童建立社会福利制度。普通儿童需要国家和政府给予社会福利制度的帮助，但其父母有能力保护基本生命权和生存权。国家和政府给予普通儿童的主要是发展性福利。因此，在考虑儿童社会福利优先序后，将普通儿童列为最后给予儿童社会福利的群体。

### （二）基于马斯洛需要层次理论的划分依据

马斯洛需要层次理论将人的需要从低到高分成了五个层次，处于最低层的生理需要也是最先需要得到满足的，其次是安全需要、社会交往需要、尊重需要和自我实现需要。只有在最低层次的需要得到满足的情况下，人们才有条件依次去追求更高层次的需要。如果不能满足最低的生理需要，就谈不上任何高层次的需要。因此，我们要优先考虑最需要生理需要保障的群体。在儿童群体中，生理需要最缺乏保障的是孤儿。孤儿因为父母去世等原因，缺少家庭支持，最基本的生理需要难以得到满足。只有国家和政府为其提供津贴，才能确保他们的生理需要得到保障。此外，包括残疾儿童、重病儿童和流浪儿童等在内的困境儿童，他们的衣食住行也同样存在较大问题，生理需要得不到有效保障。所以，在建设适度普惠型儿童社会福利制度的初级阶段，政府需要重点关注的是如何保障孤儿与困境儿童的生理需要。

生理需要不一定得到保障的还包括困境家庭儿童，由于父母陷入困境、犯罪、离婚等多种原因，困境家庭儿童的生活状态不稳定，时好时坏，家庭有时能够提供满足其生理需要的保障，有时则无法提供满足其生理需要的保障。国家在满足孤儿和困境儿童的生理需要后，就应考虑困境家庭儿童的保障。当适度普惠型儿童社会福利制度建设经历过初级阶段，向中级阶段发展过程中，国家就应该加强困境家庭儿童的福利制度建设，将其纳入到儿童社会福利制度保障体系中。在满足生理需要后，政府要着力为孤儿、困境儿童和困境家庭儿童等特殊儿童提供安全保障，包括医疗福利和住房福利等。安全需要得到保障的前提下，政府可以考虑为特殊儿童和普通儿童共同提供发展性福利，例如，为儿童提供健身、娱乐等福利，促进儿童身心健康发展。最后，在满足儿童的生理需要、安全需要和身心发展等需要的条件下，国家和政府可以为儿童提供满足尊重需要和自我实现需要的保障，为儿童在社会生活中积极参与民主政治、实现自我价值创造条件。

综上所述，在建设适度普惠型儿童社会福利制度过程中，应根据马斯洛需要层次与儿童权利优先次序理论，可以将儿童划分为四个层次，随着国家经济社会发展，依次实现四个层次儿童的社会福利，覆盖群体从孤儿扩展到困境儿童，再到困境家庭儿童，最后满足普通儿童的需要。

## 二　覆盖范围扩大的三阶段探索

### （一）覆盖范围扩大的依据

从第二章福利经济学理论和公平理论可以看出，国民所得越大，国民分配越均等，越有利于儿童社会福利的获得，儿童社会福利的覆盖面就会越大、越广。因此，随着我国经济的发展，国民财富的增长，儿童社会福利覆盖的范围将逐步扩大。儿童社会福利制度的发展与社会经济发展程度紧密相关。当经济处于不发达阶段、社会民主化程度低时，国家没有足够的人力、物力、财力来建设儿童社会福利制度；整个社会也意识不到建设适度普惠型儿童社会福利制度的重要性，思想上无法形成统一。根据马斯格雷夫和罗斯托夫的社会发展阶段论，当经济处于初级阶段，往往以经济建设为中心，忽视社会福利制度的发展；当经济处于中级阶段，社会投资继续增加，但转移性支付比重增大。政府主管部门顺应社会民生的需求，重视社会福利制度的建设，此时，适度普惠型儿童福利制度建设进入到一个快速增长的时期。当社会经济进入到高度发达状态，社会民主化程度进一步提升，此时，适度普惠型儿童社会福利制度的建设也逐步完善，向全面普惠型儿童社会福利制度过渡。

由此可见，我国适度普惠型儿童社会福利制度的覆盖范围与经济社会发展程度呈正相关关系。随着经济社会和民主进程的发展，我国适度普惠型儿童社会福利制度的覆盖范围也将逐步扩大。

（二）覆盖范围扩大的三阶段进程

参照国际经验，根据我国国情，结合我国人口、经济和社会发展战略，可以确定扩大适度普惠型儿童社会福利覆盖范围的三阶段时间节点。

首先，从我国经济发展预测来看，2010 年我国人均 GDP 达到 4200 多美元，相当于 20 世纪 70 年代发达国家的平均水平。很多发达国家在 20 世纪 70 年代推行“福利国家”建设，为儿童设立了诸多福利保障项目，加强适度普惠型儿童社会福利制度。到 2020 年的时候，我国人均国内生产总值将突破 1 万美元，超越了发达国家 20 世纪 80 年代的水平；到 2035 年，我国人均 GDP 达到 2 万美元，超过 1990 年发达国家平均水平（1990 年发达的市场经济国家人均国内生产总值约为 19620 美元）。到 2050 年，我国人均 GDP 突破 4 万美元，达到发达国家 21 世纪初期的经济水平（其中，美国 2004 年人均 GDP 为 39271 美元，加拿大 2006 年人均 GDP 为 39004 美元，日本 2007 年人均 GDP 为 34296 美元）。因此，借鉴发达国家经济状况与福利建设的关联经验，可以预测到 2020 年、2035 年和 2050 年将是扩大适度普惠型儿童社会制度覆盖面的三个重要时间节点。

其次，从我国人口总量和人口结构来看，我国 2018 年 0—14 岁少儿人口将达到峰值，数量巨大的特殊儿童亟须儿童社会福利制度提供最基本的生活保障，以满足生理需要，保护生命权和生存权。到2035年时，我国少儿数量出现拐点，儿童数量占人口总量的比例开始下降。当社会财富较为丰富且儿童占人口总量比重下降时，有利于利用社会积聚的大量财富在保障生存性福利的基础上，扩大儿童社会福利覆盖面，实施发展性福利。2050年时，我国少儿数量占人口总量的比例将维持在较低水平，大致为15%，可以利用发达的经济，为全体儿童提供儿童社会福利。因此，从人口发展趋势来看，也可以将2020年、2035年和2050年作为扩大适度普惠型儿童社会制度覆盖面的三阶段时间节点。

最后，从我国社会政治发展战略来看，我国提出两个"一百年"的战略目标。到"建党一百年"时，要使国民经济更加发展，各项社会制度更加完善；到"建国一百年"时，要基本实现富强、民主、文明的社会主义国家。建党一百年时为2021年，建国一百年时为2049年。

综上所述，可以将2010—2020年、2021—2035年和2036—2050年作为适度普惠型儿童社会福利制度覆盖范围扩大的三个阶段。

适度普惠型儿童社会福利制度的初级阶段（2010—2020年）：2010年儿童社会福利制度已经将全体孤儿纳入到保障范畴，2012年逐步覆盖到艾滋病毒感染儿童等部分困境儿童。2013年开始到2015年，也就是在"十二五"计划时期，适度普惠型儿童社会福利制度建设步伐将加快，可以将重病儿童、重度残疾儿童和流浪儿童等困境儿童纳入保障范畴。2016年到2020年这一阶段，也即"十三五"计划时期，逐步将覆盖面扩大到困境家庭儿童，包括父母一方死亡另一方因其他情况无法履行抚养义务和监护职责的儿童、父母重度残疾或重病的儿童、父母长期服刑在押或强制戒毒的儿童以及贫困家庭的儿童。到了2020年的时候，儿童社会福利的覆盖面将进一步扩大，孤儿和困境儿童以及困境家庭儿童都可以纳入保障体系，建成惠及全体特殊儿童的适度普惠型儿童社会福利制度。

适度普惠型儿童社会福利制度的中级阶段（2021—2035年）：2021—2035年，利用经济继续快速发展的15年，将覆盖范围扩大到部分普通儿童，包括新生儿、多子女家庭儿童等。

适度普惠型儿童社会福利制度的高级阶段（2036—2050 年）：2036—2050 年的 15 年中，逐步扩大到更多普通儿童，2050 年时实现全体儿童全覆盖，包括普通儿童和特殊儿童在内的全体儿童被纳入国家福利的范围内。届时，全体儿童共享经济社会发展成果，形成多层次、多样化的儿童社会福利内容体系，福利水平高，我国过渡到全面普惠型儿童社会福利制度建设阶段。

### 三　儿童社会福利管理运行建设探索

随着我国适度普惠型儿童社会福利制度建设的发展，儿童社会福利的职能将不断拓展，儿童社会福利管理的模式、手段、方法和机制都将发生许多变化。应从儿童社会福利行政职能整合、行政管理机构健全、管理规章完善、管理方式创新以及管理的社会化等方面来探索如何完善我国适度普惠型儿童社会福利制度的管理运行。

#### （一）整合行政职能

儿童社会福利职能涉及儿童生活、教育、医疗、福利服务等各个方面。而当前我国儿童社会福利职能过于分散，儿童社会福利服务职能不统一，无法实现“儿童利益最大化”。因此，我国政府需整合和发展儿童社会福利管理职能。

1. 整合民政部内儿童社会福利职能

当前，民政部内与儿童社会福利有关的职能部门主要有三个：一是社会救助司，二是社会事务司，三是社会福利和慈善事业促进司。社会救助司主要管理城乡低保、农村“五保”，以及城乡医疗救助等工作。与儿童有关的福利事业隐藏在这些职能中，如城乡低保和农村“五保”中包含有对困境家庭儿童的最低生活保障；城乡医疗救助中也包含有对困境儿童和困境家庭儿童的医疗救助。殡葬、救助生活无着落人员、儿童收养这些工作都由社会事务司负责，流浪儿童的救助以及儿童收养等职能隐藏其中。残障人福利、老年人福利、儿童福利，以及慈善和社会捐助等工作则归口于社会福利和慈善事业促进司。儿童福利处属于社会福利和慈善事业促进司的下属机构，主要负责孤儿、弃婴等儿童的福利工作，儿童社会福利事业是其重要的职能。

基于我国适度普惠型儿童社会福利制度建设的长远规划，以及部门整合的需要，民政部门可以考虑将救助、收养等补缺型儿童社会福利的职能并入到适度普惠型儿童社会福利制度建设的职能中，也就是将社会救助和社会事务中有关儿童福利的隐性职能显性化，将其明确纳入儿童福利问题，使儿童问题从婚姻、家庭问题中独立出来，成为社会普遍关注的社会问题。

2. 整合民政部与其他部门的儿童社会福利职能

涉及儿童社会福利的有关职能，除民政部外，还分散在国务院其他部委中。如医疗保健福利归口国家卫生健康委员会，儿童医疗保险归口国家人力资源和社会保障部，儿童保护由妇联、公安部等部门管理。儿童社会福利职能“碎片化”，不利于儿童权利的落实。不同部门由于职能的不同，管理重心的不同，有些职能可能会逐步边缘化。儿童是最脆弱的群体，而同时又是最容易被忽视的群体。从传统上讲，我国儿童一直由家庭抚养，只有在家庭无力承担抚养责任的情况下，国家才担负起最后补缺的功能。因此，把儿童分散在不同部门管理，容易导致儿童福利职能的边缘化。集中和统一儿童的社会福利职能，符合儿童利益最大化原则。

因此，随着经济的发展和社会的进步，在我国建设适度普惠型儿童社会福利制度过程中，应适应大部制改革的潮流，将一些分散在其他部门的儿童社会福利职能进行整合，集中到民政部儿童社会福利职能中，从而使我国的儿童社会福利有一个完整的管理职能。

3. 发展新的儿童社会福利职能

随着我国适度普惠型儿童社会福利制度建设的快速发展，儿童社会福利覆盖范围不断扩大，儿童社会福利项目不断增多，我国迫切地需要发展一些新的儿童社会福利职能。

第一，发展家庭福利服务职能。以儿童为主体的家庭福利服务包括优生优育、科学喂养、家庭教育指导、托幼服务等。在政府支持家庭方面，OECD 国家有两大计划，分别是“让家庭更美好”（Doing Better for Families）和“让儿童更美好”（Doing Better for Children）。

政府为家庭提供全方位的经济支持和社会服务。随着我国家庭结构的变化，随着小型化家庭、核心家庭的增多，大量普通家庭缺乏必要的养育指导，缺乏家庭育儿协助，发展家庭服务职能，能更好地帮助家庭从缺乏科学性抚育儿童中走出，更好地保障儿童享有的福利。在建设适度普惠型儿童社会福利过程中，应逐步完善政府支持家庭的职能。首先，完善对贫困家庭的支持。其次，完善对流浪儿童、残疾儿童等其他特殊儿童家庭的支持。最后，加大对农村家庭的生育保障。

第二，发展社区福利服务职能。社区将是未来儿童活动的主要载体，也是发展儿童社会福利服务职能的主要方向。社区为儿童提供集体生活的场所，为儿童提供愉快与健康发展的设施。当前急需建立一批集儿童生活、娱乐、教育于一体的大型儿童中心。也应该发展一些针对贫困家庭的如“开端计划”之类的儿童早期教育服务项目。未来的福利性服务框架更多地通过社区实现。因此，必须大力发展乡镇（街道）的行政服务职能，为儿童提供更多的社区服务。

第三，发展公共福利服务职能。公共福利服务职能包括公共设施、基本医疗、公共教育等。随着我国经济的发展和人民生活水平的提高，人们对公共福利的追求更加迫切。只有不断提高公共福利的供给状况，才能有效均衡社会供需矛盾，就儿童而言，对公共图书馆、公园、公共文化设施的享有和占用的欲望更加浓厚。儿童对基本医疗的需求也更多，特别是对常规体检、视力、口腔等医学检查的需求增多，基本医疗保障的范围将扩大。儿童对公共教育的需求也将增长。

因此，随着我国适度普惠型儿童社会福利制度建设的发展，我国儿童社会福利职能将不断拓展。

### （二）健全行政管理机构

行政管理机构是宪法和国家法律规定的行使国家行政权力的国家行政机关。它依法履行各种行政职能，不仅包括了领导机构、执行机构和监督机构，还包括各类派出机构、辅助机构等。目前，中国儿童社会福利制度的管理实行中央政府统一领导下的中央和地方分级管理的制度。在中央层面，民政部社会福利和慈善促进部下属的儿童福利部负责儿童的社会福利事务，在地方层面，则由地方民政厅或民政局负责儿童社会福利事务，形成了相对完善的儿童社会福利管理机构。当然，随着适度普惠型儿童社会福利制度的管理功能不断发展和完善，现有的儿童社会福利管理机构将无法适应未来发展的需要，可以在现有的儿童社会福利管理机构的基础上向两端延伸。

1. 中央层面，在民政部下设儿童福利局

目前，民政部儿童福利处的主要职能仍然是孤儿、困境儿童等部分特殊儿童的福利和服务。随着我国适度普惠型儿童社会福利制度建设的发展进程，这些职能范围无法满足日益发展的儿童社会福利要求，困境家庭儿童、普通儿童的福利也将纳入儿童社会福利管理范畴。届时，儿童社会福利的职能范围不断扩大，不仅是特殊儿童，普通儿童也被纳入福利管理。我国 2 亿甚至是 3 亿儿童的福利管理将需要一个更大的管理机构。因此，迫切需要建立更高级别的儿童福利管理机构，以便整合多元、分散和重叠的行政管理机构，建立统一、集中、高效和一体化的儿童福利行政管理体制。可以将原来分散在各个行政管理部门的有关儿童社会福利的行政职能进行整合，提升儿童社会福利管理规格，在民政部下设儿童福利局，总揽全国儿童社会福利事务，包括特殊儿童的社会福利事务和普通儿童的社会福利事务。

在民政部设立儿童福利局有几个优点：第一，将儿童社会福利管理从处级单位提升到司（局）级单位，扩大了儿童社会福利的管理职能，有利于将更多儿童甚至是全体儿童纳入福利管理，是贯彻《联合国儿童权利公约》和我国儿童发展规划纲要的重要体现。第二，儿童福利局与民政部下设的司是平级单位，是一个相对独立的管理体系，有利于较为独立地行使儿童社会福利管理政策，发布相关的行政管理规章。第三，儿童福利局可以成为民政部内特设局。由于儿童福利局为全国近 3 亿儿童提供福利，随着儿童社会福利范围的扩大，儿童社会福利财政支出逐年增加，占 GDP 的比重不断加大，儿童福利局在民政部的重要性不言而喻。因此，儿童福利局成为发展儿童社会福利的重要部门，有利于推进儿童社会福利事业的发展。随着今后家庭福利的发展，特别是妇女儿童福利和老年人福利的发展，可以将儿童社会福利的职能和家庭福利职能结合，建立“国家儿童福利与家庭福利局”，成为中央政府中与部委平行的“副部级和专门化”的儿童福利行政管理机构。

2. 地方层面，儿童社会福利管理机构向乡镇、村延伸

由于当前儿童社会福利管理职能单一，管理内容简单，儿童福利院等社会福利机构一般设在县及以上地域，因此，儿童社会福利管理机构也一般设在县民政局及以上部门。适度普惠型儿童社会福利制度建设试点过程中，部分试点地区将儿童社会福利管理下移，逐步延伸到乡镇、街道和村一级单位。试点地区在县（区）一级设立儿童福利服务指导中心，在乡镇（街道）设立儿童福利服务工作站，在村（居委会）一级设立专职儿童福利督导员。

儿童社会福利管理机构下移，建立起儿童社会福利管理基层单位，有利于落实儿童社会福利政策，发展儿童社会福利事务，真正体现“儿童第一”“儿童优先”的原则，对于加快儿童社会福利事业发展有重要政治意义。当前的最要紧事情是将试点过程中的重要经验转化为发展儿童社会福利事业的行动，将儿童社会福利管理机构下移的成果固化下来。

一是在全国范围内建立乡镇（街道）和村（居委会）一级儿童社会福利行政管理机构，使儿童社会福利的垂直管理落到实处。二是大力发展乡镇（街道）儿童福利服务工作站等基层服务部门。随着我国儿童社会福利事业的发展，特殊儿童和普通儿童的福利服务将更加需要，特别是普通儿童的福利服务（如儿童照料服务、儿童心理健康指导、家庭服务、母婴保健等）将更加发达。三是村级设立专职儿童福利督导员，而不是兼职儿童福利督导员。专职儿童福利督导员在专业水平、管理幅度、时间保障等方面都要比兼职儿童福利督导员更有优势。

（三）完善行政管理规章制度

从法的角度出发，我国适度普惠型儿童社会福利制度建设的实现要经过三个阶段，即法律—法规—规章。

首先，应出台具有高度严肃性和规范性的法律。正如前文探讨的那样，保障我国适度普惠型儿童社会福利制度顺利实现的具有母法意

义的法律是《中华人民共和国儿童福利法》。《中华人民共和国儿童福利法》对我国儿童所享有的各项福利做出全面规定，为我国儿童权利的实现提供了法律依据。除此之外，我国还应出台各项儿童社会福利的专项法律，具体规定儿童生活、教育、医疗、服务、司法保障等各项福利。

其次，应健全各项行政法规和地方性法规。行政法规和地方性法规是依据宪法和法律，按照法定程序制定的具有法律约束力的规范性文件。随着我国与儿童社会福利有关的法律颁布，与儿童社会福利管理有关的行政法规和地方性法规也应逐步健全与完善。特别是国务院出台的行政法规具有全国性效应，对各地儿童社会福利制度的执行有重要的决定性作用。比如，2010 年国务院办公厅印发的《国务院办公厅关于加强孤儿保障工作的意见》（以下简称《意见》），具有重大的社会意义。《意见》出台后，全国各地纷纷出台各项实施意见或措施，从生活、教育、医疗、住房、就业、司法保护等各个方面保障孤儿的权益。地方性法规对促进地方社会事务具有重要意义。在我国地区发展不平衡的状态下，不同地区的地方性法规对于促进当地儿童社会福利的发展具有重要现实意义，对于其他地区也具有示范或辐射效应。

最后，应完善各类部门规章和地方规章。部门规章是国务院各部委以及具有行政管理职能的直属机构根据国务院的条例、意见、通知、规定等，在部门管辖权限内制定的具有部门约束力的规范性文件。地方规章是省（区、市）以及较大的市的政府根据法律、法规和地方性法律制定的普遍适用于本地区行政管理工作的规范性文件。部门规章和地方规章对行政工作具有直接的作用力。在我国适度普惠型儿童社会福利制度建设过程中，民政部和地方各级人民政府应高度重视儿童的权利与福利，根据法律法规制定有利于儿童发展的具体的行政规章，以使儿童享有的福利落到实处，并不断推动儿童社会福利事业的发展。

在我国适度普惠型儿童社会福利制度建设过程中，要紧紧地把法律、法规、规章这三者有机地结合在一起，通过法律法规和规章制度的建设不断健全和发展我国的儿童社会福利事业，为儿童谋求幸福。

（四）创新行政管理方式

传统的行政管理有很大的弊端，耗费大量的人力、物力，行政效率低下。随着信息化技术的发展，电子政务逐渐成为政府管理和服务的重要媒介，也是传统政府职能向现代政府职能转变的重要体现。加强信息化建设，以信息化带动管理现代化，是创新儿童社会福利管理的重要手段。

1. 大力发展电子政务，提高管理效能

电子政务是一种运用计算机、网络和通信等现代信息媒体提供的政府公共管理方式。自 20 世纪 90 年代电子政务产生以来，电子政务在政府公共管理领域发挥了重要作用，对于推动政府公开，改进政府工作效率做出了重要贡献。

我国儿童社会福利管理逐步建立起电子政务管理方式，国家民政部建立了基于网络的儿童福利信息网站，发布相关儿童福利信息，有利于民众更多地了解儿童社会福利。但地方民政系统的电子政务建设相对落后。打开县一级的民政网站，在上面能够了解到的儿童社会福利信息相对不足。一些地方民政的网站只有一些基本的条目，没有具体的内容。有些地方民政的儿童社会福利信息严重不足，而且信息陈旧。

大力发展电子政务对于推动我国适度普惠型儿童社会福利制度建设有重要意义。第一，建立电子政务有利于快速沟通信息。当前，民政网站上有关儿童社会福利的信息相对缺乏，特别是一些基本信息和统计数据缺乏，人们对儿童社会福利状况的了解非常困难。随着我国适度普惠型儿童社会福利制度的发展，大量儿童福利的信息应该通过网络及时、快速地传递给普通民众形成信息的共享。第二，建立电子政务有利于改进工作作风。长期以来，民众对政府的工作不了解，通过政务公开，有利于改进政府的儿童福利工作。第三，有利于提高儿童福利工作效率。随着我国适度普惠型儿童社会福利制度建设的发展，儿童社会福利事务将不断增加，而民政部门管理人员有限，通过办公自动化，有利于提高行政管理效率。

2. 大力加强信息化建设，完善儿童信息库

我国儿童社会福利管理的信息化建设相对落后。长期以来，人们对我国有多少孤儿、多少艾滋病病毒感染儿童、多少流浪儿童、多少残疾儿童、多少贫困家庭儿童知之甚少。一方面是调查和统计存在困难，另一方面是我国儿童社会福利信息建设长期落后，没有建立起全国范围的儿童信息库。2011 年，《全国儿童福利信息管理系统》正式启用，这为我国的儿童社会福利管理创造了重要条件。我国适度普惠型儿童社会福利制度的发展，离不开完善的儿童信息库。首先，应为各类特殊儿童建立档案，包括家庭信息、身体状况信息、教育信息、住房信息等各种相关材料，使政府部门切实掌握我国儿童的相关情况和享受福利的状况，有针对性地为各类儿童提供福利保障。其次，在完善特殊儿童信息的基础上，逐步建立起面向全体儿童的信息库，信息库中儿童编号与身份证号挂钩，形成“一人一档案”的信息系统。

（五）推进社会化管理

当前，我国的儿童社会福利服务还相对不完善，全国只有 500 多家儿童福利机构。独立的儿童福利机构省级只有 9 家，地市一级 333 家，县一级只有 64 家，全国绝大多数的县（市）没有专门的儿童福利机构。虽然全国有 2000 多个流浪儿童救助站，但流浪儿童救助保护中心只有 200 多家，很多县（市）没有专门的儿童保护中心。儿童福利服务机构数量与儿童的福利服务需求相比，可谓“杯水车薪”。而未来随着我国适度普惠型儿童社会福利制度的发展，对儿童福利服务，如儿童养育服务、儿童心理辅导、儿童监护能力评估等的需求将更大，这些福利服务完全由政府提供是不现实的，必须充分调动社会资源，推进儿童社会福利的社会化管理。一方面使符合条件的社会组织参与儿童福利机构建设，另一方面可以通过政府购买的方式促进专业的社会组织发展。

福利多元主义理论认为，社会福利可以由“三元”或“四元”来提供。结合我国的实际情况，笔者主张我国儿童社会福利由“四元”来提供，包括国家、市场、社区（社会组织）和志愿者等。其中，国家是儿童社会福利提供的最重要的主体，处于主导地位，提供

绝大部分的儿童社会福利，对其他主体进行指导和监督。市场可以提供一些特殊儿童的福利服务，由国家采用政府购买的方式提供给儿童。社区或社会组织在适度普惠型儿童社会福利提供中发挥着重要的作用，志愿者可以为儿童提供各方面的志愿服务。

1. 鼓励社会力量参与儿童社会福利提供

随着社会福利社会化管理的发展，我国需要鼓励和支持社会力量参与儿童社会福利提供。国家应通过各种途径，包括财政支持、税收优惠、土地出让、价格优惠等方式激发热心儿童福利事业、热心公益事业的社会各界人士，包括港澳台同胞，以及爱心企业主等广泛建立非营利性的社会组织。大力发展社会组织，一是有利于激发广大爱心人士关爱儿童社会福利事业的热情。二是有利于吸引民间资金参与儿童社会福利事业管理，促进儿童社会福利事业的发展。三是有利于吸收社会组织的优秀资源和技术，为孤残儿童、重症儿童等提供更多更好的服务。此外，要建立科学的志愿者激励机制，对提供儿童社会福利志愿性服务的志愿者给予奖励或表彰。要鼓励社区提供儿童社会服务，大力发展社区儿童照料中心。

2. 推动儿童社会福利服务政府购买

随着我国适度普惠型儿童社会福利制度的建设与发展，以提供儿童社会福利服务为主要职责的社会组织将广泛建立起来。有许多福利服务如儿童照料服务、儿童心理健康服务、家庭协助服务等，可以通过政府购买的方式由社会组织来提供。这种借助社会化运作的儿童社会福利服务将推动更多的社会组织参与，提供更加丰富的儿童服务内容，不仅为特殊儿童，而且为更多的普通儿童提供更加多样化的福利服务。

## 第三节　农村留守儿童社会救助权的保障

### 一　农村留守儿童家庭义务的构成

家庭是儿童主要的活动场所，家庭成员尤其是儿童的父母，在子女的教育以及成长过程中扮演着重要的角色，承担着子女家庭教育与监护的法律义务。儿童不仅能在家庭教育中学习到基本的生存技能和生活经验，也能培养正确的社会价值观和规范。我国留守儿童的家庭监护体现在《民法通则》中，“未成年人的监护人是未成年人的父母，其父母已经死亡或没有监护能力的情况下，可由其他有监护能力的人担任未成年的监护人。”

### （一）家庭教育义务

应该怎样做人，单单凭借子女的本能是不够的，父母必须努力为子女提供教育的条件，实现子女更高层次的发展。黑格尔从家庭关系以及儿童自身感受两个方面阐述了家庭教育的必要性。

#### 1. 从家庭关系的角度分析

从家庭关系的角度分析，黑格尔认为父母给予子女的教育形式应当是直接的、没有对立面的，其肯定目的是给子女灌输伦理原则。这样，儿童的心里就有了伦理生活的基础，可以在爱、信任以及服从中度过他人生的第一阶段。父母是子女的启蒙老师，家庭教育是儿童整个成长与学习过程中的启蒙环节，家庭教育存在的意义在于破除子女的自我意志，让其意识到应当根据理由和观念行动，而非根据随意任性。家庭教育义务作为法律义务，其主要负担者是儿童的父母，然而农村留守儿童的父母长期在外务工而导致与子女处于分离的状态，家庭教育义务事实上得不到很好履行。

#### 2. 从儿童的角度分析

就儿童自身的感受而言，儿童之所以有想要受教育的思想，是因为他们对现状的不满以及想要进入更加理想的阶段、希望长大成人的欲望。由此可见，家庭教育是引导儿童进入更高阶段的重要途径。农村留守儿童渴望进入更高的阶段以摆脱对现状的不满，然而客观条件却无法满足他们的需求。

无论是从家庭关系还是从儿童自身的感受分析，都可以得出家庭教育对儿童成长与发展的重要性，家庭教育法律义务履行的缺失不可避免地对农村留守儿童造成了伤害。

（二）家庭监护义务

原则上，农村留守儿童的监护人是留守儿童的父母，在父母已经死亡或者丧失监护能力的情况下，才可由其他有监护能力的人担任其监护人，然而，农村留守儿童的父母由于长期在外务工，与子女在空间上处于分离状态，即使留守儿童的父母具有监护的能力，但事实上已经无法有效地履行监护职责。由此导致了农村留守儿童监护的多样性，概括而言主要有以下几种方式：第一，隔代监护，即父母双方均在外务工，把未成年的子女交付给祖父母或者外祖父母照顾的监护方式，此种监护方式是农村留守儿童监护方式中最为普遍的一种，所占比例高达70%以上，由于祖辈行为能力的限制，隔代监护一般只停留在儿童的生活起居层面。第二，单亲监护，即父母双方中的一方在外务工，另一方留在家中照顾未成年子女的监护方式，一般而言，母亲留在家中的比例更高。相较于其他几种监护方式而言，此种监护是较为健康的监护方式。第三，亲友监护，即父母双方均在外务工，把未成年子女托付给亲戚或者朋友照顾的监护方式。此种监护方式往往会让儿童产生“寄人篱下”的孤独感，极易产生心理孤僻。第四，自我监护，即父母双方均在外务工，未成年子女无人照料，只能自己生活的监护方式，此种监护方式下，留守儿童各方面均很难得到保障。第五，学校监护，即父母双方在外务工，将未成年子女送到寄宿学校学习生活，由学校照看留守儿童的监护方式，然而由于农村寄宿学校硬件设施相对差、师资力量不足等因素的限制，学校监护往往只是停留在儿童的学习期，无法兼顾农村留守儿童的全面发展。

（三）家庭教育中存在的问题

中国传统社会模式下，儿童的家庭教育主要是由父母向子女提供的，在儿童成长与发展的过程中，父母的陪伴与指引有着极其重要的作用。

对于农村留守儿童而言，他们的父母长期在外务工，空间距离、经济条件、时间限制等各种原因导致父母对子女家庭教育的缺失，父母一般只在经济上给予子女一定的保障，无暇顾及子女的生理以及心理的发展状况，更无法满足子女的精神需求。留守儿童与父母之间交流甚少、关系生疏，当在学习、生活中遇到问题时，往往不愿及时、主动地和父母沟通，情绪得不到排解时很容易产生一些反社会的行为，心理疾病甚至自杀的概率也高于普通儿童。

### （四）家庭监护中存在的问题

第一，法定监护人缺位。《民法通则》第16条规定："未成年人的父母是未成年人的监护人。"依据我国的监护制度，父母是子女的法定监护人，法定监护人负有保护受监护人的人身、财产和其他权益不受侵害的职责。但在农村留守儿童这样的特殊群体中，父母长期在外务工，导致法定监护职责得不到落实，父母在主观上虽然没有伤害留守儿童的意思，然而客观事实上留守儿童的权益却因为父母的监护职责没有切实履行而受到损害。

第二，其他监护人职责的缺失。农村留守儿童的父母双方在外务工的情形下将子女托付给他人监护，可以在一定程度上缓解留守儿童无人照料的问题，这也是现在农村留守儿童比较常见的照料方式。但是依然存在许多弊端。例如隔代监护中，祖辈行为能力有限，大多年迈体弱、知识匮乏，对留守儿童的照顾只能集中在温饱问题上，无力顾及留守儿童的学习、心理上的问题，甚至在祖辈健康出现问题的情况下还可能出现反向监护的情形；亲友监护中，亲友大多有自己的家庭、工作，在监护的过程中难免出现感情偏差，让留守儿童在情感上孤立无援，亲友本身的工作压力也可能导致对留守儿童关注较少，无法切实地保障留守儿童的安全；学校监护中，农村寄宿学校硬件设施有限，留守儿童在生活上得不到很好的保障，老师大多只关注学生的成绩而忽视学生的心理状况，留守儿童的心理问题得不到及时解决，可能会产生较为严重的心理疾病。

## 二　农村留守儿童家庭义务的履行保障

### （一）家庭教育义务的履行保障

我国《婚姻法》规定，父母对未成年子女负有抚养教育的义务。家庭成员尤其是留守儿童的父母是家庭教育义务承担的主要力量，肩负着家庭教育义务的重担。农村留守儿童的家庭教育问题，单靠个人是解决不了的，同时需要学校、社会、政府等各方力量的支持。

1. 引导留守儿童的家庭成员充分认识家庭教育的重要性

父母是子女教育的启蒙老师，对子女负有家庭教育的义务，良好的家庭教育可以帮助子女形成正确的人生观、价值观，对子女未来的发展至关重要，留守儿童的家庭成员尤其是父母应当充分地认识到这一点。父母应当多与子女交流沟通，关注子女的身体健康和心理发展状况，了解子女的学习、生活情况，及时发现并解决问题。

2. 加强学校教育和管理，弥补家庭教育的不足

学校教育在一定程度上可以弥补家庭教育的不足。因此，有必要加强农村留守儿童的教育和管理。学校应首先认识到留守儿童的教育和管理的重要性，并在此基础上建立留守儿童档案管理系统，记录他们的学习和心理发展，定期联系家长或监护人，及时反馈留守儿童在学校情况。

3. 完善家庭教育法制

目前，关于家庭教育的法律法规分散在中国的许多法律中。关于家庭教育的法律法规缺乏系统性和专业性，对解决农村留守儿童的家庭教育问题非常不利。因此，立法机关应制定系统的家庭教育法，以法律法规的形式明确父母的家庭教育义务。同时，还应明确父母在外出工作时不能履行家庭教育义务时，应当委托他人作为监护人，委托监护人应当履行家庭教育义务。

在完善家庭教育法的同时，各级政府有必要增加对留守儿童社会救助的财政投入，努力建立免费的农村留守儿童家庭教育咨询机构，提供指导和帮助。父母和其他留守儿童的监护人，提高父母和其他监护人的家庭教育水平。

（二）家庭监护义务的履行保障

《联合国儿童权利宣言》（1959 年）提出：“儿童因身心尚未成熟，在出生以前和以后均需要特殊的保护和照料，包括法律上的保护。”家庭监护义务是儿童监护制度中不可缺少的部分，父母作为儿童的法定监护人，对儿童的监护以及身心健康的维护负有重大的责任，我们称为父母责任，而父母责任的实质是对留守儿童权利的保护。

农村经济发展落后，农民收入整体偏低是农民外出务工的根本原因。家庭监护职责不明确以及家庭监护监督制度的缺失共同导致农村留守儿童家庭监护义务得不到切实履行。因此，保障农村留守儿童家庭监护义务的履行需要从以下几个方面着手：

1. 完善农村留守儿童监护制度

我国现行法律制度只规定了监护人不履行监护职责或侵害被监护人合法权益时，应承担相应的法律责任，然而对于应当在何种情形下承担责任以及承担责任的具体方式并未予以规定，有待于进一步的完善。因此，法律应当明确规定监护人不履行监护职责致使被监护人权利受损时，被监护人有权依据法律、法规的相关规定要求监护人履行职责，相关部门应给予及时、必要的监督，将促使监护人履行义务。

委托监护在农村留守儿童监护中是十分普遍的形式，《民法通则》规定了委托监护的形式，但是就委托监护的内容并未做具体规定，农村留守儿童的委托监护缺乏相应的法律依据。因此，立法机关应当通过相关立法活动对委托监护的内容予以细化，明确规定委托监护中委托人与受托人的权利义务以及法律责任。同时，基于农村留守儿童群体的特殊性，对其可以尝试实行委托监护登记制度，由民政部门对留守儿童监护的委托人与受托人的基本情况进行登记，定期了解留守儿童的生活状况，以便于更好地督促委托监护职责的切实履行。

2. 充分发挥国家和政府的职能

农村留守儿童家庭监护义务履行的缺失，究其根源在于农村经济落后，农民收入匮乏而导致大量农民外出务工以便寻求更好的生存发展条件。因此，国家和政府有必要从以下两方面着手解决家庭监护义务履行缺失的问题。一方面，国家应当加强农村建设、加大农业生产投入、发展农村经济，充分吸纳农村剩余劳动力以减少外出务工的农民数量，从根本上解决农村留守儿童的监护问题。另一方面，国家要完善农村留守儿童社会救助以及最低生活保障制度，加大社会救助财政支出，提高符合救助条件的留守儿童的覆盖率。

## 三　农村留守儿童社会救助权保障的社会义务

未成年人保护是社会团体、企业事业组织、城乡基层群众自治组织的共同责任，《未成年人保护法》将18周岁作为未成年人年龄的上限，其中当然包含了农村留守儿童群体。同时《联合国儿童权利公约》第19条表明，儿童的保护离不开社会支持，可见，农村留守儿童的问题从根本上说也是社会问题，对农村留守儿童权益的保障应当以一定的社会环境、文化背景为基础，通过社会资源的整合以及社会资本的支持来展开。

### （一）农村留守儿童社会救助权社会义务的履行主体

农村留守儿童是我国社会转型期的产物，在未来一段时间内必将长期存在。农村留守儿童问题的妥善处理与留守儿童权益的保障是社会义务承担主体共同的责任。所以，明确社会义务的承担主体有助于更好地保障农村留守儿童社会救助权的实现。根据《未成年人保护法》的意旨，我们认为农村留守儿童社会救助权保障的社会义务主体主要包括村民委员会、社会组织以及社会工作者。

#### 1. 村民委员会

1982年1月的《全国农村工作会议纪要》以及1994年11月的《中共中央关于加强农村基层组织建设的通知》对农村基层组织进行了规定，认为农村基层组织是落实党在农村的一切方针、政策以及完成各项工作任务的重要保证。农村基层组织，即设在镇和村一级的各种组织，主要包括基层政府组织、基层党组织、村民自治组织、农村新型基层组织以及其他组织五个类型。《未成年人保护法》第6条规定："保护未成年人，是国家机关、武装力量、政党、社会团体、企业事业组织、城乡基层群众性自治组织、未成年人的监护人和其他成年公民的共同责任。"

农村基层组织作为我国基层自治的基础，对农村基层社会的发展与规范具有全面性和直接性的作用，本书所研究的农村基层组织是农村村民自治组织，即村民委员会。2010年《村民委员会组织法（修订）》规定村民委员会的职责包括依法开展各种形式的经济活动、承担本村的经济发展和协调工作、维护村民的合法权益、发展文化教育等。村民委员会是联系上一级政府和农村留守儿童的纽带，它直接面向留守儿童，是最接近留守儿童生存环境、最了解留守儿童生存状况以及最能够切实保障留守儿童生存需求的农村基层组织，是农村留守儿童社会救助权保障的社会义务的首要承担主体。

村民委员会承担社会义务的内容主要包括积极义务和消极义务两个方面。积极义务是指村民委员会依据法律法规的相关规定以及社会的要求对留守儿童采取的积极保障义务，主要包括义务教育保障、社会保障以及安全保障三个方面；消极义务是指当村民委员会违反法律法规的相关规定以及社会的要求对留守儿童的权益造成损害时，应当承担否定性法律后果的义务。

2. 社会组织和社会工作者

社会组织以及社会工作者是农村留守儿童保障的社会义务的辅助承担主体。《未成年人保护法》第 27 条明确规定，国家鼓励社会团体、企事业组织以及其他组织和个人开展多种形式的有利于农村留守儿童健康成长的社会活动。同时，2014 年 1 月，共青团中央、中央综治办、民政部等 6 部门联合发布《关于加强青少年事务社会工作专业人才队伍建设的意见》强调，青少年事务社会工作专业人才应当以促进青少年成长发展、维护青少年合法权益、预防青少年违法犯罪为主要服务领域。建立非营利和非政府组织，吸纳更多专业的社会工作者，以其专业知识、技能和方法，为留守儿童提供妥善的帮助。非营利和非政府社会组织以及社会工作者承担社会义务的内容主要包括为留守儿童权益保障提供专业的、高效的以及富有成效的支持；利用自身的资源与优势发起农村留守儿童公益项目或者公益活动。

（二）农村留守儿童社会救助权社会义务履行的问题

1. 村民委员会社会义务履行中的问题

村民委员会社会义务的履行主要体现在对农村留守儿童的义务教育、社会保障以及安全保障三个方面。村民委员会社会义务履行的恰当与否直接决定着农村留守儿童权益保护的实现。

第一，义务教育方面。2012 年统计年鉴数据显示，自 2003 年，我国农村居民家庭年人均收入增加 529. 4 元，同期城市居民年人均收入增加 1789. 8 元。这一数据表明，农村经济发展水平远低于城市，这正是大量农民进城务工的原因，不能随父母一起生活的儿童就成了

“留守儿童”。农村经济发展缓慢、条件相对匮乏导致教育专项经费短缺，农村学校相对于城市而言，硬件设施不完善、办学条件、教学质量也整体落后，限制了农村学校在留守儿童管理方面的功能，无法保障留守儿童的教育质量。

良好的农村社会文化环境对留守儿童的成长至关重要，可以培养儿童的兴趣爱好，甚至可以影响留守儿童品行的发展。农村留守儿童所处的文化环境主要以学校为主，而农村学校的基础设施建设相对落后，课外文化活动设施状况更加不理想，大部分农村学校没有专业的师资以及专门的文化活动场所，这就导致了留守儿童生活区域附近的不良文化场所的兴起，对农村留守儿童的品行发展十分不利。

第二，社会保障方面。由于城乡二元资源配置的影响，导致农村地区的资源配置明显不足，进而影响到农村留守儿童的社会保障机制。例如，从卫生健康方面来看，农村公共卫生服务建设方面投入的资源相对不足，卫生服务的质量不高，加之农村地区地广人稀，空间分布呈现满天星状态，农村的卫生医疗服务的可及性就不理想，形成看病难的问题，无法为留守儿童提供可及性强、质量高的卫生保健与医疗服务。另外，国家在农村推行和落实医疗保障制度的进程十分缓慢，加之村民委员会对医疗卫生知识以及疾病预防知识宣传不到位，农民普遍存在健康知识匮乏、疾病预防意识薄弱、疾病预防能力差等问题，对留守儿童的健康成长存在一定的威胁。

第三，安全保障方面。村民委员会对留守儿童的安全保障主要集中在食品安全保障、网络安全保障以及交通安全保障三个方面。留守儿童活动的场所主要是家庭和学校，村民委员会对学校食堂以及学校周边小卖部、餐馆的监管不到位，加之留守儿童家庭监管力度不足，留守儿童因食品安全造成突发疾病的情况时有发生，对留守儿童的身体健康甚至生命安全造成了威胁。农村基础设施建设不完善，无法像城市那样为儿童提供专门的学习、娱乐场所，农村几乎没有青少年活动中心、图书馆、博物馆这样的场所；相反却有很多网吧、游戏厅，经营者在利益的驱使下，不但不会制止留守儿童的上网、游戏行为，反而还会为其创造条件，“未成年人不得入内”的警示语几乎形同虚设。由于监护人的监管不足，农村留守儿童往往难以抵制网络游戏的诱惑，而沉迷在网吧、游戏厅等地。加上没有监护人对其进行正确的引导，网络世界中许多暴力、色情的游戏内容会对留守儿童品德及其健康形成破坏。此外，由于农村居民空间分布的分散性，很多农村儿童距离学校的路途较远，这也形成了交通安全隐患，留守儿童可能需要单独行走或使用其他交通工具经过很长的路程，而农村的交通设施和交通管理相对落后，不能有效地保障儿童安全，需要村民委员会采取规范措施来加强交通管理，保障儿童安全。

2. 社会组织以及社会工作者社会义务履行中的问题

农村留守儿童权益的保障离不开非营利和非政府社会组织的参与和支持。目前，社会组织已经发起了一些关注农村留守儿童的公益项目或者公益活动，如关爱留守儿童公益计划、“阳光成长”关爱农村留守儿童公益项目、春苗营养计划等，但是这些公益项目远远无法覆盖数量如此巨大的留守儿童群体。因此，需要进一步地发挥社会组织的力量。社会工作者作为文明社会建设的重要支撑，可以以其专业的知识技能为社会组织、农村留守儿童的家庭以及留守儿童个人提供帮助。然而，社会工作者到目前为止尚未被纳入农村留守儿童社会救助法律保障体系中，无法充分地发挥保障作用。

## 四　农村留守儿童社会救助权社会义务的履行保障

### （一）村民委员会的履行保障

分析村民委员会社会义务履行中的种种问题可知，村民委员会缺少系统的管理体系，加之内部缺乏有力的监管制度以及奖惩制度，造成村民委员会在对待留守儿童的问题上权责模糊。

农村留守儿童的问题涉及教育、安全、民政等各部门的职责，留守儿童的问题是社会问题，要妥善地解决需要社会各界的全力配合，这就要求村民委员会发挥好协调职能。然而，从农村留守儿童问题解决的实际情况来看，村民委员会并没有充分发挥好组织协调功能。村民委员会在解决农村留守儿童的问题上有着不可推卸的责任，本书就村民委员会的工作提出以下几点建议：

1. 明确村民委员会在义务教育中的责任

《未成年人保护法》提出保护未成年人是国家、社会、学校和家庭共同责任的法律原则，为农村留守儿童权益保护责任的明确提供了法律依据，同时《村民委员会组织法》第9条也规定，村民委员会应当积极发展文化教育事业，向村民普及科技知识。可见，村民委员会承担着留守儿童义务教育的管理责任，也承担着保障教育环境、改善农村学校教育条件的责任。因此，村民委员会要深刻地认识到留守儿童义务教育的重要性、增强责任意识、明确责任承担，严格履行在农村留守儿童义务教育中的义务。

2. 完善对农村留守儿童的社会保障机制

村民委员会有责任推动建立与完善可以覆盖所有留守儿童的救助机制和医疗保障体制，此项任务的难点在于资金短缺以及有效的管理手段。社会组织发起的公益项目以及公益活动虽然可以对农村留守儿童进行一定的资金帮助，但是社会救助机制以及医疗保障体制长期有效的运行，村民委员会的主导作用是不可替代的。现阶段，农村留守儿童救助机制以及医疗保障资金主要来源于财政拨款，要保证各项事务的顺利展开，首先应当保证财政拨款用到实处，做到专款专用、避免腐败，同时也要认识到保障留守儿童的资金缺口仅仅依靠财政拨款是填补不了的。村民委员会可以根据《村民委员会组织法》第8条的规定，采取相应的措施扩展资金渠道，只要遵循法律法规，发展经济的形式可以多种多样，例如，发展乡村旅游是振兴乡村经济的有效途径，可以向社会各界筹集资金或者利用农村劳动力的优势招商引资，大力发展劳动密集型产业，解决劳动力过剩的同时也可以缓解农村留守儿童的问题。发展经济的同时有必要建立规范的财政监管体系，提高资金的利用率。依据《村民委员会组织法》第30条的规定，为有效监督资金，需要执行村务公开制度，资金的使用要透明化、公开化，定期向全体村民公开政府拨付的资金以及社会各界捐赠的资金、物资等，从而防治资金的挪用和侵吞，将这些资金和物质真正用之于民。

3. 加强农村留守儿童的安全保障

村民委员会需要采取强有力的手段保障农村留守儿童的安全。首先要保障留守儿童的饮食安全。加强对学校的食堂以及学校周边小卖部、餐馆的食品安全监管，杜绝过期食品、垃圾食品危害儿童健康，保障留守儿童的食品安全。其次，要加强农村社会文化事业的基础设施建设，营造健康积极的社会环境。农村留守儿童所处的社会文化环境以学校为主，政府应将学校文化场所建设视为民生问题加以重视，改善学校基础设施建设，兴建可以为儿童提供健康文化指引的文化场所，营造积极向上的社会文化环境，同时对学校周边的网吧、游戏厅进行有力的监管。最后，村民委员会需要加强本村的交通设施建设和交通安全管理。现在国家对村落道路改造予以资金支持，村民委员会要把握好政策，积极改善本村交通条件，与交通管理部门的协调沟通，对公共交通体系进行合理的规划，增强人们遵守交通规则的意识，为留守儿童提供便利交通条件。加强校车的规范化管理，定期对校车进行检查、维修，并对校车司机进行交通安全教育，提高校车司机的责任意识，降低校车交通风险，以保障留守儿童的乘坐安全。

（二）社会组织以及社会工作者的履行保障

农村留守儿童社会救助法律保障体系的完善需要明确社会组织以及社会工作者对农村留守儿童的保障义务，才能更好地解决留守儿童问题。

加强农村留守儿童权益的保护需要借助社会组织的力量，充分发挥社会组织的优势，推动设立更多关爱留守儿童的基金项目，借助基金的力量不断扩大留守儿童救助平台，进而借助救助平台的力量开展更加广泛的社会募捐活动。与此同时，政府应当加强对社会组织的监管力度，确保留守儿童基金项目规范地运行，以切实保障农村留守儿童的根本利益。

社会工作者在农村留守儿童权益保护工作中扮演着教育者、协调者以及中介者的角色。社会工作者应当以其专业的社会工作经验，为农村留守儿童的权益保护提供专业化的服务理念、方法与督导方式，以保障留守儿童保护工作高效率、高质量地完成。

## 五 农村留守儿童社会救助权保障的国家义务

国家义务理论起源于中世纪罗马法的复兴，形成于近代公法理论的确立，英国《大宪章》是国家义务形成的标志，发展于现代人权法的完善过程。

社会权是公民社会人格和精神人格形成以及维护所必需的物质和文化生活方面的权利，而社会救助权又是以生存权为基础的社会权，是一项基本权利。“任何对基本权利的保障最终都落实或者表现在国家义务及其履行上，而且国家义务决定国家权力，国家义务是衔接公民权利和国家权力的桥梁，因此国家义务是基本权利的根本保障。”由此可见，农村留守儿童社会救助权的保障涉及诸多法律义务，但是实现此项权利最主要的方式还是取决于国家义务的充分履行。换言之，国家义务是农村留守儿童社会救助权实现的根本保障方式。

农村留守儿童社会救助权的国家义务要求国家对留守儿童的社会救助权不得非法剥夺的同时采取积极措施确保留守儿童能够享有基本生存与发展的权利。国家义务层次理论可以作为国家保障民生义务的基本体系，义务的内容上则应该按照履行的难易程度分三个层次履行，即尊重、保护和给付义务，并且这三个层次的义务在性质上是相辅相成的。

### （一）农村留守儿童社会救助权国家义务的主体

#### 1. 国家尊重义务的主体

我国《宪法》第 33 条规定：“国家尊重和保障人权。”对各项基本权利采取了总括式的“国家尊重”和“国家保障”规定，是公民社会救助权国家尊重义务直接适用宪法的体现。农村留守儿童的社会救助权作为宪法确认的基本权利，具有排除侵害的效力，要求国家保障留守儿童社会救助权的同时负有不侵犯留守儿童基本权利的义务，即国家的尊重义务，是国家首要的、最根本的、最主要的义务，承担不侵犯义务的主体包括国家立法、行政以及司法机关。

#### 2. 国家保护义务的主体

“对国家保护义务主体的研究，通常是对国家机关纵向层级履行国家义务的界定。”国家保护义务主体的明确，是落实农村留守儿童社会救助权国家义务的重要命题之一。国家机关由于其职能与活动方式的主动性、积极性的特点，是最适宜承担国家保护义务的主体，并且是法定的义务主体，应当积极主动地处理农村留守儿童社会救助权的相关事务。

国家机关是履行社会救助权国家保护义务的法定主体。我国现有的国家机关组织法将国家机关划分为中央和地方两级。这种保护主体的划分首先不利于中央机关作为社会救助权国家保护义务主体的责任界定；其次，地方政府由多个层级组成，在社会救助权国家保护义务的实际履行过程中，可能会存在相互推诿的现象，从而导致国家保护义务的责任落不到实处。

3. 国家给付义务的主体

“社会救助制度是保障困难群众基本生活的社会保障制度，建立社会救助的长效机制对于充分发挥社会救助调节社会利益、化解社会矛盾、促进社会公平以及维护社会稳定具有重要的意义和作用。”国家给付义务涉及国家各种资源的整合、分配，是政治性的事务，国家立法机关是唯一有处理此事务资格的权威机关。立法机关通过相关立法活动对留守儿童社会救助权的国家给付细节加以规定，明确农村留守儿童社会救助的基本原则，构建详细的管理体制以及具体的实施措施，建立资金保障制度并明确其标准，以实现有法可依。

国家行政机关是法律、法规的执行者，担负着执行留守儿童社会救助权国家物质给付的职责，其履行的恰当性决定了农村留守儿童社会救助权的实现。行政机关应当按照法定标准、遵照法定程序，提高执行效率，以留守儿童可以接受的方式履行国家给付义务。

（二）农村留守儿童社会救助权国家义务的内容

1. 国家尊重义务的内容

第一，国家对农村留守儿童尊严的保障义务。农村留守儿童社会救助权的国家尊重义务得以实现的前提是维护和保障儿童的基本生存需求，农村留守儿童社会救助的社会实践中，经常会出现侵害被救助人尊严的情形，如张榜公示接受救助的留守儿童名单、公开留守儿童家庭信息、媒体大幅度报道、刊登留守儿童接受救助的图片等，一定程度上伤害了留守儿童的尊严。国家作为社会救助权的义务主体，在权利保障实践中要本着“社会归因—公民权利—国家义务”的理念尊重和维护留守儿童的人格尊严，在此基础之上使留守儿童享受有尊严的社会救助。

第二，国家对农村留守儿童自由的保障义务。对符合社会救助条件的农村留守儿童进行救助是国家不可推卸的责任，此种情况下，国家首要的、基本的义务是要尊重留守儿童的选择自由，然而在社会救助实施的过程中不乏侵害留守儿童权利的现象存在。部分地方政府利用价值取向选择社会救助的受益人，要求留守儿童的家里无吸毒人员、无违反计划生育条例的情形存在，除此之外还会附带其他一些苛刻条件，对留守儿童各方面进行严格而烦琐的审查，甚至对接受救助的方式都做出了强制性的规定，损害了留守儿童自由选择社会救助的权利。

第三，国家对农村留守儿童平等的保障义务。我国特殊的二元经济结构以及城乡发展不平衡的问题导致农村留守儿童在接受社会救助时遭遇不平等的待遇。2012 年，政府投入 2716.5 亿元到“抚恤和社会福利救济费”“社会保障补助支出”，以及“全国社会保障金”，然而投入社会救助方面的资金总额却不到 265 亿元，可见国家投入社会救助领域的资金很少，尤其是农村社会救助领域，这在一定程度上侵害了留守儿童的平等权。

2. 国家保护义务的内容

农村留守儿童社会救助权国家保护义务的目的在于维持留守儿童的基本生存与发展，是对第三人引起的留守儿童社会救助权侵害或危险的防御，而非提供给付，是通过对国家确立的法的秩序的维持，以促成农村留守儿童社会救助权的实现。

农村留守儿童社会救助权国家保护义务中包含三方主体，即国家、留守儿童以及对留守儿童权益造成侵害或危险的第三人。国家对留守儿童负有保护义务无疑，然而，国家所负保护的对象是仅限于保护留守儿童免受他人侵害，还是也包含“自然灾害”，这是一个存在争议的问题。一种观点认为，国家保护义务仅是国家针对第三人侵害的义务；另一种观点则认为，国家保护义务的对象既包括他人，也包括自然侵害等领域。本书认为，国家保护义务是国家承担分配、给付的具体体现，蕴含国家调和私人间法益冲突的意旨，对“自然灾害”的救济是任何国家均负有的责任，无须从社会救助权中延伸。因此，社会救助权国家保护义务的对象仅限于侵害留守儿童社会救助权的第三人。

社会救助权国家保护义务履行的核心问题在于当社会救助权遭受侵害时，国家应当采取何种措施、履行何种保护义务以达到社会救助权的目的。国家保护义务通常情况下分为三个阶段，即事前的防御义务、事中的排除义务以及事后的救济义务。农村留守儿童社会救助权的预防义务主要由国家立法机关承担，更多地表现为对社会的一般指引，排除义务主要由国家行政机关履行，体现了国家保护义务的直接性和现实性，当留守儿童的基本权利受到国家、第三人侵害或者侵害之虞时，国家应当积极作为，迅速地采取直接、有效的措施来控制该侵害行为。留守儿童的社会救助权遭受国家或者第三人侵害时，有权就其侵害行为向国家行政机关请求排除侵害，与此相对应，当留守儿童的社会救助权受到国家行政机关侵害时，有权申请行政复议或者提起诉讼以获得相应的救济。

3. 国家给付义务的内容

“基本权利给付义务是指在公民和国家的关系中，国家以积极行为方式履行体现社会法治国性质的义务、公民就此享有维护人性尊严基本的物质或经济利益。”具体而言，国家给付义务是在国家尊重义务和保护义务的基础之上发展而来的，当公民通过自身努力不能达到基本权利的最低要求时，国家对公民在物质上、经济上的资助，是公民社会权的基本保障。农村留守儿童社会救助权国家给付义务主要是以国家积极履行社会救助的行为而得以实现。给付的内容具有多样性，其中包括最基本的生活救助以及其他方面的救助，保障留守儿童基本生存的同时考量留守儿童的发展。留守儿童社会救助权国家给付内容的多样性还体现在给付方式上，具体而言，主要包括制度性国家给付和物质性国家给付。

### 六　农村留守儿童社会救助权国家义务的履行

对农村留守儿童社会救助权国家义务理论研究的终极目的在于督促国家在立法、行政以及司法环节的履行，以保障留守儿童社会救助权的实现。留守儿童社会救助权国家义务的履行主体包括立法机关、行政机关以及司法机关，立法履行是留守儿童社会救助权的实现前提与基础，行政履行是留守儿童社会救助权的实现路径，司法履行是留守儿童社会救助权实现的根本保障。

#### （一）国家义务的立法履行

立法履行是农村留守儿童社会救助权国家义务实现的前提与基础，主要包括三个层面的履行义务，宪法层面，法律层面以及法规、规章层面。

##### 1. 宪法层面的立法履行

农村留守儿童社会救助权国家义务宪法层面的立法履行是社会救助权作为留守儿童基本权利的客观保障，同时也是国家保障民生与维护社会稳定的内在需求。1982 年宪法以及 2004 年宪法修正案虽然没有对社会救助权进行正面规定，但事实上承认了公民生存能力的差异，“对公民生存状况的关注及公民社会救助权的尊重，为贫困公民等弱势群体社会救助权的保障，及要求国家履行对其社会救助权进行保障的积极义务提供了有力的宪法武器”。社会救助权是社会保障权的“兜底性”保障，在《宪法》第 14 条中得以体现，是宪法的基本政策与基本原则，而并未将其视为宪法权利，这对于社会救助权的保护十分不利。因此，有必要对此进行调整，将社会救助权放在宪法第 45 条第 1 款，确认其是具有法律性质的宪法权利。

##### 2. 法律与法规、规章层面的立法履行

社会救助权是宪法赋予公民的基本权利，国家有义务制定专门的《社会救助法》，并对农村留守儿童的社会救助权做具体规定以更好地保障留守儿童社会救助权的实现。同时，也要认识到《社会救助法》无法涵盖社会救助制度的全部内容，社会救助制度的具体安排以及全面履行需要专项社会救助法规、规章加以支撑。

### （二）国家义务的行政履行

行政机关作为农村留守儿童社会救助权国家义务履行的主要承担者，其履行的恰当与否关系到社会救助权的实现。

#### 1. 程序正当

程序正当原则是保障农村留守儿童社会救助权国家义务的核心，是防止行政机关权力滥用、提高行政效能的有力保障，同时肩负了保障农村留守儿童的基本生存需求。社会救助权国家义务行政履行的首要程序是启动程序，此程序中，行政机关负有向救助申请人提供履行信息和及时作为的义务。程序启动后，行政机关负有调查的义务，可以通过入户调查、邻里访问、信息核实等方式进行调查，此时行政机关应该对留守儿童的相关信息进行保密，以避免侵犯留守儿童的隐私权。为了保障农村留守儿童社会救助权的实现，行政机关应当及时对社会救助权的申请进行审核，对于符合条件的留守儿童及时进行救助。

#### 2. 规范运行机制

社会救助权国家义务的行政履行以国家公权力保障农村留守儿童的基本生存，可以有效地缓解社会矛盾、维护社会稳定。行政履行过程中因运行不规范而产生的骗保和应保未保问题对行政履行的功能实现存在巨大的影响。因此，有必要建立规范的行政履行运行机制、完善运行程序、明确处罚手段，同时应当建立动态的行政履行监管机制，以保证行政履行的规范性。

### （三）国家义务的司法履行

社会救助权国家义务的司法履行有广义和狭义之分，广义的司法履行是指立法机关、行政机关以及其他法律主体侵害留守儿童社会救助权时，司法机关给予的救济；狭义的司法履行仅指国家不能履行农村留守儿童社会救助权国家义务时，司法机关给予的救济。本书论述的是狭义上的司法履行。

#### 1. 国家义务司法履行的问题

目前，我国尚未针对社会救助权国家义务司法履行建立专门的履行程序和履行机构，缺少维护社会救助权利人合法权益的程序，行政法庭负责审理社会救助纠纷的审判机构设置不足以全面地保障权利人的合法权利。社会救助权是宪法规定的基本权利，应当纳入宪法诉讼机制，然而，目前社会救助争议被定性为行政争议，不足以有效地解决社会救助争议问题。

2. 国家义务司法履行问题的解决

农村留守儿童可以将社会救助权作为诉讼的依据，要求司法机关履行相应的救济义务。国家应当建立并完善社会救助权的司法保障机制以保证留守儿童社会救助权国家义务的全面履行。首先，要完善社会救助权国家义务的履行模式，将民事诉讼模式运用到社会救助权的司法实践中。其次，社会救助权是社会权，是留守儿童的基本权利，在社会救助项目以及活动中均不同程度地表现出公益性，因此，有必要将公益诉讼纳入社会救助权的履行模式中。最后，宪法救济作为农村留守儿童社会救助权的最高救济形式，应当被赋予正当性，具体案件中可以在裁判说理部分援引社会权的规定，通过合宪性解释的形式加以适用。

## 第四节　农村留守儿童健康与教育权利的保障

### 一　完善农村儿童医疗保障制度

《联合国儿童权利公约》中明确指出，生存权是最基本的人权。儿童的生命权、健康权以及接受可达到最高标准的医疗保健服务的权利是儿童与生俱来的权利。中国作为《联合国儿童权利公约》签约国，在制定农村儿童医疗保障制度的政策建议时，也应积极向《联合国儿童权利公约》要求靠拢。同时，结合国外先进地区儿童医疗保障给我们的启示，结合实地调研情况，针对农村儿童的特殊性，现对我国农村儿童医疗保障制度进行总体设计，提出相应政策建议。

（一）完善广覆盖、分层次的农村儿童卫生医疗保障制度

社会分层是客观存在的，那么，社会保障也就需要综合保护社会不同阶层的利益和权利，做到全面广泛的覆盖。一般来说，社会保障

制度会包括针对社会底层的社会救助、中层的社会保险和体现社会优越性的社会福利。由此推论，卫生医疗保障制度亦应该保持这样的结构，既要广覆盖，又要具有针对性，所以必须建立广覆盖、分层次的农村儿童卫生医疗保障制度，才能真正为农村儿童建立起有效的健康防线。

1. 农村儿童医疗救助制度

农村儿童医疗救助制度是医疗保障体系最基本的组成部分，其保障对象主要是农村贫困儿童和残疾儿童等弱势儿童群体。因为参加各种医疗保险需要一定的参保费用，治疗疾病也需要一定的经济基础，部分农村家庭因为家境确实贫寒导致孩子无法享受到医疗保险，这不符合我国“全民医保”的目标，也无法保证全部农村儿童的医疗保障水平。而实施农村儿童医疗救助就是要对开始无法承担医疗保险参保费用的弱势群体儿童实施救助，保证农村儿童医疗保障的起点公平，避免这些无法缴纳保费的儿童被排斥在医保体系外。还有一些虽然已经享受到农村儿童医疗保险的医疗报销但仍无法依靠自身能力摆脱医疗费用负担的贫困家庭。

罗尔斯公平理论指出，与自然因素相比，社会因素在影响公平方面发挥着更重要的作用。政府应该侧重于改变社会因素造成的不公。医疗救助是保障生活在社会最底层儿童最重要的防线，政府从医疗救助入手可以更好地帮助贫困农村儿童。医疗救助主要可以采取以下形式来开展：一是直接给予救助儿童经济补偿。二是通过慈善公益组织，开展各种公益活动如无偿救治、免费义诊等。三是政府给予新农合定点机构经济补贴，使医疗机构可以直接减免满足条件的儿童医疗费用。政府部门需要主动承担起农村儿童医疗救助的责任和义务，通过合理设定农村儿童医疗救助体系标准，成立专门负责农村儿童医疗救助的相关机构，帮助农村弱势儿童加入医疗保险体系，保障每一个农村儿童都能及时享受到均等的医疗卫生服务资源。

2. 农村儿童医疗保险制度

农村儿童医疗保险制度是医疗保障体系中最主要的组成部分。由前文分析可知，“软约束”是儿童大病医保和新型农村合作医疗制度的一个突出特点，“自愿参加”的方式必定会阻碍制度的全覆盖，一些农村儿童必然会不在保障之中。因此，强制所有符合条件的儿童家长为孩子参保是十分必要的，从而保证所有农村儿童都能享受到医疗保障提供的公平起点。

目前，国家并没有为农村儿童单独设立医疗保险制度，儿童只是依附在家长的新型农村合作医疗上，现在各种制度都在统筹，反对“碎片化”，但现在的新型农村合作医疗制度必须进行科学调整，以更符合儿童的群体特殊性。

第一，建立针对农村儿童的适度普惠型医疗保险制度。这里所指的建立针对农村儿童的适度普惠型医疗保障制度并不是单独建立起来一套管理系统，而是将新型农村合作医疗制度和农村儿童医疗保障制度衔接起来，使两者在一套管理系统中共同运行。农村儿童的医疗保障与新农合的保障目标都是为了尽可能保障公民身体健康并减轻因疾病给家庭带来的经济负担，并且新型农村合作医疗制度实施十年来其制度规范、资金运行、医疗供给等方面已经正规化，形成了一套完备的运行体系，因此为了防止“碎片化”，将两者衔接起来共同运行。但农村儿童医疗保障制度并不能完全依附于现行的新型农村合作医疗制度，而是需要政府单独制定出农村儿童医疗保障制度的管理条例、实施细则等，也要对农村儿童医疗保障的权利和义务做出明确规定。这里的适度普惠型医疗保障制度可以借鉴日本的政策，比如针对 4 岁以下的学龄前儿童，只要能提供有效证明，挂号治疗等费用都可以免费，这样也可以使我国的医保基金得到有效利用。

第二，合理设计农村儿童医疗保障起付线、报销比例、补偿标准。要想避免出现贫困理论中贫困和疾病相互加强、相互恶化的情况，一定要尽量减轻农村家庭对孩子日常医疗费用的负担情况。在调研中，很多家长都期待儿童看病无论门诊和住院都可以报销。这样，一些因家庭贫困住不起院的人和一些患慢性病不用住院但需要长期治疗的儿童也能够享受到新型农村合作医疗的好处。儿童的身体特征决定了其易患的疾病与成人不同，因此，应科学合理地制定与儿童相适应的医疗保障起付线，引导农村儿童及时就医，扩大农村儿童生病受益面。儿童年龄段的不同也导致了患病频率的不同，因此也应针对这一特征调整不同年龄段的医疗保险报销比例，以满足各个不同年龄段儿童的实际医疗需求。儿童整体患病频率较高，针对儿童的医疗保障期补偿标准应较成人的补偿标准高，在提高整个农村儿童医疗保障水平的基础上，也有利于儿童医疗保障的内部公平。

第三，调整儿童药品报销目录，扩大儿童病种报销范围。随着计划生育的效果显现，很多农村家庭只有一两个孩子，家长对下一代的身体健康也更加重视，但随着环境污染的加剧、卫生食品安全的恶化，儿童生病的次数会越来越多。在目前新型农村合作医疗的实施过程中，大多数儿童患病常用药并不在药品报销目录内，且一般来说儿童常用药价格较贵，儿童沉重的医疗费用已对农村家庭造成越来越大的压力。新型农村合作医疗制度主要以大病报销为主，根据调研所得资料，儿童最常出现的疾病以发热感冒咳嗽等呼吸系统疾病、肚子痛等消化系统疾病和烧烫伤等意外伤害为主，重大疾病的患者占比较少，多数儿童并没有在新型农村合作医疗制度中受益。为了更好地保障农村儿童的切身利益，提高其医疗保障水平，加强对非住院患病儿童的保障就非常必要。要及时调整儿童药品报销目录，并且提高儿童常用药报销比例，同时针对儿童感冒发烧等常见疾病科学合理地设计可报销病种，适度增加农村儿童门诊看病的报销比例。

多层次、立体化的医疗保障制度离不开商业医疗保险的充分发展。目前国家统一实行的医疗保险制度只能保障农村儿童的基本医疗服务需求，对于一些家庭经济基础较好的孩子，可能会有更多的选择，如加入儿童商业保险中来。儿童医疗保险要积极探索两者的有效结合，以满足不同层次的儿童实际需求。

3. 农村儿童医疗福利制度

农村儿童医疗福利制度是医疗保障制度中最具普惠性的，同时这也是医疗保障最具福利性的体现。根据《联合国权利公约》“儿童有权享受最高标准的健康”的要求该制度的对象应包括农村地区所有儿童，费用由国家财政、社会公益组织捐赠或福利彩票等负担。

如何将危险病源遏制在源头，是国家迫切需要解决的问题。首先，政府应在农村普及健康婚育观知识，对孕妇进行孕前教育，夫妻双方进行婚前体检，重视孕妇的身体健康和生活环境，做好有害遗传病的控制，围产期保健，预防儿童先天重大疾病的发生。其次，应做好孕妇、婴儿和儿童的免疫预防工作。预防接种是控制和消灭潜在疾病的最有效方式。只有扭转“重治疗轻预防”的观念，才能在保障儿童健康的同时又避免医疗资源再次浪费。最后，政府要组织医疗机构对农村儿童进行定期身体检查，及时发现问题，避免有些家长粗心遗漏或健康知识不足致孩子“小病变大病”，同时也起到疾病预防和控制的作用，这项制度可以以村为单位，为每个村的每位儿童建立一张医疗福利卡，卡上可提供多种福利项目供家长选择，但定期体检和免疫是必须接受的，每半年或每年进行一次检查，帮助家长和医生更好地保障儿童身体健康。

### （二）完善农村儿童医疗保障制度的政策建议

为全面保障农村儿童的身体健康，完善农村儿童医疗保障制度体系，应对农村儿童医疗保障制度进行各方面的建设：

#### 1. 政府重视，立法为本

儿童医疗保障制度空缺是我国的法制不健全的重要体现，我国目前没有一部法律明确指出儿童应享有的各种医疗保障权益，现有政策对儿童医疗费用报销的规定等也存有漏洞。只有在 2010 年出台的《中华人民共和国社会保险法》中有提及：享受最低生活保障的人、丧失劳动能力的残疾人、低收入家庭六十周岁以上的老年人和未成年人等所需个人缴纳部分，由政府给予补贴。任何一项社会保障制度的建立、改革与发展，都是以立法为前提，再辅以相关的实施细则，最后才是具体组织部门实施社会保障项目。但现在的儿童医疗保障却模糊了这个顺序，违背了社会制度先立法、后实施的社会制度内在要求。目前儿童可选择的医疗保障方式偏少，并且存在参保条件高、补偿比例低、病种覆盖少等问题，如新型农村合作医疗制度，在制度设计上虽然把农村儿童涵盖在内，但因为儿童免疫力差、缺乏主观能动性的特点及自愿参加的制度设计，使农村儿童在新型农村合作医疗制度受益较少。《社会保险法》的出台，为儿童医疗保障制度的发展和立法完善奠定了基础。全国政协委员李森恺建议“政府应着手制定中国儿童健康保险法，同时建立全国性的儿童医疗保险体系。”因此，国家应提高对儿童医疗健康的保护意识，加快建设儿童医疗保障立法，将儿童医疗保障制度真正纳入法制轨道中去。

2. 科学使用医保基金

一项制度的良好持续运行离不开资金的支持，要想提高农村儿童医疗保障水平，资金同样必不可少。数据显示，目前我国医疗资金并不缺乏，相反医保基金每年都有大量结余。一方面是民众依然面临“看病难、看病贵”困境；另一方面医保基金“钱多到花不出去”，医保基金的管理正在面临严重效率难题。要想解决这一难题，我国的医疗保障制度亟须转变理念，减少医保基金结余，提高医保报销比例，逐步提高基本医疗保险保障水平，减轻参保农村家庭的经济负担。同时，国家应提高医保基金统筹管理层级，做大医保基金风险池，从而更好地预防医疗风险。在加大政府财政投入的基础上，还要提高其投入效率。现在越来越多的福利国家采用的政府购买服务方式，将更多的选择权交给服务对象。同样中国政府也可以在某些领域将直接提供的卫生服务转为购买服务，比如在农村地区推行卫生服务券制度，农民可持政府发放的服务券到区域范围内医疗机构享受免费的孕产妇产前检查、产后恢复、婴儿预防接种、儿童体检等服务。由于政府将支持经费从原来的供方支持转向需方支持，各个卫生医疗机构必须通过改善服务争取服务券，得到政府资金支持，从而形成良好的竞争机制。

3. 重塑农村卫生机构体系

根据罗尔斯公平理论，政府必须尽可能地确保农村儿童享有均等的医疗服务，改变农村儿童医疗服务资源可及性低的问题。目前我国农村实行的是三级卫生服务体系即县、乡镇、村三级医疗预防保健网。从理论上来讲，农村三级网络之间的分工是明确的，县级医院和乡镇卫生院承担住院和门诊医疗服务，村级医疗机构主要开展门诊医疗服务。农村儿童患小病和常见性疾病到村级医疗机构或乡镇卫生院就可以解决，大病才需要到县医院。但从农民为孩子的就医选择情况看，具有典型的“小病不出村、大病上县级医院”的特征。这样就导致县级医院被压得喘不过气来，而乡镇卫生院的医疗卫生资源却不能得到很好利用，地位显得比较尴尬。如果从新型农村合作医疗补偿水平上看，在乡镇卫生院看病报销比例较高，而在较高级别的医院报销比较偏低，这就构成了当前农民就医的选择难题。要想破解这一难题，就必须更合理地配置三级医疗机构的资源：进一步加强县级医院的能力建设，根据县医院和乡镇卫生院的服务辐射能力进一步整合乡镇卫生院资源，撤销合并一批服务能力不足、业务不足的卫生院，同时要不断强化村级医疗机构在农村医疗卫生服务中的作用，加大村级卫生机构的人才培养，提供给村级医疗服务机构的专业水平。经过群众实践证明的，诊断治疗儿童疾病效果好的农村诊所，政府机构经过严格审核可将其转化为专门的儿童诊所，并加大宣传，吸引距离近的农村儿童前来就诊，缓解大医院就诊压力。

4. 探索不同医疗保障形式的衔接

农村市场是一个非常广阔的市场，农村儿童也是一个庞大的消费群体，有多种多样的医疗保障需求，除新型农村合作医疗保障制度和医疗救助制度外，还需要商业医疗保险发挥自己的巨大作用。很多商业保险公司在产品多聚焦城市，对农村儿童关注较小，根据调研了解，很多家庭收入颇丰的家长普遍反映，如果有适合农村儿童的商业保险，家长还是很乐意参保的。因此，政府应积极引导商业保险公司开发农村市场，因地制宜，发展适合农村儿童的商业医疗保险制度。这样不仅使农村儿童的多样化医疗需求得到满足也可以让保险公司找到新的利益增长点，从而弥补新型农村合作医疗和医疗救助的低保障性，从而起到完善农村儿童医疗保障制度的作用。在丰富农村儿童医疗保障层次的同时，要注意各种医疗保障制度的衔接，进一步推进统筹管理。在新农合信息系统的基础上可以将医疗救助信息和儿童商业保险信息加入进来。新农合地方管理办公室、民政系统医疗救助管理机构和保险公司可以加强相互合作，共同建设农村儿童医疗保障信息网络平台，为每个农村家庭儿童建立健康保险档案，收集儿童的健康状况、参保情况等必要信息，实现信息共享。

5. 引进专业人才，提高农村医疗机构硬件设施

乡镇的卫生医疗机构都面对着人才流失的难题。因为乡镇的条件落后于城市，所以在吸引人才、留住人才方面缺乏足够的吸引力。虽然乡镇卫生机构的待遇在不断改善，但还有很多工作仍需加强。例如，河南省2011年11月出台了《关于进一步加强乡村医生队伍建设的实施意见》，要求改善乡村医疗机构的硬件、软件，在2012年年底前全面完成对村卫生室的标准化建设，同时不断加强对乡村医生培养，完善乡村医生的医疗、养老、住房等政策，多渠道、全方位保障乡村医生的收入，以稳定乡村医生队伍。但在具体落实过程中，依然存在诸多不足。有的乡镇卫生院居住条件较差，没有丰富的业余文化生活，社会环境单调，难以吸引人才。所以，各地方政府要因地制宜，不断改善乡医的生活环境，妥善解决好职工的衣、食、住、行、学习、业余生活等条件，为乡镇卫生院“留住人才”创造和提供必要的生活保障。培养村基层医院人才，改善农村医疗结构的基础条件，提高当地医疗卫生水平。农村医生人员不足，缺少合格医护人员，对于医学院校毕业生自愿到农村行医者提供优越待遇，同时，吸纳医务爱好者行医，是解决村医年龄老化的直接问题；同时，当地卫生局可以举办医生技术比武，逐步提高乡镇、村级公共卫生服务水平。

6. 提高家长对儿童的健康保障意识

农村文化一个显著的特征就是传统落后的性别文化，该文化的核心理念是重男轻女，该文化最典型的例子就是男女儿童获取义务教育和医疗服务资源的机会不均等。转变这种观念，不能只靠政府的公共政策，而需要转变农村家庭长久形成的社会性别观念，要不断提高女性的社会、经济地位，让女性重新认识自身价值，才能更好地反抗性别不平等，才能转变自身家庭对男女儿童原有的不平等观念。只有改变观念，政府制定实施的各种农村儿童医疗保障政策才能发挥其应有的作用。

在普及农村性别平等文化的同时，要注重提高家长对儿童的健康保障意识。根据前文分析可知，农村家长的文化水平一般不高，而文化水平的高低与就医选择、政策的熟悉程度都有很密切的关系。要想

不断提高农村儿童的健康水平，使政府的各项医疗保障政策落到实处，必须加大对儿童健康保障意识。各级地方政府可依托县、乡（镇）、村三级医疗机构网络进行宣传，具体由各村村委会和新农合管理委员会组织完成，如聘请知名的妇幼专家下乡授课，讲授从孕妇怀孕、生产、养育需要熟知的知识，分析在儿童各个年龄段的身体特征及家长需要掌握的健康知识，回答村民关于儿童疾病方面的提问，尽可能全面、快速、有效地提高当地农村家长的健康知识水平。同时政府要加大政策宣传投入，让政策宣传员深入农村每一家每一户，争取要让所有农村家庭都能真正了解农村儿童医疗保障制度的目的和发挥的作用，要让家长明白疾病是不以人的客观意志为转移的，不能存在侥幸心理，只有为孩子积极主动地办理各种医疗保险才能在较短的时间内化解孩子的健康危机和家庭经济危机。要让农村家长意识到政府现在提供了农村儿童平等的医疗保障起点，但保障结果的好坏与家长为孩子做的选择有密切的关系。

7. 充分发挥社会公益组织力量

任何一个较为健全的医疗保障体系，都离不开社会公益组织发挥的重要作用。中国乡村儿童大病医保公益基金于 2012 年 7 月 18 日在北京启动，该公益基金由多名知名人士和媒体共同倡议发起，希望能为中国农村儿童免费提供一份医疗保险，能为农村儿童争取公平的医疗服务资源和相应的医疗基金，能够让农村儿童病有所医，病有所养。该公益基金采用与保险公司和地方政府合作的模式，目标为中国所有的国家级贫困县 6—16 岁的儿童，基金会缴纳 75 元保费，儿童就能在新农合范围之外享受一份保额为 20 万元的大病保险，这份保险不限病种，甚至会面向已患病的患儿。保障农村儿童“病发得治，重病得医”。这项儿童医疗福利项目的启动正是说明我国目前农村儿童医疗保障的不足。但目前该项目只在全国贫困县实施，覆盖面较小，社会公益组织可跟爱心企业联合，跟政府协调，多方位筹资，发挥其保护网的作用。社会公益组织的乡村儿童大病医保项目和政府的新型农村合作医疗制度在现有制度框架内不断融合，持续推动我国农村儿童医疗保障问题的解决。

## 二 农村留守儿童教育权利保障

### （一）农村留守儿童教育发展的社会支持网络反思

#### 1. 社会支持网络理论回顾

在反思农村留守儿童教育与社会发展问题时，一种缘于西方学界的社会支持网络理论正在中国悄然兴起。这一理论把社会支持与社会系统结合起来，将个体与各种社会关系的交往视为一种相互关联的网络，在这个网络中，个体获得各种正式或非正式的社会支持，从而获取社会资源。

人类需要在与他人合作中生存，要想更好地生存就必须依赖于他人的协助。弱势群体的问题并不是因为他自身的原因所导致，更重要的是因为他缺乏必要的社会支持的结果；良好的社会支持网络有助于儿童积极化解学习生活中的问题、困难和危机，高质量地维系日常生活的运转。在我国，农村留守儿童社会支持网络多是比较传统的、工具性的，且多具有临时性，主要来源于血缘和地缘关系的“熟人关系网络”。其中，家庭网是内核，学校网、社区网等均派生于家庭网，而父母的作用是最为关键的。对于发生在农村留守儿童身上那些带有统计学特征的诸多心理问题或行为问题，大多可归咎于社会支持网络的不完备或是缺乏。谭深（2011）认为，农村留守儿童处在不利情势下成长，不仅是由于家庭结构不完整所带来的亲情缺失而导致一定的心理、教育、健康、安全等问题，更在于各种不利结构的交织和可利用资源的匮乏。唐美静（2014）认为，社会支持网络缺乏使得农村留守儿童生活得不到可靠保障，严重阻碍了其生存与发展。可见，为农村留守儿童编织一张健康有效的社会支持网显得尤为重要。

#### 2. 农村留守儿童教育发展的社会支持网络反思

为农村留守儿童健康成长营造的社会环境，确保其道德、心理等方面的正常发育，离不开良好的社会支持网络。然而，在我国快速的城镇化进程中，原有的熟人社会被打破，社会流动性加强，农村留守儿童的社会支持网络出现了诸多问题，例如，家庭支持网络缺位、学校支持网络补位不全面、政府支持网络面临制度瓶颈、社区支持网络支持有限等。第一，留守儿童即意味着是一种生活在亲子分离状态的家庭结构之中，使以血缘关系为基础的家庭支持网存有内在缺陷，容易诱发“留守儿童综合征”问题。第二，在应试教育压力型的乡村中小学校，以教师为主体的学校支持网往往是建构在以文化知识学习为主、遵规守纪为导向的一种功利主义倾向的供给网，与以留守儿童心理差异化需求为中心的因材施教式的支持网存在明显的供需脱节。这种补位不足更容易引致基于学缘关系的朋辈友情支持网链接，若是引导不力则容易异化为不良朋辈群体支持网，或走向教师支持网的对立面。第三，面对多年来的二元户籍制度及依附其上的政策体系，政府支持网建设依然面临着巨大的制度“瓶颈”和施策惯性压力，农村留守儿童仍是作为一群“制度性的孤儿”而存在。第四，随着乡土文化日渐衰落，农村社区文化教育功能日渐式微，传统的基于地缘关系的“熟人社会关系网络”下的社区支持网模式在逐渐解体。第五，在强政府—弱社会的格局中，公益慈善类组织、社会志愿者服务组织、社会工作专业服务机构、非营利组织、企业等其他类组织支持网的作用非常有限。一旦缺乏政府强力推动，各支持网主体之间的横向一体化协调就难以保障或形成合力。实际上，家庭、学校、社区、社会等各主体间的衔接不畅也为其支持网的建构留下了较大的权责空隙，从而使农村留守儿童所编织的社会支持网络难以匹配其健康成长与教育发展的现实需要。由此来看，积极推进农村留守儿童的教育与社会发展，必须直面上述现实问题，需要在全新视域或重要外力作用下大力推进其社会支持网络系统的建构。新时代的乡村振兴战略正顺应并契合了这一迫切需要。

### （二）乡村振兴战略下农村留守儿童教育与社会发展支持网的建构

站在中国特色社会主义新时代，党的十九大已经吹响了“乡村振兴战略”的号角，且已将其写入党章修正案。作为决胜两个百年目标的重大战略任务之一，乡村振兴战略必然要求在全面建成小康社会的第一个百年目标时消除绝对贫困，在全面建设社会主义现代化强国的第二个百年目标时实现城乡相对平衡。在当前和今后的战略实施中都必须正视这一最大的发展不平衡不充分问题，即城乡发展不平衡农村发展不充分问题。如何从根本上遏制城市“膨胀症”和乡村“凋敝症”蔓延趋势从而缩小城乡巨大差别以达相对平衡，政府又将如何推进公共服务城乡均等化和优质公共服务区域配置均衡化从而在相对公平的价值取向下促成城乡融合发展新格局，客观地决定了乡村振兴战略目标的实现程度。借此战略实施机遇，积极促推农村留守儿童的教育与社会发展，必然要求基于传统城镇化发展模式的深刻反思后重构其社会支持网络系统，积极发挥政府、市场与社会的推进作用，重点突破其建构“瓶颈”，并在全力推进城乡融合发展之中，有效协同家庭、学校、社区、社会组织等支持网主体合力建构并融通其空隙。

1. 建构的基本思路

从纵向来看，一方面，应紧扣农业农村优先发展契机，顺应城乡融合发展必然趋势，坚定不移地推进乡村振兴战略实施，注重发挥政府、市场与社会的协同作用，有效推进乡村产业、教育、文化和治理体系“四位一体”的建构和发展。另一方面，在着力推进农村留守儿童“四位一体”的教育与社会发展支持网络系统建构中，应以留守儿童为中心协同发挥家庭网、学校网、社区网、社会公益网“四网合一”的社会支持功效，有效融通其网络空隙，并借助于外力重点突破其建构“瓶颈”。从横向来看，应通过大力实施乡村振兴战略，重释乡村产业活力、恢复家庭教育支持网，重塑乡村文化魅力、再现熟人社区支持网，重振乡村教育事业、健全学校关爱支持网，重组乡村治理结构、孕育社会公益支持网，由此推进该网络系统重构；同时，应着力于农业农村优先发展，建立健全其保障制度，在积极推进农业农村现代化之中突破该网络系统建构的“瓶颈”，并在全力推进城乡融合发展中协同家庭、学校、社区和社会四维主体积极建构该网络系统和融通其空隙。由此，有望形成乡村振兴战略实施中农村留守儿童“四位一体”的教育与社会发展支持网络系统模型。

2. 建构的主要路径

第一，大力实施乡村振兴战略，重构农村留守儿童社会支持网络系统。乡村振兴是对传统乡村转型概念的提升，让乡村回归乡村，使其在经济发展、文化传承、社会生活等方面发挥积极作用并与城市平等互补，这就要求在乡村内部经济、人居环境、社会治理和村民生计等方面实现自给和繁荣。这显然是一种基于快速、过度城镇化的深刻反思之后的乡村传统基因再发现及其价值再彰显行动，其旨在通过乡村重构焕发经济社会发展活力，实现乡村绿色、生态、人文和可持续发展，也借此重构农村留守儿童教育与社会发展支持网络系统。

一是要重释乡村产业活力，恢复家庭教育支持网。振兴乡村产业，主要是以承载乡村功能、容纳乡村人口就业为主的产业，如农林等绿色产业和便利宜居、乡村休闲服务产业。由此，将在助推乡村经济繁荣过程之中有效地留住乡村人口、吸引农民工返乡创业就业，通过不断培育孕育新型农民以引领乡村生产生活两不误的发展新方式，在传统与现代交织之中保留原生乡土家庭结构的完整、恢复传统家庭作坊式乡村生产生活秩序、创建适度规模经营体生产生活兼顾新秩序，极大化地发挥乡村家庭教育功能，由此推进留守儿童教育与社会发展的家庭支持网建构。

二是要重塑乡村文化魅力，再现熟人社区支持网。振兴乡村文化，助推村落繁荣，必须重拾乡土文明，传承发扬农耕文化、礼俗文化、家庭文化、村巷建筑文化、庭院居住文化、饮食文化等，能留得住乡愁；同时，还必须振奋起乡村精神，树立起农民职业自信，使其成为青年农民留在乡村、坚守乡村、振兴乡村的信念之本。也借此改变乡村“386199”式人口结构，使其重新焕发出年轻人的生机与活力、再现乡村人文关怀与乡土气息。从而在推进乡村社区复兴中为留守儿童的教育与社会发展营造良好的社区文化环境和生活氛围，让熟人社会的文化教育基因根植于留守儿童所在的农村社区支持网，并通过外在的社区环境浸染、感化以及乡土气息的个体自我实践及长期内化而传承千百年来由乡土文化所孕育的传统农民勤劳、勇敢、坚毅、纯朴、热情好客、乐于助人等优良品质。

三是要重振乡村教育事业，健全学校关爱支持网络体系。振兴乡村教育，就是要改变乡村教育资源配置不平衡、教育机会不公平、应试教育盛行等发展现状，必须遏制大规模撤点并校、师生流失等乡村教育衰败迹象，逐步建立城乡教育资源双向流动的良性循环，形成乡村教育公共服务均衡化发展新格局。由此，必须从教育体制改革入手，健全农村义务教育经费保障机制，强化教育资源要素配置的公共财政手段，助推农村教育扎根于广袤的乡村大地和乡土文化之中。面对业已存在的留守儿童问题，积极建构学校教师关爱支持网和朋辈群体关爱支持网，强化学校关爱激励机制，使其支持网有机协同地发挥效力。

四是要重组乡村治理结构，孕育社会公益支持网。振兴乡村社会，就是要全面复苏乡村生产和生活单位，强化社区自我发展能力，发现社会传统优势资源，整合各类社会组织机构的外部支持，形成村支“两委”、村民小组、农村集体经济组织、农村合作社、中介机构、乡贤会以及宗法家族式的群团组织等多元主体和谐共治局面。因此，顺应乡村社会振兴的战略实施，借力化解农村留守儿童教育与社会发展难题，需要通过以自然村组社区为核心单元的乡村治理结构来集聚整合各类社会优势资源，大力培植孕育社会群团组织、中介机构及其公共责任与社会情怀的公益基因，由此形成农村留守儿童教育与社会发展的社会公益支持网络结构。

第二，着力农业农村优先发展，突破农村留守儿童社会支持网络瓶颈。“农业农村农民问题是关系国计民生的根本性问题”，站在实施乡村振兴战略的历史新起点上，如何让农村空心化、农业边缘化、农民老龄化等乡村发展颓势止住？又如何让乡村发展不充分这一中国当前最大的发展不充分问题不再成为问题？积极响应党的十九大号召，必须“坚持农业农村优先发展……加快推进农业农村现代化”。一是要坚持农民主体地位，尊重乡村内生发展秩序和传统文化，健全自治、德治、法治相结合的乡村治理体系，这是乡村治理有效的保障。二是要消除城乡工农身份歧视，为城乡二元户籍、医疗、教育、养老、社会保障等松绑，这是农业农村优先发展的根本前提。三是要形成资源、要素的合理流动和科学配置，完善人才政策、土地制度、农村金融和公共服务配套建设等，这是农业农村优先发展的关键环节。四是要培养一批新型职业农民，加快传统农民的职业化现代化转型，建立惠及全体农民或农民工的职业教育体系，这是农业农村优先发展的现实路径。五是要加强信息科技人才孵化机制建设，建立健全农业农村现代化发展的科研队伍和技术推广体系，这是农业农村优先发展的必然要求。六是要重构公共服务制度体系，形成较为完善的公共财政支持体系、金融配套政策体系和社会服务体系，这是农业农村优先发展的制度保障。农村留守儿童的教育与社会发展问题必须置于农业农村优先发展和现代化的乡村复兴战略目标之中，并能细化到县级政府绩效考核范围之内，才能真正找到其社会支持网络长久以来建构不力、松散无序、推而不动、作用有限等问题的破解密码。需要从乡村振兴的动态发展过程中突破既有的制度、体制机制和政策瓶颈，在逐步实现农业农村现代化发展中化解“新三农”问题、“三留守”问题于无形，也就从根本上解决了农村留守儿童教育与社会发展支持网系统建构难题。

第三，全力推进城乡融合发展，融通农村留守儿童社会支持网络空隙。如何在促进城乡要素双向流动中保持乡村地区的长久稳定和社会活力，不仅是国家新型城镇化战略的重要政策取向和长期任务，也是乡村振兴战略的题中之义。实现乡村振兴，必须全力推进城乡融合发展，既要鼓励农民进城，也要鼓励、引导企业下乡和有志青年返乡创业，更需要从破除阻碍乡村发展的体制机制入手逐步建立城乡要素自由流动的市场机制、不断完善农民的土地权利和有效推动乡村的自组织化，进而建立健全城乡融合的体制机制和政策体系、支持农业农村优先发展的要素配置方式和手段，最终形成城乡要素双向流动、资源彼此共享、产业深度融合、市场相互依存、组织互融互通、文化互扬互补的发展新格局。借此，有望通过劳动力、土地、资本等要素双向流动，改变以往乡村人才城市单向流动、土地“取之于乡、用之于城”的征收征用思路，必能为乡村振兴汇聚必要的人力、财力、物力，从而为全面振兴乡村教育提供必要的经济与社会发展基础。同时，也有望减少农村留守儿童数量或缩短其留守时间。进一步通过城乡融合的教育体制机制和政策体系建设，有望形成稳定的乡村教师队伍和生源数量，进而将农村留守儿童教育与社会发展系列问题化解于城乡经济社会文化的深度融合与制度体系建设之中。当前，面对留守儿童家庭网、学校网、社区网、社会网的松散结构和发展参差不齐状态，尤其是各支持网主体间的不衔接或断裂问题，更紧迫需要在城乡融合发展的新格局下动态编织，助推各留守儿童支持网单元的内部横向贯通交流、外部纵向交汇编织、城乡三维融通互助，从而铸成立体式发展、无缝隙对接的社会支持网络系统。

响应中央号召，扎实推进乡村振兴战略实施，坚持农业农村优先发展，按照产业兴旺、生态宜居、乡风文明、治理有效、生活富裕的要求，加大城乡融合发展力度，有望尽快扭转乡村发展颓势，为日渐堪忧的乡村教育营造良好的外部环境；坚持教育优先发展，积极推进乡村文化教育发展，大力扶持农村基础教育和弱势群体教育发展，有望助力农村留守儿童走出教育“贫困”恶性循环状态，从而为其社会支持网络系统的建构营造良好的教育生态环境。在推进农村留守儿童教育与社会发展及其社会支持网络建构方面，如何在宏大的乡村振兴战略实施中借势而发依然充满着不确定性。随着外在条件的不断变化，新时代农村留守儿童教育与社会发展支持网建构的微观机理又将发生哪些微妙变化，这仍待后续的实证支持。

当前，如何在农业农村优先发展和教育优先发展这两个“优先发展”中聚势优化其社会支持网络结构并取得实质性的突破，仍有待深入探索。同时，在城乡割裂的思维定式下，农村教育实际上也陷入了有增长无发展的“内卷化”状态。在农村留守儿童的教育与社会发展中，父母外出务工所带来相对较好的经济收益及其物质投入或经济补偿并未带来留守子女边际收益的相应增加，反而呈下降趋势，即表征为日渐凸显的留守儿童教育发展问题，尤其是其社会支持网络体系建设不力、发展无序、结构松散、支撑脆弱等问题。积极破解其教育发展内卷化问题，就必须跳出传统教育来建构其社会支持网络系统。由此，既要借力于新型城镇化发展战略有效推进城乡教育资源融合共享，又要在乡村振兴战略实施中正确处理留守儿童教育与经济、政治、文化、社会之间的关系，不断为其支持网络系统建构探寻新动能。

# 第五节　完善农村儿童福利供给的财政激励研究

## 一　儿童福利供给财政激励的研究价值

### （一）我国儿童福利供给的财政激励状况

1. 当前我国儿童福利的特点主要体现在

①从儿童福利服务对象来看，当前我们国家的儿童福利政策主要针对的是处在特困情况下亟待帮助的儿童，如犯罪的青少年儿童、被弃儿童、受虐儿童等。②从福利的具体内容来看，目前我国儿童福利的主要内容针对的是代表性、重大且具有紧迫性的儿童发展问题，例如，婴幼儿保健、儿童教育（包括基础教育和特殊教育）、孤儿救助、婴幼儿的预防免疫等，这些都具有普遍大众性。③儿童福利从狭义方面来看，政府目前主要举措是建立儿童收养机构来照料无依无靠的孤儿、社会弃婴、智障儿、重残儿童等群体；而从广义方面来看，政府主要完善全体儿童群体的生活、学习环境等方面的政策措施，儿童福利从理论和实践来看，都在逐渐完善。

2. 儿童福利供给必要性分析

建设和完善儿童福利体系的必要性主要体现在以下方面：

①建设和完善儿童福利体系是社会发展进步的表现。社会不断发展进步，儿童福利的政策体系也开始由狭义的儿童福利向广义的儿童福利逐渐发展。党和政府部门也将不断完善政府在儿童福利领域的职能，不断发展儿童福利制度。②建设和完善儿童福利体系对完善目前的社会福利体系也有举足轻重的现实意义。由于目前我国正处于社会转型时期，我国正向社会主义现代化国家发展前进，同时社会福利体系也随着社会经济的发展逐渐发展和改善。儿童福利是社会福利的重要体现，所以建设和完善儿童福利体系同时能使社会福利体系也进一步完善。③建设和完善儿童福利体系相当于给儿童群体加上一层更坚

硬的保护罩。西方发达国家和地区以及拥有非常完善的法律和政策体系，我国对儿童福利未来的发展完善也在进一步研究。建设和完善儿童福利体系，确保从法律制度、政策体系方面给儿童群体提供儿童更多、更全面的扶助，以保障该群体的特殊权利。

3. 儿童福利供给与财政激励

儿童福利供给是社会福利的关键环节，通过儿童福利供给满足儿童群体的基本社会需求。儿童福利的供给主要是由国家、市场、第三部门来作为供给主体的。

现阶段儿童福利供给是以家庭、政府来供给为主导，非政府组织和市场很少参与其中。由于承受财力等现实的压力，福利供给主体多元化已渐成趋势。本书论述的儿童福利供给也是国家、市场、非营利组织和个人等供给主体参与到儿童福利建设中。

财政激励体系主要包括财政补贴针对对象、补贴标的、补贴方式、补贴程度等要素，考虑实施财政补贴有可能对政府财政造成压力以及直接财政补贴本身具有的资金效率低下的缺陷，政府在实施相关财政补贴时，要充分兼顾财政实力、资金使用效率和社会效益等方面，量力而行、循序渐进，考虑公益性和互益性非营利组织差别的财政补贴程度，促使财政补贴充分发挥效用。同时也要慎重采取财政补贴的相关监管措施，并采取自愿和强制两者结合的监管模式，以确保财政补贴的使用效率最大化。

财政激励方式的选择。从世界各国儿童福利财政激励方面的实践看来，各国对非营利组织的财政激励主要可分为两种模式：一是直接财政补贴，二是项目委托。直接财政补贴是国家使用直接的财政拨款方式对非营利组织和特定儿童消费群体进行补贴，这又可以分为一次总支出补贴和配额财政补贴；项目委托是政府部门通过委托—代理，将一部分公益性功能分离开来，转让给非营利组织负责，政府主要是确定项目和提供资金，非营利组织承担项目的具体实施以及公共物品的生产供给。

（二）我国儿童福利财政激励的相关制度建设

1. 政府购买儿童福利服务较快发展

政府购买儿童福利服务面临契机和转型，民政部鼓励社会力量参与困境儿童的救助和服务。2015 年“两会”前后，“政府购买服务”问题受到社会广泛关注。据《中国政府采购报》记者了解，至少有 26 份政府工作报告提及了政府购买服务，占全国近八成的省份，2015 年政府工作报告指出，要创新政府管理理念和方式，健全决策、执行、监管机制，推进各级政府购买公共服务的改革。中央财政支持社会组织参与实施社会公共项目的方案也对社会组织提出一系列新要求，为儿童提供福利服务的社会组织需在方向和专业上提高自己，才可应对接下来的挑战。

在救助困境儿童上公益组织比政府有其特有的优势，即他们能救急、救大、救难。其中“救急”是指在某些迫切需要解决的问题上，公益组织能够更快地应对，效率更高；“救大”则是指提供针对性的救助力度更大，例如“天使妈妈”基金曾在 1 天时间里为 1 个急需救助的孩子募集到 40 万元，帮助其解决手术费的难题；“救难”就是公益组织能够运用专业知识和技能解决一些更为复杂的难题，例如一对一的心理辅导、抚慰等。

2014 年民政部颁发了《建立儿童福利慈善行为导向的意见》（以下简称《意见》），探讨了社会组织对事实无人照料儿童、残疾儿童、大病重病儿童、流浪儿童、留守儿童等群体的救助和服务。《意见》旨在引导社会力量确定服务针对对象，指导社会力量界定工作内容，鼓励社会组织从事儿童医疗救助等协助社会力量争取资源上的支持。该《意见》鼓励社会力量兼顾经济救助和服务供给，既帮助困境儿童获得基本生活保障，也提供儿童在教育、医疗、安全、心理健康、社会融入上的需求。也要求民政机关向关爱儿童的慈善组织和项目倾斜，加大向此类社会力量购买服务的力度，社会力量开展的慈善活动是政府对儿童福利供给的有效补充。

社会力量进入儿童福利领域开展活动项目卓有成效，但同时也存在着以下问题：一是专业领域人才的缺乏，特别是专业医疗康复人才的短缺。目前儿童医疗救助是社会力量的引导重点，除鼓励对此领域的捐助外，还应重视专业服务人才的培养，以更好地开展护理型、服务性活动；二是不同社会力量之间缺乏统一管理。社会力量各有所长，如缺乏统筹可能导致交叉救助、重复救助，救助力量将在儿童群体和地域上不均衡，造成慈善资源的浪费。因此，需统筹考虑捐助资金、物资以及志愿服务等多种慈善形式。

2. 政府购买社会组织服务将全面推广

推广政府购买社会服务是当前政府机构深化改革的一项重大举措，对于加快转变政府职能、提高公共用品供给效率、加快服务业发展、扩大社会有效需求、促进就业上具有重大意义。近年来各级政府积极探讨政府购买社会服务的问题，取得了显著成效。尤其是国务院颁发关于政府向社会购买服务的指导意见后，财政部通过加强工作指导和政策研究，积极推进地方和中央各部门开展工作，各地方也开始着手试点购买社会服务，初步形成了中央和地方共同推进政府购买服务改革的良好氛围。例如，2014 年中央财政支持项目的预算总额为 2 亿元，项目主要是资助社会组织开展社会救助、社会福利、社区服务等领域的社会服务项目；民政部 2014 年福利彩票公益基金使用情况公告显示，福利彩票公益基金为儿童福利机构管理及专项技能培训计划提供 1012 万元，此计划是之前年度的延续性项目。为提高儿童福利机构人员素质以及服务水平，民政部委托社会专业组织实施孤残儿童护理、康复特教、脑瘫、心理、营养配餐师、院长培训等项目。2014 年共组织了 62 期 2950 次培训。为中西部地区适龄孤儿进行职业技能培训也支出了 1000 万元，资助河南、河北等 9 省份经民政部门登记在案的 15—18 岁的孤儿接受职业技能教育，使适龄孤儿学会一技之长，在社会上自立自强。

政府将鼓励购买社会服务大胆创新，加强分类指导，积极探索多元化、多样化的模式，这对社会组织而言是重要契机，2015 年财政部副部长刘昆在全国政府购买服务会议上明确表示，政府购买服务工作将全面推广，力争“十二五”期间初步建立有效的购买服务平台和工作机制，2020 年在全国范围内建立比较完善的政府购买服务体系。第一，购买服务将建立市场准入制度，鼓励多市场主体的参与，决定“向谁买”，社会服务的供给方包括依法在民政机关登记成立或经国务院批准免予登记的社会组织，依法在工商管理或行业主管机构注册登记的企业机构等社会力量。鼓励事业单位参与购买公共服务，积极培育发展社会组织，大力支持社会组织开展社会服务活动。第二，健全购买机制，完善购买步骤，解决好“怎么买”的难题。对公共服务项目中符合政府购买竞争性条件，最好统一进入采购程序，并在已有的框架下发布一些“宽免”政策，对不符合竞争性条件的，允许通过委托、特许经营、战略合作等方式采购，确保服务购买程序快速高效。第三，加强绩效管理，完善采购监督机制，确保服务“买得值”。有关部门要尽快搭建、健全购买服务信息公开平台，采购信息公开化，大力推进预算绩效评价的工作，确保公共享受高效优质的服务，财政资金、财务人员“两个安全”。

## 二　完善我国儿童福利供给财政激励政策的建议

### （一）完善儿童福利政策法律体系及内容

当前我国儿童福利制度从颁布政策到政策实施已经形成一套体系，但是由于领导混乱，造成了资源浪费、效率低下等情况。通过研究发现，儿童福利体系应该由社会环境、家庭福利、公共服务、儿童发展福利组成。而儿童发展福利包含着儿童发展的各个阶段，包括教育和医疗等内容。在借鉴了发达国家在儿童福利建设的经验后，我国应从以下几方面完善儿童福利体系：

第一，完善现有的法律框架，特别是出台专门的《儿童福利法》。立法部门要通过调查分析，颁布并完善有关儿童福利的相关法律，从儿童福利的具体内容、服务对象、目标等方面加以规定；地方政府也要制定符合当地的执行办法，确保儿童福利有关法律的顺利推行；儿童福利管理机构需制定儿童福利建设的考核指标，将儿童福利发展的相关数据量化，以评价发展中的工作，为下一步更好地完善、执行相关福利政策做准备。我国现有儿童福利方面的法律包括《中华人民共和国未成年人保护法》《中华人民共和国收养法》等，这些法律是纲领性的法律，缺乏可执行性。所以，要建立明确的儿童福利法律体系，明确儿童福利的发展、内涵、资金来源、管理等多方面的内容。

第二，建立家庭服务体系，确保家庭功能的发挥。根据前面的国外经验借鉴可知，部分发达国家建立了政府—家庭—社会机构一体化的儿童福利体系。客观来看，家庭对儿童成长极其重要，因此需要建立家庭服务体系，确保部分儿童因为家庭破裂或遭受意外后，依然能享有类似家庭的福利机构提供服务，如儿童福利院、儿童收养中心、特殊学校等。此外，我国可以适当实施对父母的教育，保证父母履行家庭职能。

第三，继续完善我国的教育体系。教育是儿童福利体系的重要内容。我国一直以来重视基础教育的发展，国家对基础教育的发展投入了较多的财政资金支持。2016 年政府工作报告中重点提到了急需建立普惠型幼儿园、办好特教等。随着义务教育在全国的深入普及，很多偏远山区的儿童也可以享受免费的教育。我国应该在此基础上重视家庭教育、社区教育、特殊教育的发展，提高不同的儿童在不同生命周期的不同需要，以提高儿童的素质，尽早融入社会。

第四，构建全面的儿童医疗福利制度。一是儿童医疗津贴。现阶段儿童医疗救助主要依赖于非营利组织，民间组织对儿童的医疗救助非常局限，这就必然要求政府承担大部分儿童医疗救助的责任。急需儿童医疗救助的家庭一般都经济负担较重，很多家庭也是因为有患者才陷入贫困，因此可以考虑在完善城乡最低生活保障时，同时实施儿童医疗救助项目，在帮助患病儿童的同时也可提高审查管理效率。儿童医疗津贴应该 100% 由政府负担。二是儿童医疗保险。在全民医疗体系尚未建立时，现阶段合适的政策无疑是建立具有互助性的社会医疗保险。而且上海、北京等地已有实践经验，效果明显。儿童医疗保险在改革开放前是职工劳保制度的一部分，将儿童医疗保险涵盖在新农合和城镇职工医疗保险制度体系中，对企业和职工来说都是可以接受的，如同德国模式：医疗保险费用是由雇主和被雇佣者共同分担，在实施这项政策时政府也需考虑给予一定的税收扣除或补贴，以奖励企业承担的社会责任。将儿童医疗保险归入职工医疗保险同时也减少了管理成本，既分散了风险又利于提高效率。我国目前的儿童医疗保险主要是儿童商业险。虽然不具有普遍推广的可能性，但仍可以保留，以便给家庭更多的选择机会，同时有利于儿童医疗保险的多样性。在儿童医疗保险的建设过程中，也不能忽略农村儿童的权益。和城市儿童相比他们更处于弱势，有人曾提议在建立新农合的农村地区，本来由儿童家庭支付的10元由政府财政出资促使农村儿童能够进入合作医疗体系，不能因贫困家庭无法缴纳医疗保险而将农村儿童踢出。为最终实现全民医疗打下基础。也可借鉴日本医疗体系等国际经验，政府应考虑我国目前的全民医疗水平基础逐渐通过提供给特定年龄段的儿童以免费医疗或免费保险等形式从而提高儿童的医疗待遇水平，体现了奉行“儿童优先”的理念。

（二）健全儿童福利管理体制

对于我国不同的儿童福利机构的管理制度的制定通常是由各级管理部门决定。各级管理部门在制定相应的管理制度时，应该按照部门的职能和相应的权限来制定。

从管理部门的层级来看，中央层级的应该是确定儿童福利建设的方向，确定相应的宏观决策；省一级和市一级的儿童福利管理部门应该是传达政策，指导下级具体工作的部门；而儿童福利机构主要是对政策实施。从中央方面来说，政府应加快《儿童福利法》的制定与颁布，从法律角度规定儿童福利的重要性。同时，《儿童福利法》的制定与颁布，可以充分体现我国社会主义体制的优越性，可以让所有儿童共享改革开放带来的发展成果。在法律层面上，除要确保儿童群体的健康成长外，还要对特困、残疾、重病儿童等重点对待。我国的民政机关主要是发布相应的儿童福利管理条例，涵盖儿童福利制度的各个方面；省市级的管理机关要结合当地的现状，将相应的规定加以细化的同时，制定相应的贴近当地实际状况的政策。

同时，我国各级儿童福利的管理部门应该注重对基层儿童福利方面的走访，基层儿童福利服务机构要按时向上级部门进行汇报反馈，形成上下级福利部门互相配合、协调合作和管理机制。

（三）加大儿童福利资金投入

从上述对我国儿童福利现状分析来看，资金投入过低是制约我国儿童福利事业发展的一个重要原因。所以，政府一方面要加大财政资金的投入，提高儿童福利在政府财政支出中的比例；同时，政府还应鼓励并调动社会力量参与，拓宽儿童福利的资金渠道。

第一，确保儿童福利资金的专项化。儿童福利属于社会公共事业，政府需要继续加大财政投入，确保儿童福利事业的健康发展。在儿童福利事业的投入上，要实现投入资金的专款专用。各级政府在儿童福利的资金投入上要有相关的制度规范，确保各级政府财政预算对儿童福利有持续、稳定增长的投入。

第二，完善资金的来源。目前，我国儿童福利资金来源过于单一。我国应积极鼓励社会力量参与其中，开拓资金来源的渠道来加快儿童福利相应配套设施的建设。特别是在一些半营利性的儿童服务机构的建设上，可以充分引入社会资金的参与。

### （四）建立儿童福利综合评价体系

目前，我国在儿童福利事业建设上面还没有形成相应的评价体系，这不仅使社会无法准确了解儿童福利事业的发展程度，还不利于社会整体对当前儿童福利发展现状的认识。在这种情况下，我们应该借鉴国际儿童组织和国外儿童福利发达国家的经验，逐步研究和探讨评估儿童福利的发展水平的指标体系，同时建立相应的测算方法。

#### 1. 建立评估体系

我国各级政府要从相关数据统计和数据研究基础工作入手，建立相应的评估体系。同时做好信息的整理、分析工作，全面认识和分析儿童福利现状，能够预测儿童福利事业的未来发展的趋势，综合评估实施的效果。

#### 2. 建立多级监测体系

各级政府应对不同省市和地区的儿童身心状况进行监测，从国家层面及时关注和把握所有儿童福利的实施动态。国家统计年鉴和各有关政府机构的常规统计、统计调查应包含《我国儿童发展纲要（2011—2020 年）》中的各类主要统计指标。而这些指标体系需要多政府部门的分工、协作，所以在具体监测过程中，政府机构之间要相互配合，明确分工，提高效率。

#### 3. 其他保证体系

评估体系和监测体系能够及时地了解儿童福利的发展动态，但还需后续的保证措施，如必要的反馈工作和后续工作。

### （五）我国儿童非营利组织的财税激励的优化

#### 1. 儿童非营利组织财政激励制度优化设计

儿童非营利组织的财政补贴是政府根据当前市场经济发展的需要，为实现缩小社会贫富差距、支持儿童群体的专项活动和提高儿童福利发展的目标，对从事公益性活动的儿童非营利组织安排财政专项资金补助，支持儿童非营利组织发展的一项财政支出活动。政府对非营利组织的财政补贴是一种非市场行为，政府要不要给予与非营利组织补贴，一是看非营利组织这类特殊服务业群体，在完全市场竞争中能否独立生存。二是看儿童非营利组织所提供的服务是否具有公共产品的属性，因为政府财政支出的内容之一就是提供公共服务，从公共经济学的视角来看，政府的公共支出主要用于公共用品领域和其他市场失灵的领域，儿童非营利组织所从事的福利服务的非营利性和对儿童特殊群体的救助，决定了政府应该给予公益性质的非营利组织适当财政补贴。

（1）选择恰当的非营利组织财政补贴方式

我国政府对儿童非营利组织财政补贴一般采用一次性总支付性方式，致使财政补贴资金大都被与政府联系密切的事业单位性质的非营利组织或事业单位转型的非营利组织获得，民办儿童非营利组织几乎不可能获得财政补贴。由于无法获得直接的财政补贴，民间儿童非营利组织的发展受到资金局限，服务规模和发展速度都受到限制。另外，得到资金支持的儿童非营利组织，由于没有市场竞争压力，资金使用效率低下，服务水平也不上档次，因此，政府需要适时转变财政补贴的方式。将传统提供给特定非营利组织的财政补贴更多地转向针对特定儿童项目的财政补贴。政府在维持原有的儿童非营利组织基本财政拨款的同时，可以将增加的财政拨款更多地设计成专门项目拨款。凡有能力完成政府规定项目的非营利组织都可以参与项目招标，政府根据效率最大化原则选择一家或几家儿童非营利组织完成特定儿童福利项目。

（2）加强对儿童非营利组织财政补贴资金使用的监督

一是政府可要求非营利组织对财政补贴的使用信息定期披露。非营利组织要建立完善的财政补贴资金信息披露机制，在补贴项目资金的使用过程中以信息充分披露为基本出发点，真正做到财政资金使用的公开、公正、诚信，力求提高财政资金的使用效率。二是政府对非营利组织享有财政补贴的项目进行适当监管。政府财政补贴的有效实行与完善的监管机制是密不可分的，政府向儿童非营利组织的财政补贴监管可以由财政部门、非营利组织登记部门、非营利组织主管部门和审计部门共同参与评估、监督，形成一个多元化监管体系，相互监督、制约的均衡制度，加强对儿童非营利组织项目效率的持续评估和追踪。

2. 我国儿童非营利组织税收激励制度优化设计

（1）实施独立的儿童非营利组织免税资格认证制度

税法要建立儿童非营利组织的免税资格认定制度。目前，我国非营利组织一经依法成立，就自动具有免税待遇，不再需要在税务机关办理任何认证或审批流程。这样很轻易地使通过相关行政部门资格认定的假非营利组织和挂靠非营利组织的营利性组织混入享有税收优惠政策的行列。政府需通过立法明确凡依我国法律成立的儿童非营利组织都是法定纳税主体，相应的登记管理部门有义务在一定期限内向税务部门通报儿童非营利组织的成立或注销状况，儿童非营利组织也需定期向当地税务部门进行纳税登记，并依法获取免税资格。税务部门经通过审查决定申请单位是否具有免税资格。

（2）扩大儿童非营利组织的社会捐赠税收激励制度

第一，扩大社会捐赠主体的捐赠税收抵扣范围和抵扣额度。税收抵扣项目涉及所得税、财产税等税收项目。税务机关要制定税前捐赠抵扣的具体办法。现行税收法律对所得税税前捐赠抵扣的实操性规定很不详细，实物捐赠的抵扣标准不明确。企业所得税纳税期以年度为单位，个税有十个明细税目分别以次或月来纳税，纳税人某天的捐赠可在哪一个纳税期抵扣，对大额捐赠是否可以跨期抵扣等疑问都没有具体规定。税法对可扣除捐赠使用的票证也没有统一规定。这些都对捐赠扣除的实际工作造成困扰，也不利于纳税人合法权益的保护。建议对儿童非营利组织的实物捐赠可以折价减免税收。这方面可参照澳大利亚对非金钱的捐赠物的评估办法，即在一定条件下由两个独立的评估人进行评估，同时由税务机关最后决定抵税额。被捐赠机构接受捐赠时须开具税收机关统一发放的税收票据，捐赠者可以凭票据享受税收抵扣。如果捐赠方接受了受赠的儿童非营利组织的回赠礼物，回赠礼物价值要从捐赠额中扣除。税收抵扣鼓励社会各界关心和支持儿童福利事业的发展。

第二，建立国际捐赠的儿童非营利组织税收制度。随着我国国力的增强和国际上的频繁交往，公益性的非营利组织所促进的儿童福利公益事业，也开始向国际化发展。国际人道主义救助也越来越倾向于把国际非营利组织作为中介机构。在全球化的背景下，为促进国内、国际儿童非营利组织事业的发展，我国非营利组织的捐赠税法也要与国际接轨，对国际上向我国儿童福利事业的捐赠，和国内向国外儿童非营利组织的捐赠行为给予免税优惠。我国境内的国际儿童非营利组织也应享受税收减免优惠政策，对于向中国境内的外国儿童非营利组织的捐赠也应如同向国内的儿童非营利组织一样享受所得税税前扣除。对通过国内有关组织向境外的儿童非营利组织进行捐赠也应允许所得税税前扣除。

# 第六章　结论及展望

本书综合运用管理学、社会学、统计学、人口学等学科知识，以福利经济学理论、马斯洛需求层次理论、政府职能理论、公平效率理论等为基础，在城乡统筹发展、城乡公共服务均等化、社会主要矛盾转变、乡村振兴等重大战略思想指导下，综合运用文献研究法、社会调查法、案例分析方法、数理统计法等研究方法，围绕“乡村振兴战略：中国农村儿童社会保障制度的完善”这一核心议题展开研究，得出了如下主要结论和研究展望。

## 一　研究结论

一百多年前，梁启超先生就在《少年中国说》中写道：“少年智则国智，少年富则国富；少年强则国强，少年独立则国独立；少年自由则国自由；少年进步则国进步；少年胜于欧洲，则国胜于欧洲；少年雄于地球，则国雄于地球。”实现中华民族伟大复兴的中国梦需要关注儿童的健康成长，农村儿童社会保障体系的完善体现了“以人为本”的思想宗旨，作为家庭的未来，儿童承载了家庭所有的希望。唯有儿童的利益得到有效保障，才能吸引家庭留在乡村、建设乡村、振兴乡村，否则乡村人才外流的趋势将难以改变。由此可见，加强儿童社会保障体系建设，既是乡村振兴战略的目标所在，也是确保乡村振兴战略实现的有效途径。回顾本书研究内容，主要结论包括：

第一，我国儿童社会保障状况不断完善。我国党与政府历来重视儿童权利的保护，自中华人民共和国成立以来，出台了系列儿童权利保护的政策与法规，无论针对孤儿、残疾儿童、流浪儿童、贫困家庭儿童等困境儿童的基础救助，还是普通儿童的社会福利都得到了大大的提高。九年义务教育得以普及，保障了儿童的发展权，也提供了改变社会地位的有效途径，避免了社会分层的固化；国家公共卫生事业将儿童保健作为重点，免费提供疫苗接种、婴幼儿保健服务，确保儿童健康状况的提升；对于困境儿童，加大财政投入，建设孤儿院，发展特殊教育，发放困难补贴，通过一系列举措，帮助困境儿童改善生活状况，进行技术培训，增强赋能，使他们摆脱不利困局。适度普惠型儿童社会福利制度的建设取得了重大进展和显著成就。

第二，我国儿童社会保障状况仍存在许多有待完善之处。虽然我国儿童社会保障体系的建设取得了巨大的成就，但由于社会经济的发展状况、财政支出规模和结构等客观国情条件的限制，儿童社会保障状况仍存在许多有待完善之处。主要表现在尚未建立全面覆盖儿童的社会福利、福利内容中的补贴和福利项目有待增加、补贴标准和财政支出相对较低、需要制定综合性的儿童福利法、需要整合儿童社会福利的管理功能等方面。基于现实国情，在儿童社会保障体系建设过程中，需按照"适度普惠、分类型、分层次、分标准、分地区"的原则进行。"分类型"指对儿童群体详细划分类别；"分层次"指儿童分为一般儿童、特困儿童、特困家庭儿童、孤儿；"分标准"是指不同类别的儿童，提供了不同程度的救援标准和福利保障；"分地区"指的是按照东部、中部、西部三个地理位置，根据区域发展情况建立了具有区域特色的儿童补贴。这种状况需要政府引导社会、家庭等各方主体做出努力，且经过一定时间才能达到全面普惠的儿童社会保障目标。

第三，城乡儿童福利存在差距，农村儿童保障体系亟待加强建设。由于城乡二元机制的历史因素影响，农村资源配置相对落后，这也导致农村儿童特别是农村留守儿童社会保障体系存在不足。无论是学习教育还是卫生保健，农村儿童能够享受到的社会福利均与城市儿童之间存在较大差距。而随着农村外出务工人员的增多，留守儿童数量增加，这进一步导致了他们生活条件的下降，甚至形成了一些成长中的问题与危害，需要通过加强社会保障的建设，以确保儿童的正常健康成长。这需要家庭、社会、国家齐心协力，共同奋斗，履行好各自的义务与职责。

第四，农村儿童社会保障体系的完善只有通过乡村振兴才能完成。乡村振兴作为一系统、复杂的工程，不可能一蹴而就，需要分阶段推进，需要与我国经济社会发展的阶段目标保持一致。中国农村儿童社会保障制度建设同样如此，需要构建好乡村振兴战略下中国农村儿童社会保障制度评价体系，并将各项指标的水平与乡村振兴进程保持同步提升。

## 二 研究展望

本书对中国乡村振兴背景下农村儿童社会保障制度及其完善进行了有一定深度的探讨，得出了一些有价值的结论，也提出了相应完善建议。然而，该课题涉及多方面的内容，加上水平局限，本书不可能穷尽所有研究内容，因而尚有以下问题需要在未来的工作中深入探究。

第一，本书构建的乡村振兴战略下中国农村残疾人社会保障制度评价体系，尽管得到了多位专家的认可，但其合理性和科学性，还有待实践检验，且与乡村振兴战略推进阶段保持一致的相应指标水平，也存在比较多的主观成分。

第二，对于不同地区、不同层次、不同类型、不同标准的农村儿童，其社会保障的实际需求存在差异，本书没有进行深入探讨，这可能会导致相关的对策建议略显笼统。

第三，有关农村儿童社会保障的研究，既要探讨制度及政策所产生的宏观效应，也要探讨制度中所涉及的相关主体行为所产生的微观效应，但本书对农村儿童社会保障宏观效应的探讨仍有待进一步深入。

# 参考文献


1. Bradshaw J, *A taxonomy of social need. In: McLachlan GS editor. Problems and progress in medical care*, London: Oxford University Press, 1972, 71 –82.

2. Belsley, D. A., *Conditioning diagnostics: Collinearity and weak data in regression.* New York: John Wiley, 1991, 233.

3. A. C. Pigou, *The Economics of Welfare*, London: Macmillan 4th ed, 1952, 689 –690.

4. Alderfer, C. P, *Existence, Relatedness and Growth: Human Needs in organitional settings*, . New york: Free Presss, 1972, 216.

5. Aoki. M, *Toward a Comparative Institutional Analysis*, Cambridge, Mass: MIT Press, 2001, 4 –9.

6. Fanshel, D., &Shinn, E.. *Children in foster care: A longitudinal investigation*, New York: Columbia University Press, 1978, 122.

7. Farber, E. A., &Egeland, B. *Developmental consequences of out – of – home care for infants in a low – income population. In E. F. Zigler, &E. W. Gordon (Eds.), Day care*, Boston: Auburn House, 2002, 133.

8. Griffin, K., & J. Knight. *Political Economy of Development and Under – Development, In Wilbur, C. and Jameson, K. Political Economy of Development and Under – Development*, New York: McGraw – Hi1l, 1992, 56 –82.

9. John Rawls, *A Theory of Justice*, Cambridge, MA: Harvard University Press, 1971, 60 –62.

10. Johnson, W, *Effectiveness of California's child welfare structured decision – making (SDM) model: A prospective study of the validity of the California Family Risk Assessment*, Oakland, CA: Alameda County Social Services Agency, 2004, 77.

11. Kadushin, A., & Martin, J. A. *Child welfare services* (4th ed.), New York: Macmillan, 1998, 226.

12. Lacy, G. &Johnson, C. *Tackling the youth employment problem*, Washington, DC: Adolescent Pregnancy Prevention Clearinghouse, Children's Defense Fund, 2009, 78 – 86.

13. Lela B. Costin & Cynthia J. Bell. *Child Welfare: Policies and Practice* (4thed), New York: Macmillan, 1979, 481.

14. Liederman, D. S. *Child welfare*, Washington, DC: NASW Press, 1995, 423 – 424.

15. Lindsey, D. *The welfare of children*, New York: Oxford University Press, 1994, 91 – 118.

16. Lindsey, D. *The welfare of children* (2nd ed.), New York: Oxford University Press, 2004, 233.

17. Midgley, James. *Social Welfare in Global Context*, London: Sage, 1997, 135 – 136.

18. North, D. C. *Institutions, Institutional Change and Economic Performance*, Cambridge: Cambridge University Press, 1990, 1 – 10.

19. PAUL A. DAVID. *Evolution and Path Dependence in Economic Ideas: Past and Present*, Cheltenham, England, 2000, 138.

20. Pecora, P J., Maluccio, A., Whittaker, J., Barth, R. P, &Plotnick, R.. *The child welfare challenge: Policy, practice, and research* (2nd ed.), New York: de Gruyter, 2000, 138.

21. Pelton, L. H. *For reasons of poverty: A critical analysis of the public childwelfare system in the United States*, New York: Praeger, 1989, 193.

22. Peter B. Checkland, Jim Scholes. *Soft systems methodology in ac-*

*tion*, John Wiley & Sons Australia, Limited, 1990, 27.

23. R. L. Barber. *The Social Work Dictionary*, *4th Edition*, Washing D. C: NASW Press, 1999, 20 - 21.

24. Stream H. S. *Social work and clinical social workers. In Clinical Social Work*: *Theory and Practice*, New York: Free Press, 2008, 40.

25. Whitaker, W. H, &Federico, R C. *Social Welfare in Today's World*, Boston: WCB, McGraw - Hill, 1997, 171 - 173.

26. W. J. Baumol, J. C. Panzar, R. D. *Willig. contestable markets and the theory of industrial structure*, New York: Harcourt Brace Jovanovich, 1982, 393 - 425.

27. Dasgupta, P Nutritional Status, "The Capacity for Work and Poverty Traps", *Journal of Economics*, 1997, 77 (1).

28. Fiske, E. B. "Is casework effective? A review", Social Work, 2008, 18 (1).

29. Gamble, T. J., & Zigler, E. "Effects of infant day care: Another look at the evidence", *American Journal of Orthopsychiatry*, 2006, 56 (1).

30. Garfinkel, I. "Sweden's child support system: Lessons for the United States", *Social Work*, 1982, 27 (6).

31. Gray, E., &Coolsen, P., "How do kids really feel about being home alone?", *Children Today*, 2008, 16 (4).

32. Lufoton, R, C. "Myths and realities of crisis intervention", *Social Casework*, 2002, 63 (2).

33. M. C. Suchman, "Managing legitimacy: Strategic and institutional approaches", *Academy of Management Review*, 1995, 20.

34. Ozawa, M. N. "The 2002 amendments to the social security act: The issue of intergenerational equity", *Social Work*, 2003, 29 (2).

35. Paul Pierson, "The Path to European Integration: A Historical Institutionalist Analysis", *Comparative Studies*, 1996, 29 (2).

36. Stone, L. M. "Effects of maternal employment on children: Evi-

dence from research", *Child Development*, 2007, 31 (4).

37. Straus, M., &Gelles, R. "The costs of family violence", *Public Health Reports*, 2007, 102 (6).

38. A. H. Maslow. "A Theory of Human Motivation, Psychological Review", 1943, 50.

39. Anna Mlnsdotter, Lars Lindholm, Ann Ohman., "Women, Men and Public Health—How the Choice of Normative Theory Affects Resource Allocation", *Health Policy*, 2004, 69 (1).

40. 阿弗纳·格雷夫、韩毅：《历史制度分析：从经济史视角研究制度问题的新进展》，《经济社会体制比较》2003 年第 5 期。

41. 戴建兵：《我国适度普惠型儿童社会福利制度建设研究》，博士学位论文，华东师范大学，2015 年。

42. 张克云：《中西部农村贫困地区的儿童福利现状及需求分析》，《中国农业大学学报》（社会科学版）2012 年第 4 期。

43. 王志峰：《中国农村基本卫生保健工作发展与思考》，《中国卫生政策研究》2011 年第 10 期。

44. 李立媛：《北京市平谷区某镇儿童"新农合"参保现状与问题分析》，《劳动保障世界》（理论版）2012 年第 2 期。

45. 郑雅妮：《对构建我国儿童健康保障体系的思考》，《劳动保障世界》2008 年第 6 期。

46. 架文敬、童玉林、胡宏伟：《我国儿童医疗救助政策回顾与评析》，《中国卫生经济》2012 年第 9 期。

47. 王汉松、任益炯、张云婷：《上海市儿童医疗保险制度比较分析》，《上海交通大学学报》2011 年第 7 期。

48. 章伟芳：《中国政府在基本医疗卫生领域中职责的历史变迁》，《浙江大学学报》2012 年第 6 期。

49. 北京师范大学中国公益研究院：《构建普惠型儿童福利服务体系》，《社会福利》2015 年第 2 期。

50. 陈文、蒋虹丽、黄勋宇：《城镇儿童医疗保障的演变与发展现况分析》，《中国卫生政策研究》2009 年第 2 期。

51. 程福财：《中国流浪儿童福利政策的绩效：基于流浪儿童视角的分析》，《社会科学》2009 年第 4 期。

52. 成海军、朱艳敏：《社会转型视阈下的普惠型儿童福利制度构建》，《学习与实践》2012 年第 8 期。

53. 戴建兵、曹艳春：《社会福利研究述评》，《浙江社会科学》2012 年第 2 期。

54. 戴建兵、曹艳春：《论我国适度普惠型社会福利制度的构建与发展》，《华东师范大学学报》（哲学社会科学版）2012 年第 1 期。

55. 窦玉沛：《儿童福利：从补缺型向适度普惠型转变》，《社会福利》2011 年第 4 期。

56. 冯元，高云霞：《流浪儿童救助模式转型的创新路径——基于优势视角理论的探讨》，《南京人口管理干部学院学报》2013 年第 4 期。

57. 龚婷婷：《法国、美国和日本儿童福利的发展及其启示》，《教育导刊》2010 年第 3 期。

58. 关信平：《我国贫困人口标准再探讨》，《人口研究》2006 年第 6 期。

59. 国务院妇女儿童工作委员会办公室、石家庄市保护流浪儿童研究中心课题组：《流浪儿童保护机制和对策研究》，《中国妇运》2005 年第 6 期。

60. 华红琴：《论残障儿童家庭支持性福利政策与服务体系》，《社会建设》2015 年第 2 期。

61. 韩晶、韩芳：《孤残儿童家庭寄养存在的问题与对策研究——以济南市儿童福利院为例》，《济南大学学报》（社会科学版）2015 年第 4 期。

62. 仇雨临、郝佳：《中国儿童福利的现状分析与对策思考》，《中国青年研究》2009 年第 2 期。

63. 王晓燕：《日本儿童福利政策的特色与发展变革》，《中国青年研究》2009 年第 2 期。

64. 李希如，崔红艳：《中国的生育率：到底下降了多少?》，《人口研究》2004 年第 4 期。

65. 李旭穗：《我国城市居民最低生活保障水平“电梯理论”实证分析》，《华东经济管理》2010 年第 8 期。

66. 刘继同：《中国儿童福利时代的战略构想》，《学海》2012 年第 2 期。

67. 刘继同：《中国儿童福利政策模式与城市流浪儿童议题》，《青年研究》2003 年第 10 期。

68. 薛在兴：《美国儿童福利政策的最新变革与评价》，《中国青年研究》2009 年第 2 期。

69. 庞媛媛：《英国儿童福利制度的历史嬗变及特征》，《信阳师范学院学报》（哲学社会科学版）》2009 年第 4 期。

70. 郅玉玲：《基于社会保障理论的孤残儿童福利研究》，《人口与发展》2011 年第 1 期。

71. 姚伟、王宁：《当代美国儿童福利政策的特点》，《外国教育研究》2011 年第 5 期。

72. 董小苹、王丛彦：《中美儿童福利制度比较研究》，《当代青年研究》2011 年第 7 期。

73. 曾燕波：《儿童福利政策的国际比较与借鉴》，《当代青年研究》2011 年第 7 期。

74. 陆士桢、常晶晶：《简论儿童福利和儿童福利政策》，《中国青年政治学院学报》2003 年第 1 期。

75. 万国威：《社会福利转型下的福利多元建构：兴文县留守儿童的实证研究》，博士学位论文，南开大学，2013 年。

76. 张薇：《社会转型时期我国儿童福利问题研究》，硕士学位论文，西北大学，2008 年。

77. 杨生勇、冯晓平：《中国儿童福利研究综述》，《中国青年研究》2006 年第 1 期。

78. 陈静：《民间慈善组织参与孤贫儿童救助研究》，博士学位论文，吉林大学，2014 年。

79. 贺惠：《我国儿童福利发展的探索研究》，硕士学位论文，河南大学，2013 年。

80. 张琳：《儿童福利建设存在的问题及对策选择》，硕士学位论文，沈阳师范大学，2013 年。

81. 何平：《社会救助权研究》，博士学位论文，湖南大学，2010 年。

82. 贾锋：《社会救助权的国家义务研究》，博士学位论文，东南大学，2014 年。

83. 刘耀辉：《国家给付义务研究——社会权保障的反向视角》，博士学位论文，东南大学，2012 年。

84. 陈锡文：《实施乡村振兴战略，推进农业农村现代化》，《中国农业大学学报》（社会科学版）2018 年第 1 期。

85. 廖彩荣、陈美球：《乡村振兴战略的理论逻辑、科学内涵与实现路径》，《农林经济管理学报》2017 年第 6 期。

86. 张晓山：《实施乡村振兴战略的几个抓手》，《人民论坛》2017 年第 11 期。

87. 韩俊：《农业供给侧结构性改革是乡村振兴战略的重要内容》，《中国经济报告》2017 第 12 期。

88. 谢宇：《完善我国第三次分配的财税政策研究》，硕士学位论文，暨南大学，2007 年。

89. 李原：《我国儿童发展福利问题研究》，硕士学位论文，北京交通大学，2009 年。

90. 仇雨临：《我国孤残儿童福利保障政策的评析与展望》，《社会保障研究》2007 年第 2 期。

91. 韩伟、罗利君、李坷：《多元化孤儿救助模式研究》，《商品与质量》2010 年第 7 期。

92. 何侃：《残疾儿童教育现状与展望》，《残疾人研究》2012 年第 2 期。

93. 何玲：《瑞典儿童福利模式及发展趋势研议》，《中国青年研究》2009 年第 2 期。

94. 胡晓毅、王勉：《北京地区发展性障碍儿童家庭生活质量的研究》，《中国特殊教育》2012 年第 7 期。

95. 金炳彻、张金峰：《残疾儿童家庭支持体系研究综述》，《残疾人研究》2014 年第 1 期。

96. 梁红秋、杜宇：《重视孤儿基础教育与职业培训提高就业能力》，《前进论坛》2013 年第 10 期。

97. 林闽钢：《缓解城市贫困家庭代际传递的政策体系》，《苏州大学学报》2013 年第 3 期。

98. 卢珊、王小春：《中国儿童收养问题的思考》，《社会福利》2014 年第 8 期。

99. 李三梅：《流浪乞讨儿童的社会支持网络研究——基于发展性社会福利理论的视角》，《赤峰学院学报》（汉文哲学社会科学版）2014 年第 2 期。

100. 蓝瑛波：《俄罗斯儿童福利与保障制度述评》，《中国青年研究》2009 年第 2 期。

101. 李胜男：《我国居民消费物价指数（CPI）的计量经济预测研究》，《哲理：论坛版》2010 年第 3 期。

102. 刘继同：《中国孤儿、受艾滋病影响儿童和脆弱儿童生存与服务状况研究》，《青少年犯罪问题》2010 年第 5 期。

103. 姚建平、朱卫东：《美国儿童福利制度简析》，《青少年犯罪问题》2005 年第 5 期。

104. 郭洪亮：《从孤残儿童群体看儿童福利模式及其发展》，硕士学位论文，西南财经大学，2010 年。

105. 刘寒：《福利多元主义视角下孤残儿童福利供给研究》，硕士学位论文，郑州大学，2014 年。

106. 陆士桢、王蕾：《谈我国弱势儿童福利制度的发展》，《广东工业大学学报》（社会科学版）2013 年第 2 期。

107. 张文娟：《中国儿童福利制度的构建》，《青少年犯罪问题》2013 年第 4 期。

108. 刘敏：《儿童福利领域政府与非政府组织的合作研究》，硕士学位论文，西北师范大学，2013 年。

109. 周舒：《福利多元主义视角下孤残儿童福利供给问题研究》，硕士学位论文，湖南师范大学，2014 年。

110. 张晨：《福利多元主义下我国弱势儿童的福利研究》，硕士学位论文，吉林大学，2015 年。

111. 姚建平、梁智：《从救助到福利——中国残疾儿童福利发展的路径分析》，《山东社会科学》2010 年第 1 期。

112. 周正、周方召、周旭亮：《非营利组织“三次分配”的社会福利效应——兼论政府对非营利组织的财政激励规制》，《经济管理》2010 年第 11 期。

113. 陈云凡：《OECD 十国儿童福利财政支出制度安排比较分析》，《欧洲研究》2008 年第 5 期。

114. 曹莉：《农村留守儿童社会救助权保障的法律义务》，硕士学位论文，东南大学，2017 年。

115. 张涛：《农村留守儿童福利保障支持体系研究》，《预防青少年犯罪研究》2015 年第 3 期。

116. 李杰：《农村儿童医疗保障问题研究》，硕士学位论文，郑州大学，2014 年。

117. 陆士桢、徐选国：《适度普惠视阈下我国儿童社会福利体系构建及其实施路径》，《社会工作》2012 年第 11 期。

118. 王美静：《农村脆弱儿童社会福利体系建构的探索性研究》，硕士学位论文，南京师范大学，2012 年。

119. 徐阳：《农村留守儿童教育问题研究》，博士学位论文，华东师范大学，2006 年。

120. 许锦锦：《我国儿童福利供给的财政激励研究》，硕士学位论文，首都经济贸易大学，2016 年。

121. 周旭亮：《非营利组织“第三次分配”的财税激励制度研究》，博士学位论文，山东大学，2010 年。

122. 陈雯：《国民收入分配体系中的第三次分配》，硕士学位论文，华东师范大学，2006 年。

123. 程福财：《家庭、国家与儿童福利供给》，《青年研究》2012

年第1期。

124. 刘继同：《中国特色儿童福利概念框架与儿童福利制度框架建构》，《人文杂志》2012年第5期。

125. A. C. 庇古：《福利经济学》，商务印书馆2006年版。

126. 埃斯平·安德森：《福利资本主义的三个世界》，商务印书馆2010年版。

127. 罗国芬：《农村留守儿童问题的“问题化”机制研究》，博士学位论文，华东师范大学，2014年。

128. 巴林顿·摩尔：《民主和专制的社会起源》，华夏出版社1989年版。

129. 曹艳春：《我国适度普惠型社会福利制度发展研究》，上海人民出版社2013年版。

130. 鞠青、张小亮、陈晨编：《中国流浪儿童研究报告》，人民出版社2008年版。

131. 刘纯彬、唐钧：《中国贫困与反贫困报告》，华夏出版社2003年版。

132. 刘继同：《国家责任与儿童福利——中国儿童健康与儿童福利政策研究》，中国社会出版社2010年版。

133. 熊梅：《农村儿童医疗保障问题研究》，硕士学位论文，西华师范大学，2017年。

134. 尚晓援、张雅桦等：《建立有效的中国儿童保护制度》，社会科学文献出版社2011年版。

135. 尚晓援：《中国孤儿状况研究》，社会科学文献出版社2008年版。

136. 杨雄主编：《儿童福利政策》，上海人民出版社2012年版。

137. 杨志勇：《公共经济学》，清华大学出版社2008年版。

138. 爱利克·埃里克森：《童年和社会》，罗一静等译，译林出版社1992年版。

139. 大须贺明：《生存权论》，林浩译，法律出版社2001年版。

140. 罗斯科·庞德：《法理学》（第三卷），廖德宇译，法律出版社2007年版。

141. 黑格尔：《法哲学原理》，张企泰、范扬译，商务印书馆1982年版。

142. 约翰·罗尔斯：《正义论》（修订本），何怀宏等译，中国社会科学出版社2009年版。

143. 史探径：《社会保障法研究》，法律出版社2000年版。

144. 王思斌：《社会学教程》（第三版），北京大学出版社2010年版。

145. 龚向和：《论社会权的经济发展价值》，《中国法学》2013年第5期。

146. 郑贤君：《非国家行为体与社会权——兼议社会基本权的国家保护义务》，《浙江学刊》2009年第1期。

147. 陈跃、占伟：《非政府组织在和谐社会治理中的角色与功能探索》，《行政论坛》2013年第1期。

148. 钟会兵：《论社会保障权实现中的国家义务》，《学术论坛》2009年第10期。

149. 刘耀辉：《国家义务的可诉性》，《法学论坛》2010年第5期。

150. 汪进元：《基本权利限制的合宪性基准》，《政法论丛》2010年第4期。

151. 龚向和：《以人权促进发展：工具性人权论》，《河北法学》2011年第5期。

152. 郭道晖：《人权的国家保障义务》，《河北法学》2009年第8期。

153. 夏正林：《社会权规范研究》，博士学位论文，中国人民大学，2006年。

154. 徐永峰：《社会保障权研究》，博士学位论文，吉林大学，2013年。

155. 刘合光：《乡村振兴战略的关键点、发展路径与风险规避》，《新疆师范大学学报》（哲学社会科学版）2018年第2期。

156. 张强、张怀超、刘占芳：《乡村振兴：从衰落走向复兴的战略选择》，《经济与管理》2018 年第 1 期。

157. 钟钰：《实施乡村振兴战略的科学内涵与实现路径》，《新疆师范大学学报》（哲学社会科学版）2018 年第 5 期。

158. 陈元龙：《隔代教育：农村留守儿童社会角色学习的障碍》，《当代教育论坛》2017 年第 4 期。

159. 卢利亚：《农村留守儿童社会支持网络模式研究》，《湖南师范大学社会科学学报》2012 年第 6 期。

160. 周湘斌、常英：《社会支持网络理论在社会工作实践中的应用性探讨》，《中国农业大学学报》（社会科学版）2005 年第 2 期。

161. 东波：《农村“留守儿童”社会支持网络模式探微》，《学术交流》2009 年第 5 期。

162. 唐美静：《社会支持网络理论下的农村留守儿童社会支持探究》，《社会工作》2014 年第 1 期。

163. 罗湖平：《城市化进程中农村留守儿童社会支持网络建构研究》，《湖南商学院学报》2016 年第 5 期。

164. 谭深：《中国农村留守儿童研究述评》，《中国社会科学》2011 年第 1 期。

165. 张京祥、申明锐、赵晨：《乡村复兴：生产主义和后生产主义下的中国乡村转型》，《国际城市规划》2014 年第 5 期。

166. 张尚武、李京生：《保护乡村地区活力是新型城镇化的战略任务》，《城市规划》2014 年第 11 期。

167. 王勇、李广斌：《乡村衰败与复兴之辩》，《规划师》2016 年第 12 期。

168. 张天雪、黄丹：《农村教育“内卷化”的两种形态及破解路径》，《教育发展研究》2014 年第 11 期。

169. 罗湖平：《乡村振兴战略下农村留守儿童教育与社会发展支持网络建构研究》，《湘南学院学报》2018 年第 3 期。

170. 郑功成：《中国社会保障改革与发展战略（医疗保障卷）》，人民出版社 2011 年版。

171. 顾昕：《全民医保的新探索》，社会科学文化出版社 2010 年版。

172. 杨善发：《中国农村合作医疗制度变迁研究》，南京大学出版社 2012 年版。

173. 解垩：《城乡卫生医疗服务均等化研究》，经济科学出版社 2009 年版。

174. 方鹏骞：《中国农村贫困人口社会医疗救助制度研究》，科学出版社 2008 年版。

175. 赵卫华：《地位与健康》，社会科学文献出版社 2012 年版。

176. 王虎峰：《医疗保障》，中国人民大学出版社 2011 年版。

177. 冯占春：《农村公共卫生绩效研究》，科学出版社 2011 年版。

178. 姚洋、高梦滔：《健康、村庄民主和农村发展》，北京大学出版社 2008 年版。

179. 赵曼、张广科：《新型农村合作医疗保障能力研究》，中国劳动社会保障出版社 2009 年版。

180. 陈坤：《农村公共卫生调查》，科学出版社 2009 年版。

181. 尼尔·吉尔伯特：《社会福利的目标定位——全球发展趋势与展望》，中国劳动社会出版社 2004 年版。

182. 韩晓莹：《城镇儿童医疗保障现状与问题研究》，硕士学位论文，西北大学，2009 年。

183. 高琼：《农民工随迁了女医疗保障问题研究》，硕士学位论文，北京交通大学，2012 年。

184. 文华娟：《农村儿童医疗保障现状与问题研究》，硕士学位论文，湖南师范大学，2011 年。

185. 李立媛：《农村儿童医疗参保及保障状况研究》，硕士学位论文，首都经济贸易大学，2013 年。

186. 李瑾：《我国儿童医疗福利制度的问题和发展》，《时代文学》2008 年第 6 期。

187. 由水：《建立青少年儿童医疗保险制度》，《安徽大学学报》

1994 年第 4 期。

188. 严云楼：《国外儿童青少年医疗保障的实践与借鉴》，《中国学校卫生》2008 年第 5 期。

189. 张文娟：《农村儿童健康安全应唤起全社会的关注》，《中国质量万里行》2008 年第 6 期。

190. 朱立言、高慧军：《试论儿童医疗保障体系的构建——从公共服务均等化谈起》，《人民论坛》2010 年第 26 期。

191. 赵永生：《城镇少儿医疗保险述评》，《北京市计划劳动管理干部学院学报》2006 年第 14 期。

192. 蔡立辉：《我国医疗卫生服务的公共管理改革》，《中国人民大学学报》2010 年第 1 期。

193. 仇雨临、龚文君：《公共服务体系构建与全民医保发展》，《西南民族大学学报》2012 年第 33 期。

194. 李晓玲：《论我国农民医疗保障的选择路径》，《社会保障研究》2012 年第 12 期。

195. 孙志刚：《实施大病保险是减轻人民就医负担的负担》，《医药卫生体制改革》2012 年第 12 期。

196. 陈金甫：《试读健全全民医保体系》，《中国医疗保险》2013 年第 1 期。

197. 张茅：《县域医疗卫生改革发展的探索与实践》，《管理世界》2011 年第 2 期。

198. 孙群：《新型农村合作医疗保障能力提升的对策》，《经济体制改革》2012 年第 1 期。

199. 孙冬悦：《医务人员的工作状况描述及问题分析》，《中国医院》2011 年第 15 期。

# 后　记

每一位儿童都承载了一个家庭的希望与梦想，为儿童营造快乐、健康的成长环境是社会的责任和国家的义务。而由于经济发展状况以及城乡二元机制的影响，农村儿童的社会保障体系仍有待提高。特别是社会流动性加强后，农村留守儿童的问题日益凸显，需要予以更多的关爱和保护。在乡村振兴战略下，达成“产业兴旺、生态宜居、乡风文明、治理有效、生活富裕”的总要求，就必须提升和完善农村儿童的学习教育、卫生健康等各方面的水平与质量。也唯有打造完善的农村儿童社会保障体系，才能真正地稳固农村人力资源，让更多的人才留在乡村、建设乡村、振兴乡村。因而，聚焦乡村振兴战略下的农村儿童社会保障体系建设不仅是对广大农民群众权利的尊重，也是打造乡村繁荣、社会和谐、国家富强的有效举措，具有非常重要的时代意义。

湖南农业大学以“农”为特色，立足乡村，建设农业，关注农民。湖南农业大学公共管理与法学学院拥有公共管理一级学科博士点，社会保障专业是学院重点建设的学科之一。儿童社会保障是农村重要的民生问题，为其发展献计献策是我们责无旁贷的任务。在写作过程中，我们深深感受到神圣的使命感和强烈的责任感，希望能够为农村儿童的幸福生活、为乡村的振兴与繁荣奉献绵薄之力。

全书的完成要感谢湖南农业大学公共管理一级学科博士点建设基金的资助，特别是院长李燕凌教授，他为本书提出了诸多宝贵的建议，为本书的成稿付出良多心血，离开他的大力支持本书也就难以顺利出版。感谢国家社科基金“M－health 导向下农村公共卫生服务供给侧创新研究”（16BGL179）、“社会主要矛盾转变背景下被征地农民社会保障供给优化研究”（18BGL196）的资助。感谢湖南农业大学李立清教授，她带领社会保障学术团队努力奋斗，辛勤笔耘，按时按质地完成书籍撰写工作。三位作者在她的领导下通力合作，团结互助，多次对文章的结构进行深入细致的探讨，对文章内容进行了全面详细的设计，在写作过程中相互鼓励，常常共同工作到深夜，充分体现了团队的力量。感谢湖南农业大学李晚莲、贺林波、吴松江、王薇、刘远风、刘玮、刘冰等各位教授、老师，他们给予本书许多真知灼见，提升了本书的撰写质量。感谢我的妻子、儿女对我工作的理解，由于忙于写作，减少了陪伴他们的时间，但他们依然毫无怨言地支持我，做好后勤工作，是我坚强的后盾。最后对中国社会科学出版社的大力支持和编辑的热情帮助，在此一并致谢。

于　勇

2018 年 8 月